李盛之 ◎ 著

电视媒介变革与管理

大连海事大学出版社

DALIAN MARITIME UNIVERSITY PRESS

图书在版编目(CIP)数据

电视媒介变革与管理 / 李盛之著. — 大连：大连
海事大学出版社，2022.6
ISBN 978-7-5632-4246-7

Ⅰ．①电… Ⅱ．①李… Ⅲ．①电视—传播媒介—研究
Ⅳ．①G22

中国版本图书馆 CIP 数据核字(2022)第 079095 号

大连海事大学出版社出版

地址：大连市黄浦路523号 邮编：116026 电话：0411-84729665(营销部) 84729480(总编室)
http://press.dlmu.edu.cn E-mail：dmupress@dlmu.edu.cn

大连天骄彩色印刷有限公司印装 大连海事大学出版社发行

2022 年 6 月第 1 版 2022 年 6 月第 1 次印刷
幅面尺寸：184 mm×260 mm 印张：11.75
字数：287 千 印数：1～500 册

出版人：刘明凯

责任编辑：魏 悦 责任校对：董洪英
封面设计：解瑶瑶 版式设计：解瑶瑶

ISBN 978-7-5632-4246-7 定价：35.00 元

序

胡正荣

在走向共享化、智能化的媒介融合大趋势中,电视作为传统媒体中的新媒体,既面临着巨大的挑战,也站在了变革融合的重要时间窗口。此刻,理论思辨与实践探索成为媒介创新融合发展的基本支点。面对巨大生存压力,置身媒介整合的风起云涌,却心怀变革发展更上一层楼的美好愿景,电视媒体,特别是城市电视媒介融合发展需要之急迫,路径选择之迷茫,重点突破之艰难,无时不刻不在考验着电视从业者。

本书立足城市电视台的实践探索,从电视改革、媒介融合、规制变革和未来思考等视角,初步梳理了1993年以来电视改革创新的突破与困境,分析了电视媒体以新闻立台为核心的本质属性和以产业强台为支撑的发展模型,特别对卫视变革、少儿频道改革等做了比较深入的思考。

媒介融合是作者思考的重点。作者从建构媒体生态的角度对城市电视台能做什么、该做什么做了比较清晰的规划与设计,特别是对媒介融合背景下电视台的体制、机制创新做了大胆的思考,强调用互联网思维重新建构传统电视台的管理机制、用人机制和激励机制,而这正是媒介融合中传统媒体与未来媒体市场对接的重点与难点。本书的最后从资源与制度的新视角,分析了广播电视改革的体制框架,站在宏观体制改革和法制完善的角度,对深化广播电视改革的内外体制、机制和制度完善提出了建议。诚然,宏观体制与制度的改革完善是电视创新融合发展的坚实背景和基本保证。

本书的作者李盛之同志于1993年开始从事电视业,1995年在《现代传播》上发表了第一篇论文——《受众:一个过时的概念》。此后,他一直在工作实践中不间断地进行理论思考,我衷心地期望这种来自实践的思考不断深入,更加丰富。

是为序。

(胡正荣:中国社会科学院新闻研究所所长)

2022年3月

前　言

过去 20 多年是中国电视业一路向前、迅猛发展的黄金时代。内容创新、体制改革与技术进步合奏了电视业辉煌的世纪交响,而不断投身其中的采编、主持、制作、技术、行政等统称为电视人的男男女女、老老少少,正是屏幕内外、舞台上下的演奏者。能在这样的时代,从事这样的工作,是电视人的荣耀。

改革与创新一直是中国电视发展的动力和主题。因此,本书简略梳理和分析了 1993 年以来的电视改革,并循着改革的线索和现实的基础对未来做了深入的思考。在我们的职业经历中,先是栏目创新改版、频道对象化,又伴随着频道制等机制、体制创新,同时,整体处于集团化、两台合并、资本介入、产业多元等宏观改革和市场变化之中。到了 21 世纪 10 年代末,又突然面临着互联网和移动互联网的冲击,甚至颠覆,媒介融合成为电视改革的宏阔背景和重要主题词。这些在书中均有涉猎,算是一种记录,也包含了一点思考。

今天,电视面临的形势与环境与二十多年前截然不同,甚至与两年前也大相径庭。社会变革、文化激荡,特别是技术创新给电视带来了机遇,更带来了挑战。明天,当我们想打开电视时,电视的形态、打开的方式、使用的方法与今天也会不同。因此,今天的电视变革与竞争已经完全不是业内关于节目、收入、收视率等传统指标的封闭式对比,而是要面对新的形势,置身新的环境,在媒介整合的宏观趋势中,化危为机。这是关涉电视业涅槃的时刻与时代,我们不可如堂吉诃德般与风车作战,而要志存高远、脚踏实地。在电视的整体变革中找准本我、本身、本台的基点与方位。这也是本书有关媒介融合部分试图思考的问题。

经历了内容创新、体制突围和技术颠覆,媒体规制必然成为电视发展战略研究备受关注的问题。体制调适与媒体法治依然是电视改革的重要课题与宏观背景,需要伴随着改革的全面深化和法治的逐步完备而循序推进,这是更为重大的课题。同时,以区域为改革样本做深入探讨,对于深化媒介融合改革与管理也有重要意义。本书最后一部分只是粗浅简单的介绍。

电视创造了传播奇迹,举国共话的课题设置、收视奇观的背后都是电视人对职业精神的不懈追求,其中包括国家级的著名人物,也包括地方群众的心中偶像。无论未来传播技术如何变化,媒介更迭,新闻不死,电视人的职业精神当不断光大弘扬,这其中,马克思主义新闻观的引领,对新闻事业的责任与担当,对事实真相的探寻求索,对人民群众的敬重服务,与时代同行的步伐都将是最鲜明的印迹,也将在未来的传播竞争与发展中熠熠生辉。

与时代进步的速度相比,我们思考的深度日现浮浅;与传播事业的责任对照,我们行动的质量必须提升。我们今天的作为,决定着我们的未来。因此,又回到了本书的主题:电视发展——改革、整合与规制。

此为前言,也算小结,更是开始。

作　者

2022 年 3 月

目　录

第一章

变革求新：

中国电视改革的基本脉络

中国电视从 1957 年开播，当前中国电视正在为自身的发展开启新一个甲子周期。如果说到 2017 年的第一个甲子是中国电视从无到有，从有到优，从计划走向市场的大发展、大变革的 60 年，那么，2017 年以来的电视内外的技术、环境、生态、市场、体制等的激荡变革昭示了融合变革中电视的新未来。这是一个曾经以电视为代表的大众传媒介质的黄昏，还是在新的思想解放、新的市场经济和新的技术革命三重推动下的涅槃重生？是传统媒体的终点，还是新兴媒体的起点？这些都取决于我们今天的思考、战略和行动。

中国电视在不同的历史时期，承担着不同的历史使命。改革开放以来，思想解放同样激荡着中国电视的大改革、大发展，中国电视由此开始了以市场再造为基础的综合改革，而改版与改制可以视为新时期电视领域两次思想解放的标志性语汇。理清中国电视从媒体本位到市场再造的改革发展的基本脉络，考察与研究曾经发生和正在发生的电视领域的思想解放及其实践效应，不仅有助于梳理过去，总结规律，更可以让我们在现实的喧嚣中保持清醒，规划未来，对现实和未来的发展有所启示。

第一节　1993 年的反思：
一次影响深远的重大电视思想解放

1993 年，中央电视台《东方时空》片头曲的响起，不仅宣告了中央电视台一档全新的早间新闻杂志栏目的诞生，而且引爆了中国电视的改版热。由此，"改版"成为中国电视 20 世纪 90 年代的主题词，也成为当时中国电视人的工作重点。今天，以 1993 年为原点，反思其前后十余年,我们会发现,以1993年的《东方时空》推出为标志的改版,既是之前十多年电视思想解放的结果,又引发了其后延绵十多年的新一轮电视思想解放,因而1993年《东方时空》的推出是中国电视一次思想解放的重大标志。

一、起点

以《东方时空》的推出为标志的改版是中国电视一次重大思想解放的起点。

1979—1993年,中央电视台在改革开放中迅速发展,其主要标志是《新闻联播》的开播与发展,同时体育节目、经济节目等进入了全面发展的兴盛阶段。但是,1993年开播的《东方时空》不仅改变了中国人传统的电视收视习惯,而且全方位地牵动了当时中国电视界的新闻改革和体制机制改革,因而成为中国电视一次重大而影响深远的思想解放的起点。

《东方时空》的出现具有深刻的历史背景,是诸多条件下催生的电视成果,因此具有一定的标志性意义。在这些背景和条件中,择其要者,至少包括以下七个方面:

(1)十一届三中全会以来,党中央确立的解放思想、实事求是的思想路线和"一个中心、两个基本点"的基本路线已经深刻地改变了包括中国电视界在内的中国社会,求实、求新、求变成为时代的主流,必然深刻影响电视领域。实际上,电视新闻改革一直在推进,《新闻联播》的直播、春节晚会的出现、多频道的开播、港台电视剧的引入等都在改变着中国电视。可以说,全党、全社会的思想解放在不断深入地涤荡着中国电视的方方面面,中国电视在改革中酝酿着新的革命性变革。

(2)1992年邓小平南方谈话的巨大反响和社会主义市场经济体制改革方向的确立掀起了新一轮的思想解放。这促使电视人在新的背景下和更宽的视野中思考中国电视的变革,这甚至可以说是以《东方时空》为标志的中国新闻改革的直接历史背景。无论在何种意义上,1992年都是包括电视在内的中国经济社会新一轮改革开放的分水岭,也只有在思想解放的背景下,中央电视台才会提出"讲述老百姓自己的故事"这种全新的新闻理念。

(3)传统新闻理论在思想解放背景下有了新的突破。例如,传播学理论研究的重新启动、全新引进和不断深化,新闻基础理论的重新研究,在电视理论工作者和电视实际工作者中形成了一些初步共识,包括媒体功能由以政治功能为主向政治功能和传播功能兼容转变,新闻的党性和人民性问题由争论向统一转变,新闻传播由传者中心向受众中心转变等。这些理论上的进步为电视新闻进一步的改革奠定了理论基础。

(4)思想解放背景下新闻界的改革实践朝气蓬勃,强烈地推动了电视新闻改革。广播热线的全面开花、都市报的兴起,在一定范围内形成了媒体改革中广播开路、报纸繁荣、电视滞后的局面。广播和报纸改革也为电视改革提供了诸多经验。在媒体改革实践中,电视业在压力中重新根据自身的传播优势,多方位、多角度地探索新的节目、新的样态,乃至新的语态。

(5)在不断扩大的对外交流中,对国外特别是对美国、日本等电视新闻的了解日益增多,可学习、借鉴,甚至模仿的节目样态更加多样,一大批原来只在学院专业教材中出现的国外电视节目和主持人走入了中国电视界。

(6)电视技术的进步加快了以直播常态化为方向和目标的进程,为电视新闻改革提供了更大的思维空间和更多的操作可能。

(7)以中央电视台为龙头和标志的电视业界内部也积累了一些改革经验,创造了诸多改革条件。

《东方时空》的出现是上述诸多因素共同作用的结果,因此,具有一定电视史上的标志性意义和价值,并不同于电视节目大繁荣时期推出的某一档所谓创新式栏目。

二、突破

《东方时空》的出现实现了中国电视发展的重大突破,也可以说是历史性的突破:

(1)实现了电视新闻体例的突破,推出了全新的"电视新闻杂志"。体例的突破其实是思想的突围,这使观众看见了电视新闻更加丰富的表达方式和组合形态。新闻再也不仅是《新闻联播》式的时政加综合加消息加国际的固化模式。这极大地拓展了电视的视野,也极大地拓宽了电视表现的空间。旧模式一旦被打破,无限可能立即出现。而在此后的电视节目模式的迅速变化中,再也没有了《东方时空》式的新鲜感,直到新闻频道的开播。

(2)以《焦点时刻》为代表的舆论监督和深度报道开启了中国电视的舆论监督常态化、栏目化阶段。这不仅是中国电视的突破,也是中国新闻界地位、作用、功能及话语权等方面的重大突破。

(3)"讲述老百姓自己的故事"由《生活空间》这个子栏目的标识语进而成为中国电视界的整体追求,实现了电视传播新理念在实践中的重大突破,是受众中心论在电视实践中的高调先声。同时,它记录生活细节,在实践中彻底超越了主题先行和主题报道的传统模式。

(4)《东方之子》实现了电视人物报道的突破,以东方和中国的视角,还原了精英人物的生活本色。这使看惯了传统典型人物宣传的观众眼前一亮。如果说以前的报道让平凡化为伟大,此时的电视则使精英人物回归平凡。平实与贴近成为电视新闻的追求。

(5)实现了电视黄金时段的突破,开启了早间新闻时代。这改变了中国人传统的早晨听广播、白天看报纸、晚上看电视的媒体接触习惯。有人称《东方时空》改变了中国人早晨的生活习惯。

(6)实行制片人制和聘任制,实现了电视机构内部管理机制和用人制度的重大突破。从此,电视机构的事业单位模式开始松动,原有的行政本位、干部身份和级别樊篱逐渐消解,电视机构企业化管理模式隐然出现。

(7)个性化主持人的出现彻底改变了传统的以播音员为主的电视主持人形象,知识化、个性化、记者化、学者化、评论化成为新一代新闻主持人的标准和目标。当形象和音质不再是选择电视主持人的最重要标准时,主持人的多种来源、多种形象和多元的表达方式,不仅极大地丰富了电视节目的样态、语态,而且彻底改变了电视新闻的传播方式,单向、灌输式的传播模式开始被电视人主动抛弃。

三、影响

《东方时空》的诸多突破产生了深远的影响。抚今思昔,愈加发现《东方时空》堪称中国电视"改版热"的领头羊,愈加发现《东方时空》对于当今中国电视发展的重大先导作用和意义。

(1)贴近化传播理念对中国电视产生了整体式的影响,对于"三贴近"等党的新闻思想的发展至少具有实践探索作用。也可以说,改革开放以来党的新闻思想正是在对包括《东方时空》在内的新闻实践总结的基础上逐步形成、完善和发展的。

(2)引发了全国电视界的舆论监督热,初步形成了指导舆论监督实践的一些基本原则,改变了中国电视的舆论形态和舆论生态。

（3）"讲述老百姓自己的故事"直接引发了拍摄老百姓新闻的理念,这实质上可以看作民生新闻的理念基础,对于民生新闻的全面兴起具有理念准备和意识先导的作用。

（4）新闻体例、时段、数量增加的突破直接引发了有关电视新闻频道的设计,也从实践上开启了以建设新闻频道为目标的新一轮电视新闻改革。

（5）全国各级电视台以《东方时空》的运行机制为范例,制片人和聘任制在电视界迅速推广,可以说电视界是全国事业单位改革的排头兵。

（6）改变了中国各级电视主持人的整体追求,各级电视台选拔主持人的标准自觉地向《东方时空》看齐。

（7）为中国电视的持续创新树立了典范。此后,中央电视台一直是中国电视创新的先导和焦点,而且这种创新具有了敢于超越、勇于探索的特点。这些特点影响了中国电视界,也成为中国电视界的基本特点。

（8）《东方时空》的标志性主持人不仅成为一个电视时代的标志,更重要的是成为中国电视变革时代的标志,甚至成为中国新闻界的形象标志。这使人们对电视人才知识结构和价值判断的认识产生了深远影响。

（9）栏目包干制引发了全国电视台栏目包干的探索,电视的产业本质在栏目这个基本单元中得以实现并放大。此后,电视生产的产业本质不断被突显。

（10）"出精品、创品牌"成为此后中国电视界的强烈追求。

总之,以《东方时空》为标志的改版热掀起了中国电视改革与创新的黄金十年,在理论和实践中都结出了具有重大意义和深远影响的丰硕成果,具有开拓性和开创性的思想解放意义。

第二节 改版困境:电视向何处去?

《东方时空》激起了中国电视此后多年的改版热。改版是电视坚守媒体本位的应有之义。粗略地梳理这个阶段,我们会看到,在此起彼伏的改版热中,一方面,电视节目、栏目创新不断,变化迭出;另一方面,中国电视界内外发生了诸多引人深思、催人奋进的重大变化,节目生产的思想、理念、机制等都在潜移默化地发生着重大变化。电视台体制内的单纯改版似乎已经陷入困境。

一、改版热推进了内容创新与电视变革

（1）以电视新闻频道开播为标志,电视媒体改革由栏目变革向频道化推进。同时,电视新闻的质与量大幅提升,形态、品类大幅增加,极大丰富,为观众打开了更大、更多、更快、更细的新闻空间和领域,电视新闻的影响力、传播力空前提升。

（2）以江苏电视台城市频道《南京零距离》为起点,民生新闻迅速普及,电视新闻的结构、构成发生了重大变革。新闻改革,主要是城市新闻改革找到一个新的兴奋点。电视新闻改革由时政新闻、新闻监督,拓展到了民生新闻,新闻贴近性有了新的体裁载体。

（3）以湖南电视台《超级女声》为标志,真人选秀节目风行,激发了电视娱乐节目的重新改

革和强势兴起,开创了中国电视真人秀节目时代。同时,传统的电视文艺受到强烈冲击。以娱乐节目和真人秀节目的流行为标志,省级卫视渐次崛起。

（4）省级卫视全部上星,部分城市台也谋求上星,上星成为较大的省台、市台发展的重要选项。重点培育发展卫视也成为大部分省级电视台的战略布局。同时,卫视由上星初期的作为省委、省人民政府的外宣平台开始向专业化、产业化转变。卫视竞争日趋激烈。

（5）频道制在电视业内普遍实行,频道总监替代了部门主任,但各地对频道制和频道总监职责的认识并不一致。这标志着电视台内部已经开始了以市场为导向的机制调整与改革,传统的宣传本位的节目中心制逐渐让位于以频道为经营主体的频道制。

（6）以电广传媒上市为标志,电视业以不同方式介入资本市场。宏观上的广播电视业已经被列入文化产业,成为国家产业名录中第三产业的一部分。

（7）以无锡广电集团的成立为起点,大部分省市广电集团成立,在一段时期,这甚至成为全国广播电视领域改革的政策导向和发展方向,但集团的事业身份、产业性质与整合功能还存在诸多体制、机制矛盾,效果也不完全理想。一把手一人兼任多个职务的"五星上将"模式并没有从根本上解决广播电视局行政主体、广播电视台事业主体、台内生产产业主体之间的体制矛盾,局台矛盾、事企矛盾,内部矛盾丛生。行政主导、事业底色的集团有着诸多的内在矛盾。

（8）以光线传媒等为代表的民营电视公司艰难发展,随政策与环境沉浮。民营电视业的起步、发展,呈现出数量多、力量小、依附于电视台播出平台等特点。

我们看到,以"改版热"为核心的电视变革实质上涉及电视节目生产、电视台内部机制及体制改革、电视产业和民营电视等各个电视发展的主要方面与方向。

二、改版式创新存在的瓶颈与困境

改版式创新本是电视媒体本位的基础工作,但是,创新的背后需要有科学的体制与长效的机制来支撑。当改版由激情式的冲锋逐渐变为理性式的运筹时,改版的困境就出现了。

1. 改版的困境的主要表现

（1）改版由电视改革的中心词、主题词日益演变成电视台的日常工作。节目改版的传播效应、轰动效应日益递减。这从《东方时空》本身的几次改版结果即可看出端倪。同样,后《东方时空》时代,各级电视台不断尝试监督类、评论类、情感类等多种节目样态,原创式的节目几无可见。相反,在以收视与收入为导向的强烈刺激下,观众对改版节目的期待却日渐减弱,低俗节目开始出现。电视人的改版冲动也在减弱,在一些台,特别是城市台,改版日益变为模仿,改版越频繁,模仿越普遍,结果是改版的影响力和传播力越来越弱。改版已难以激起观众与电视人的互动,改版的台内外效果日渐平淡。同时,集团化、上市、上星、独播剧等新电视名词却此起彼伏。节目改版在电视业内和电视台内的战略层次渐次下移,难以成为全面发展的牵动战略。

（2）由制片人制、频道总监制乃至所谓集团化建构的电视体制改革的内部性显明,排他性强烈。电视体制改革基本上在原系统、原体制内左冲右突,或合或分,或东或西。各级电视台实际上还在坚守行政主导、官本位和事业体制,在体制改革中形成了强大的既得利益自我保护机制。虽然,从上到下早已发现了电视发展中的体制制约,可以说对问题认识得较早,但是改革进展十分缓慢,再加上政策变化也比较多,总体上并未形成机制、体制上的大革新与大突破。

从节目的角度看,可以说,体制内创新有黔驴技穷之嫌,体制外创新有自说自话之乐,体制与机制已经制约了以改版为标志的节目创新和内容升级。

(3)以节目改版提升收视进而拉动广告收入的传统电视经营模式几近尽头。近年来,伴随着中国经济的快速发展,一方面电视台的广告收入普遍大幅增长;另一方面广告收入在包括电视网络收益的电视台总收入中的比重不断下降,同时电视广告收入本身的增速趋缓。由于收视竞争压力,不少电视台尽管收入上亿元、数十亿元,乃至中央电视台的上百亿元,但财务压力,甚至财务危机仍若隐若现、客观存在。进一步分析,我们会发现,电视广告收入增长的主要背景、动力和原因其实是中国经济的快速发展。当然,电视业内早已认识到单纯依赖广告收入的危险性,不少电视台尝试收入的多元化,直接导致了数字收费电视、有线电视的快速发展。即使在电视广告领域内,植入式、品牌化、活动式广告也在冲击着传统的时段广告和栏目赞助等形式。其实,这从另一方面证明了传统电视广告效果正在减弱,从广告经营到经营广告,再到媒体经营,直指经营媒体,电视人其实已在探索多种电视经营之路。但现实情况是,这种探索仍在摸索,说得多、做得少,说得好、做得难,电视台主要还是在广告收入的高低中沉浮。直到近年来,网络,特别是移动终端等新媒体的迅速崛起,才对电视广告做了最后一击,电视台才猛然认识到,时代已经变化,传统电视广告的“好日子”已经终结。当然,这是媒体发展中的革命性事件,其对电视的影响是全面、深刻的,也堪称媒介融合的经营动力。

由此,我们发现,改版热后的 10 年中,电视业虽然有了新发展、新繁荣,甚至有了许多突破,但是在节目、体制和产业发展中,鲜有如《东方时空》掀起的全国改版热那样的趋势性、潮流性突破。

由此,我们也应当在理论上深入反思和分析 1993 年以来电视改革的局限与制约。

2. 1993 年电视改革的主要局限

(1)从改革的焦点上,《东方时空》的推出只是一次最基层的栏目改革,由栏目改革至频道改革再到台的改革乃至电视业的改革,必然要有一个漫长的时段。因此,以《东方时空》为标志的思想解放首先是一场如何办好电视栏目的思想解放,其对频道以上层次的启发因地、因时、因人而异,这从起点上制约了此次思想解放。因而我们也看到,由栏目改革到频道制的确定以后,对于进一步的改革众说纷纭,一时莫衷一是,并没有在《东方时空》的改革样本基础上进一步深化或者推进。

(2)从改革的内容上,主要着力点是节目内容、模式的创新,因而迅速拉动了收视率,激起了电视业内的内容创新、模仿与跟进,内容之外的机制、体制只是为内容服务的配套策略,这给电视业改革以启发,同时也为电视业如何改革而预留了各说各话、因地制宜的空间,缺乏电视发展的总体战略规划。

(3)以改版为重点只是电视媒体传播本位的极度放大,传播功能的本能释放是对之前媒体本位和功能局限的一次突破和解放。媒体的产业、教育、责任等本体功能并未随传播功能同步放大,栏目传播功能的强调和栏目产业属性的不均衡导致了现实中宣传与传播、节目与经营、发展与机制、体制与法规的矛盾支离且零散。也可以说,媒体传播本位的突起在带动媒体其他功能释放的同时,又凸显其他功能的相对弱化。

至此,电视业面临的问题已经不仅是电视媒体如何激发其自身的传播本位问题,而是电视作为媒体的媒体本位的全方位、全体系、全功能的协调发展的重大问题,同时,也是媒体作为社会主义市场经济中的经济主体的产业主体的实现问题。改版启动的改革到这里碰到新的“铜墙铁壁"，亟须新的思路打破媒体发展的桎梏，由此，电视业的第二次思想解放呼之欲出。

三、电视生态出现新的革命性重大变革

近年来，由于通信技术和网络技术的飞速进步，以数字化、网络化和智能化、移动化为特色的新通信技术革命正在彻底改变传播方式并改变世界，而电视在这种变革中发生着从头到脚、从前到后、从里到外的变革与重构。

（1）由于数字化的影响，电视从采访、制作、播出的各个环节都发生了深刻变革，采制方式、传输方式、播出方式乃至收视方式都发生了革命性变化。电视自身的变革表现在频道由稀缺资源变为富裕资源，再变为社会性资源，带动了频道的专业化、采制的便利化、需求的多样化、选择的多元化。

（2）由于网络化与数字化的共同影响，电视垄断视频的时代结束了，这或许是电视面临的最大变革与最大挑战。网络电视、IP 电视、手机电视、互联网电视、各种类型视频等所谓新型电视的出现，呈现出了泛视频化的宏大景观。人们在采制、传播、收看、选择传统电视节目的所有过程中，都可以抛开电视台。视频生产的"正规军"正在被各种新媒体的汪洋大海冲击浸蚀。在电视与新媒体的竞争中，发布速度决定发展速度，速度背后则主要是体制因素，我们已经看到，传统电视的各种速度均不及新媒体的速度。

（3）技术革命推动下的视频泛化的最终结果是人们与包括电视在内的视频的关系发生了变革，经历了被动→互动→主动的主体生成与主导传播过程，其对视频的需求也经历了接受→选择→消费的自我主导消费过程。同时，传统电视的观众层日益老化、低学历化、低收入化，其他类视频的消费对象则呈现年轻化、知识化、时尚化的趋势，传统电视在对消费者的竞争中已居于年龄的高端、市场的低端。

依托上述三大变化，我们发现，电视的传播、产业等各种优势仍在，但正在递减。从更宽的视野整合视频、激活体制，创新电视的方方面面已经成为电视发展的当务之急。同时，电视内外的各种改革与发展实践已经积累了太多的新鲜经验，积蓄了大量的改革与创新力量，人们对电视的思考已经由传播本位的改版跨越到媒体本位的改制，从改版到改制，一次新的思想解放已经涟漪四起，波涛涌动。

第三节 体制破题：
制播分离的思想解放意义与操作突围

从上述追述与分析可以发现，《东方时空》在引发改版热的同时，也开创了电视改制的先河。改版和改制其实在并肩作战、并行推进。新节目需要新体制，新体制激发新节目，成为中国电视界的共识。

一、改制存在诸多问题

在实践中，我们发现，改版呈燎原之势，激发了全国电视业在节目理念和实践中的不断创新，改制却在实践探索中曲折前行。这主要表现在以下三个大的方面。

1. 微观层面上的体制局限性

在电视台层面，主要局限在内部制片人制、频道总监制的探索和确立上，实践的重点在于内部激励机制、分配机制、经营机制、用人机制的改革上。兼具播出、生产、经营等制播一体的电视台仍保留事业性质，在不同地方被给予了自收自支的事业单位、企业化管理的事业单位、差额拨款的事业单位、全额拨款的事业单位等不同的财政政策。

2. 中观层面上的曾经的摇摆性

在省市层面上，到底是局台合一还是局台分设，到底是集团化还是总台式，在不同的地区、城市有不同的探索，但总体上呈现集中化的态势。在不少地区，即使是局台分设，也形成了局长、台长、董事长、总经理职务一人多任的情况。这一方面可能有利于资源整合与内部管理，另一方面又加剧了政事不分、政企不分，甚至产生了局台矛盾。应当看到，无论哪个行业，政事不分、政企不分都是不符合市场经济规律的。因此，中观层面的改制仍存在方向、方式和方法等思路、战略与策略问题。在2018年的机构改革中，政事分开落实后，各级广播电视播出机构作为事业单位的性质和建制才明确清晰，各地对事企分开方式和模式则有不同的探索。

3. 宏观层面上的面对新技术的挑战和规制完善的滞后

宏观层面的体制改革实质上一直在探索推进，比如包括电视在内的媒体在产业分类上的第三产业归属、国家级广电集团的成立与撤散、跨地域发展战略的提出及其在电视新媒体领域的试行等。但是，今天，电视改革已经不是单一媒体的自我革新，而是新技术条件下自身改革与融合改革的多元一体的综合创新，这带来了生存、改革、重塑等多种问题的交融。所谓规制完善的相对滞后，一方面是指没有牵动全局突破性的实践突围；另一方面是指与其他经济领域的改革及其规制健全程度比较而言，而绝不是说宏观体制规制改革没有推进。在宏观体制改革不断探索的背景下，实践中仍然没有解决打开电视市场、地域限制、系统封闭等问题。改革曲折前行的原因十分复杂，客观上固然有电视业属性的敏感性、发展的复杂性、地区的差异性等原因，主观上也存在认识上的模糊，主要还是虽然早已认识到电视台具有政治属性与经济属性，具有意识形态和产品商品的复杂属性，但在实际操作中存在忽而强调其政治属性，忽而强调其经济属性的情况——上级多强调意识形态属性，下层多重视产业发展等矛盾与问题。这直接导致了电视业行政管理欲放不放，欲改不能，欲强有理，电视节目自产自销、自卖自夸，电视市场屡激不活，电视投资欲投无门等问题。随着时间的推移和包括新媒体在内的媒体业的发展，改制对于电视业的繁荣发展愈显重要，理论和实践都亟须在改制问题上有新的突破。在媒介融合的时代背景下，这个问题在新的平台上有了全新的解答。

二、制播分离具有新一轮思想解放意义

实际上，包括制播分离在内的改制一直是电视业改革的重要内容。然而，从制片人制、频道制到中观层面的集团化，重点还是在制播一体框架内的调整与整合，并没有从更宽的视野、市场的角度深入触及电视业的体制和机制问题。在电视产业的改革与发展中，制播分离渐渐从众多的改革语汇中突显，成为思维主题、政策导向和实践重点。这既是电视业思想解放的成果，又有利于构建一个新的电视文化与产业大发展、大繁荣的格局，因此，以制播分离为主题的改制具有电视业新一轮思想解放的标志意义。只有深刻理解、研究制播分离才有利于在实践中推动制播分离的顺利进行，才有可能通过对制播分离的撬动，不仅激活传统的电视台，也同

时激发电视业内外无穷的活力和创造力。

以制播分离为主题的电视业改制具有思想解放意义，主要体现在以下四个方面：

（1）对电视作为媒体的性质有了更新、更深的认识。我们早已认识到电视媒体具有政治和经济的双重属性，电视产品具有意识形态内涵的商品属性，我们也明了电视台具有政治、公益和经营功能。但是上述这些认识仍然从电视媒体的既有立场出发，从传统电视台的视角认识电视的性质。因此，尽管这种认识是正确的，在实践中却导致了电视台和电视系统的自我发展、自我封闭。制播分离则升华了对电视媒体性质的认识，其升华点正在于在肯定电视性质的基础上，认识的立场与视角都由电视台和电视系统转到更广阔的社会、市场和新技术等宽广视域。这也从理论上区别了电视台和电视作品、产品、商品的不同性质与功能，打通了电视商品作为一般商品所应具有的生产、流通、销售、消费的市场环节。

（2）在理论上破解了电视改制的操作难题。由于理论上的模糊，关于电视台的改制方向到底是局台合一，还是事业单位，抑或公司集团，众说纷纭，五花八门。通过对国家性质、国情以及电视性质的深化认识，人们的基本共识是中国的电视台绝不可能是以营利为目的的电视公司，只能是具有公益性质的事业实体。制播分离的提出实际上有利于强化党和人民政府对电视台的领导，强化了电视台的政治和公益性质，同时，也强化了市场对电视产品生产的刺激，为电视业，而不仅是电视台的大繁荣、大发展打开了通途。因而，"放在广播电视改革和发展全局来看，制播分离改革不仅仅是制播体制的改革，还是推动广播电视体制改革的战略支点"。

（3）在实践上打开了电视业管、办、发展的新思路。在管办不分、制播一体的情况下，电视业存在自己办、管自己、自己制、自己播的问题，管、办、制、播都存在有分离之理，无分离之利的不想分、不愿分、不能分的顾虑和误区，形成了相对封闭的电视系统。制播分离则可以在实践上清楚地区分与把握政府管理职能、电视台播出功能、电视台新闻节目制播功能、电视节目市场制作功能等，使政府、电视台、节目制作公司功能清晰，领域明晰，有利于政、事、企各司其职，各行其道，共同推动电视业的整体发展。

（4）突破了电视业的封闭状态，从体制上推进了电视业的大开放、大发展。中国电视业长期存在系统封闭、地域封闭和自我封闭，造成电视业内的重复建设、资源浪费，初看层层建台，貌似繁荣，再看节目雷同，竞相模仿，千台一面，各台各有领地，导致强台无法做大，弱台不活不死，既浪费电视资源，更难以满足人民群众日益增长的精神文化需求。制播分离实质上实现了两个方面的开放：一个是播出平台向社会开放；另一个是节目制作向市场开放。这两个开放突破了电视业的系统封闭，有利于形成市场制作节目，播出平台择优播出的社会参与机制也有利于突破电视业的地域封闭，实现电视业节目、人才、资本的大流通、大发展。

三、制播分离的实践思路

从思想解放的角度理解、分析以制播分离为标志的电视改制，既可以让我们看到电视改制的丰富内涵和广阔前景，又要求我们在实践中理清制播分离的难点、重点和阶段，形成制播分离是主题，政事分开是前提，市场主体是核心，市场准入是关键，繁荣发展是根本的整体操作思路，不断将电视改制推向深入。

1. 制播分离是主题

（1）要求广播电视系统，特别是电视台的改革要以制播分离为主题，逐步推进，变制播一体为制播分体。

（2）要求广播电视业，特别是电视业的改革以制播分离为主题。逐步发展，变行业垄断为社会参与。以制播分离为主题，才可能展开细节，做好分题、分阶段的工作。

2. 政事分开是前提

由于历史的原因，不少地方的广播电视媒体是制播一体加局台一体，形成管、办、建一体的广播电视体制。局台分开是机构改革的必然要求，是广播电视管理体制由以行政管理为主向依法管理进步的必然要求，也是媒体依法传播、依法经营的必然要求。

（1）政事分开，要求依法行政的管理部门与播出实体分开。

（2）政事分开，要求依法行政的管理部门与制作实体分开。

广播电视管理方式由局直接管理转变为党领导下的行业依法管理。这样才能为制播分离创造必要条件。因此，局台分开构成了制播分离的行政前提、法律前提。如果前提不充分，当然不会有理想的结果。

3. 市场主体是核心

在市场经济中，具有营利能力或以营利为目的的机构均构成市场主体。实行制播分离，也要明确主体。一般来说，电视机构可以具有国家主体、社会主体和市场主体的多种功能。制播分离有利于理清现有电视台主体地位模糊的问题，可以初步定义具有新闻制播资格和能力的频道或电视台为国家主体，其他类频道、频率为社会主体或市场主体。

（1）就播出主体而言，要精简层次、削减数量。在全国数百个电视台和上千个电视频道中，有能力、有条件进行制播分离的为数不多，很难想象所有电视台，特别是大多数市县台也能够进行制播分离。因此，大大精简电视台数量，目的是真正形成有新闻制作实力和有市场购买能力的区域强台。另外，还可以通过改革、整合、生成等多种手段，培育发展新的非新闻类播出平台，如新型的区域或者跨区域的电视台、电视频道，使之成为新的市场主体，唯有如此才有可能形成市场中制播平等、均衡的格局，既可繁荣制作市场，又可丰富播出市场。那种认为制播分离就是电视台自身播出和制作分开的观点至少是不全面的。

（2）就制作主体而言，关键一是依托现有大台，形成几个大的制作集团，构成制作市场的基本框架；二是鼓励社会力量以各种形式整合现有电视制作资源，成立新的制作主体，真正形成市场竞争中的制作主体。

4. 市场准入是关键

（1）放开制作主体的市场准入，允许各种内资、有关外资参与制作主体的设立、运营。在制播一体的条件下，虽然也在积极推进社会资本参与影视节目的制作，但由于制播主体的不平等，事实上封锁了制作市场。而正是由于大多数电视台无力独自拍摄电视剧，又有大量播出需求，才形成了比较多的电视剧市场主体、比较发达的电视剧市场。而制播分离的推进恰恰为制作主体的繁荣创造了条件，也打开了制作市场准入的大门。

（2）逐步放宽播出主体的市场准入。表面上看，现有的播出主体全部是国家主体，实际上这些国家主体在完成政治任务的同时，也在履行公益主体和市场主体的功能。同时，在广东等许多地区，三星级以上涉外宾馆中，境外电视播出主体的频道和节目广泛传播，网络电视、视频网站、各种盒子也事实上成为新型电视的播出主体。因此，在国际化与新媒体等构成的新的传播生态中，应有条件地逐步放宽电视播出主体的市场准入，逐步试点允许各种国内资本以多种形式参与非新闻类播出主体(台、频道、频率、公司等)的设立、运营,形成国家掌控主干、政府依法管理,不同主体活跃竞争的法治环境中的多种播出主体的宏观格局。

5. 繁荣发展是根本

从改版到改制,根本目的都是促进繁荣发展。其标准和目的体现在以下四个大的方面:

(1)增强主流传播力和影响力,弘扬社会主义核心价值观,宣传社会主义先进文化。

(2)更加充分地满足人民群众日益增长的精神文化需求。

(3)壮大国有、中资播出主体与制作主体。

(4)不断创新,创造出与全面复兴中的中国相称的媒体品牌、影视品牌、产品品牌和源源不断的精品节目,增强中国的文化软实力,推进文化的大繁荣和大发展。

从制播分离的思想解放意义到制播分离的实际操作是一个从理论到实践的复杂过程。国家广播电视总局提出"积极实施电台、电视台制播分离改革。选择部分条件成熟的影视剧、娱乐、体育类等节目栏目,按照先台内后社会进行制播分离试点。引入市场机制,实现投资主体多元化,制作主体社会化,搞活节目经营""除电视剧外,电视台从市场购买节目的比例,原则上每年不低于播出总量的30%"。这些要求明确了广播电视改制的制播分离方向,对改革步骤、方式、方法、机制和目标等都做出了符合现阶段实际的规划,随着改革的深入,思想解放的实践硕果必将纷至沓来。

第二章

电视危机：

自身困境与环境颠覆

第一节 电视困境：
比较优势在衰减

电视曾经以全媒体的优势而辉煌。比如,融文字、声音、图像为一体的内容优势,现场直播的传播速度优势,邀请观众走进演播室和现场的参与互动优势,数字有线、频道扩展的选择优势,不断升级的高清 3D、4K 的视觉体验优势,直至多媒体时代的从看电视到用电视的功能优势,等等,令人对电视的发展充满了无限遐想。

实际上,一方面,正如上述发展中的优势不断显现,电视本身也一直在经历着自我革新与革命,不断获得了创造性发展,其传播力、影响力不断增大,产业优势不断增大,电视不仅是传播领域的第一大媒体,也成为文化产业中的巨大板块、文化活动中的巨大力量。同时,电视体制改革也在不断推进,广播电台与电视台的两台合并、集团化等都试图从体制和机制上与产业规模等方面解放电视生产力,促进电视的全面发展。倘若我们仍处在大众传播时代,电视仍应保持惯有的尊严与优势。但是,在互联网与移动互联网造就的新媒体时代,一切都在迅速变化,一切都在瞬间颠覆,电视的困境与窘迫显而易见。

一、内容困境：数量、类型与版权

电视曾是视频的主要提供者,在家用摄像机出现之前,垄断了几乎全部视频内容的生产与流通。但是,先有家用摄像机的广泛使用,再有专业摄像机的不断降价,到目前手机就是摄像

机的全民拥有时代，人人都在生产各种各样的视频，更重要的是，互联网各种平台的搭建，3G、4G、5G 的不断升级，不断加长的视频的上载播放、下载观看、即刻传送在各种平台、组织和个人之间迅捷无碍。曾经多么庄重、神秘、严肃的电视采编播，在活跃、冲动、多彩、丰富的新媒体面前，显得迟缓、呆板、复杂，甚至多余。

1. 电视生产提供的内容数量相对减少，在视频市场中的份额相对下降

相比于不少电视台每天生产、直播数小时的节目，每频道播出 18~24 小时节目，公众上载视频、传送视频的热情要高涨得更多。人们收看电视的时间在减少，黏性在降低，在视频的汪洋大海中，电视制作和播出的内容比例正在跳水式下降，草根制作、网络视频、中短视频和抖音等新兴模式和平台喷涌而出，占比越来越大。

2. 电视提供的内容、类型相对狭窄

新闻、体育、直播、电视剧、纪录片等是传统的电视大屏优势，近年来引进外国版权创新生产的大量真人秀节目则起到了挽救电视的巨大作用。然而，真人秀类型节目的火爆固然有电视表达优势产生的力量，更有新媒体表现、互动、营销等添加的全新能量。除上述类型外，大量非传统的网络剧、网络视频节目、微视频等，占据着网络空间，国外有 You Tube 等，国内有"爱优腾"（爱奇艺、优酷和腾讯）、抖音、快手等，海量多元的网络视频应有尽有，电视提供的内容类型相对单薄。

3. 电视拥有的视频版权数量大而分散，难以形成版权优势

电视拥有的频道节目版权虽然数量很大，但分散在中央、省级、市级上千家电视台中，任何一个台或联盟都难以形成有效的版权优势。电视大量生产的新闻和节目视频缺少版权保护，一方面被各种自媒体和网络平台大量使用，另一方面大多数内容缺乏持续再应用与再传播价值。其他类型内容早非电视垄断，已经最大量地汇集在网络平台中，网络不仅经营着视频蓝海，而且早已成为视频红海的强力竞争者。

二、渠道困境：封闭、排他与消解

电视产生伊始，相比报纸、杂志、广播、电影等原有大众媒体具有明显的渠道优势。从传统的微波传送到目前的数字高清，渠道的种类大幅增加，微波、数字、卫星、光缆、IP 等使电视内容可以全球同步覆盖传送，频道不再是稀有资源，而成为理论上可以无限扩充的市场资源。在技术渠道不断完善的同时，内容的交易平台也构成了另一种市场渠道，在全球化的今天，交易的品种、类型、速度等日益迅速覆盖全球。在互联网出现以前，如此强大的双重渠道足可奠定电视拥有第一媒体的地位，在媒体竞争中可以高枕无忧。但是，站在互联网的时代与角度再看电视渠道，其困境昭然若揭。

1. 电视渠道具有明显的封闭性

上述电视渠道属闭环传播，电视机构以外的内容和组织几乎不可能参与进来。其优势是电视强势时代的独家垄断，是视频传播的唯一通道，而劣势正是新媒体崛起时代中固有渠道的价值衰落。

2. 电视渠道的专业排他性

上述电视渠道表现出了强烈的行业垄断和技术专属，即使是质量较好的民间视频也难登

电视的"大雅之堂",而技术专属则用技术标准、技术投入、行政审批等超高门槛排斥着社会参与。如果说,在电视垄断时代,社会视频苦于难以进入电视渠道的话,在新媒体时代,电视则苦于渠道单一,必须实现在更多渠道传送、传播自己的内容。这从理论上和实践中证明,只依靠原有的电视渠道,传统电视台的影响力、传播力和市场竞争力已经难以为继。渠道困境必须突破。

3. 电视的渠道优势正在消解

传统的社会制作视频如果不进入电视播出,即使质量再高,影响和意义都不会很大。在互联网时代,则完全相反,现在的电视台从业者每天都在梦想自己制作的节目能在网上快速传播,电视播出只是第一落点或者是公信力落点,只是在证明节目的质量和正宗,随着收视率的变动,其影响正在弱化。电视作为曾经的唯一渠道,不得不加快融入互联网的海洋之中,成为互联网上的海量频道之一。

三、经营困境：单一、单薄与减缓

伴随着中国经济的一路高歌猛进,电视业也习惯了经营收入的两位数增长,但是,十几年的时间里,从快速增长到增幅趋缓,再到增幅变负,大部分电视台呈现出收入增速下降、收入减少等地域性、区域性分化状态,而这种状态正是与新媒体的迅猛发展相伴而生的,此消彼长。与此同时,新媒体收入表现出增速快、总量大的特点。电视经营的困境更多地表现为下述几个方面。

1. 经营收入单一

全国大部分电视台依然严重依赖广告的收入,而广告收入波动大,抗风险能力差,使单一电视台获得的广告投放量已经越来越少。

2. 经营结构单薄

大多数电视台的经营版块主要是广告、技术服务,靠卖时段和技术服务为生。发达的省级卫视和城市台呈现出广告、购物、影视剧、技术乃至综合文化产业等多元发展的思路和态势,但广告仍然是支柱产业。这种经营结构具有单薄、脆弱的特点,在宏观经济向好时会掩盖诸多问题,而在宏观经济波动时,则问题突显。

3. 经营总量增长相对减缓

40多年来,中国电视广告收入一路高歌,年年增长两位数以上,但2010年以来,电视广告收入增速趋缓。

CTR媒介智讯的研究显示,2014年,中国广告市场增长2.2%,其中传统广告市场首次出现萎缩,微降1.7%,电视广告花费首次呈现停滞状态。

四、机制困境：比较优势正在劣化

在电视主导的大众传播时代,相对垄断、事业体制可以成为电视台发展的保护与促进机制。单位的全额或差额拨款,职工的事业干部身份,覆盖的区域性保护等都是曾经的机制优势。经过多年改革,电视台的主体仍然是事业体制,这在创新投资、发展产业、人才引进等诸多方面事实上已经出现了束缚效应。而在今天,新媒体的迅猛发展正得益于其充分的市场机制,可以说,新媒体对电视的挑战本质上是对机制体制的挑战。

近年来,如江苏、浙江、上海、灿星等台,凡是节目创新走在全国前列的台与公司,无不是率先局部打破机制困境。向改革要红利,向市场谋发展也应当是电视改革的应有之义。

五、人才困境：优秀人才不断流失

电视是年轻人的事业,这不仅是因为一般性的电视生产需要充沛的体力和智力,更重要的是电视需要持续不断的最新创意与源源不断的饱满激情。但是当前,电视台呈现出严重的人才困境,标志之一就是中央电视台、湖南等卫视的优秀主持人、管理者不约而同地辞职或跳槽。正如同 1993 年电视改革乍起之时,一批专业人才从其他媒体、其他领域走向电视一样,今天的电视却在为文化市场、新媒体培养人才。同时,电视台管理者与业务精英平均年龄升高,优秀新人补充不够,特别是名校高学历的学生在择业方面已经疏远了电视台。这一点,在一般的城市电视台中表现得十分明显。

第二节 困境背后：
内忧外患正交汇

内容、渠道、经营、机制与人才五大困境的产生有着多方面复杂的因素。重要的宏观原因至少有三个大的方面:内看技术手段,传统电视具有相对落后性;透视机制体制,具有改革的相对滞后性;外看发展环境,一切正在颠覆。

一、传统电视综合技术的相对落后

作为一种传播工具,电视做到了它所能做的一切,具有太多的大众传播优势,让我们先列举一些电视的优势,再进行比较,就会更加清晰电视技术优势侧面的比较劣势。

1. 电视的传统优势

(1)就传播内容而言,电视新闻、纪录片、电视剧、文体直播、大型节目、选秀,应有尽有。

(2)就传播方式而言,录播、直播、点播、时移,多种多样。

(3)就声画质量而言,模拟、标清、高清、3D、超高清,不断进步。

(4)就屏幕大小而言,有各种尺寸。据统计,中国市场尤其青睐大屏幕电视机。

(5)就传播技术而言,无线、有线、卫星、数字、IP、网络,丰富多彩。

其实,电视技术的落后并不是电视本身的落后,而是比较之后的结论。

2. 电视的比较劣势

(1)与移动相比,电视是固定的,对收视条件和环境有一定要求。

(2)与互动相比,电视现在还是单向的,互动的程度与移动通信、微信圈子等无法抗衡。

(3)与"众筹"的参与相比,电视是"独筹"的,这不仅是指电视投资的封闭性,更是指社会智慧很难进入电视创意并转化为成果,这也是电视人越干越累的重要原因。

(4)与开放的平台相比,电视是封闭的,社会制作的进入门槛具有较高条件。

(5)与海量的网络内容相比,电视内容是有限的,只能靠自制节目和少量的购买节目。

(6)与多为自创的杂乱甚至劣质的网络内容相比,电视是严肃、标准、优质的,这本来是电视的优势,但谁让时代步入了全新竞争时代。

长期以来,许多电视人不承认电视综合技术的局限与落后,在领域内也进行了大量的技术创新、内容创新,技术概念、传播概念不断更新,电视功能提升为家庭娱乐平台、智慧家庭平台,电视运营商也在大力提倡从看电视到用电视。实际上,如果仅在电视领域开拓,电视业的未来仍然是十分有限的。而完成上述电视的优势转换,电视就已经不是原来的电视了。

二、电视业改革的相对滞后

1. 电视业改革成就很大

中国的电视业改革起步不晚,力度不小。从宏观领域看,从四级办广播电视到三级办广播电视,事业体制为基础,全额拨款、差额拨款、自收自支、企业化管理都有试点,制播分离、集团化、广播电视和文化两局合并、广播和电视两台合并、网络公司全省运营、全国运营,等等;从微观领域看,台与集团公司并立、股份制公司、制片人制、频道制、承包制,等等。应当说,电视业改革促进了电视的繁荣发展,电视业宣传导向正确、内容丰富、收入增长。这在本书中多有论述。

2. 电视业改革仍然相对滞后

电视业改革取得了重要成果,是业内外公认的。说电视业改革的相对滞后,主要是相对于社会主义市场经济的发展、文化产业的快速发展,特别是新媒体的日新月异,电视业改革的进步在比较之下,相对滞后了。

(1)电视业整体上还没有找到一条自我改革、发展的全新模式与全优路径。在全国范围,东强西弱,中央电视台强,部分卫视强,大部分城市台弱,强者恒强;在地方范围,不少城市台与省级地面频道经营困难,举步维艰。电视业如何发展,电视台如何发展,并没有在行业设计、法治环境与市场竞争条件下探索形成符合传播规律、产业特点与时代要求的全新发展模式。媒介融合为电视变革开拓了全新未来,各级各地电视台正在积极探索,成果也正在纷至沓来。

(2)无论是宏观还是微观,改革落后集中体现在体制、机制等方面,远未到位,短期内也难以到位。

(3)面临着媒介融合的全新机遇与挑战,新传播技术层出不穷,传统的路径依赖和当前的融合突破等多种问题与矛盾交织、交汇,需要实践一一回答。

三、电视环境的全面颠覆

大众传播时代,电视为王,但是新媒体的出现,实际上使社会跨越了大众传播时代,进入了大众传播与网络平台上的社交传播交互共生的全新传播时代。

电视技术的相对落后呈现出的相对封闭性,使电视业至今仍在自我封闭为主中研究改革与发展,而社交媒体一开始就利用、借用、善用大众传播媒体,呈现出极大的开放性、包容性、吞噬性,迅速从内容、传播方式等多个方面冲击、消解乃至颠覆电视媒体。目前,电视观众开机时间、收视时间在减少,而微博、微信、抖音等社交网络用户在不断增长。总体而言,电视业的技术环境、人文环境、互动习惯、国内外环境等都在发生变化,喜忧参半。

技术、改革与环境的变化是电视业困境产生的宏观背景。至于困境产生的微观原因,则属于"不幸的家庭各有各的不幸"。总体而言,中央、省、市三级电视媒体,2 000 多家县级以上广播电视台,并没有哪一家敢言无忧,都试图在激烈的传播竞争与产业竞争中冲锋突围。

第三节　重新布局：
新生态与新组织

媒介融合是现实与趋势的召唤,技术创新的眼花缭乱使融合充满了想象空间,而作为电视台媒介融合的具体操作,则需要认真分析,脚踏实地。首要的问题是,所谓新媒体到底改变了什么,还在改变什么? 这是实施全新布局、介入与深化媒介融合的依据与着力点。理论总结虽然刚刚兴起,但也十分丰富,归结起来,一个总的基本观点是新媒体的出现与崛起使传播生态、媒体产业、媒体组织、传播对象及其相关的各种传播模式与方式、媒体要素聚合与离散已经并正在发生重大而深刻的变革。一个显著的方面就是包括电视在内的传统媒体面临着舆论场收缩、影响力衰减、受众群瓦解、收入比下降等严重挑战。而循着互联网、移动互联网的发展,我们会发现,至少在关乎媒体生存发展的三个主要方面发生了革命性、本质性、结构性的牵动全局的变革。

一、媒体生态：迭代变化

所谓生态,是指我们无法选择的外部环境。媒体生态也是如此。我们不仅生活在一定的不断变化的自然生态、人文环境之中,也生活在不断变动的媒体生态中。

1. 媒体生态的基本含义

按照美国学者尼尔·波斯曼的说法,把媒体作为环境,即构成了媒体生态。在影响媒体生态的诸多条件中,技术一直起着决定性作用。每一次媒体技术的变革和新媒体的出现,都或快或慢地改变着原有的媒体生态,从而改变着所有媒体的生存与发展方式。在《作为保存活动的教学》一书中,波斯曼强调当时(1979 年)电视作为新兴媒体时指出,"新信息环境中有一个最强有力的新成分,这个成分就是电视"。在接下来的两部著作《童年的消逝：家庭生活的社会史》(1982 年)、《娱乐至死：娱乐时代的公共话语》中,波斯曼集中论述了电视媒体的出现与发展给媒体生态乃至人类的文化、生态带来的深刻变革。

2. 全新的媒体生态正在生成

今天,以互联网为标志的全新"技术-社会"生态环境,无疑正在建构着全新的媒体生态。相对于前互联网时代的以大众传播媒体为核心建构的大众传播生态圈,新的媒体生态正在迅速生成,其主要特点包括以下五个方面。

(1)社交媒体迅猛发展,迅速崛起。以 Facebook、Twitter、微博、微信、QQ 等为代表,形成了以私人圈、朋友圈、交友圈、粉丝圈、企业圈、产品圈、兴趣圈、营销圈等为特征的无数互联网和移动互联网上的社交圈,构筑了庞大的社交媒体圈,大有冲击、整合、吞噬一切媒体之势,成为新媒体生态的最鲜明特点。

(2)随着社交媒体圈的无限膨胀,传统的以大众传播媒体为核心的单一媒体生态,演变为由大众传媒与社交媒体的双圈互动,新型的人际传播借助互联网和移动互联网平台,形成颠覆传统大众传播与人际传播的跨大众-人际传播模式构成的新的复合媒体生态。

(3)复合媒体生态的主体相应由原来的大众传媒为主,演变为包括大众传媒在内的多元、多层、多维的泛主体、自主体、微主体等。

(4)新的媒体生态中,信息与新闻传播路线和方式发生了颠覆式的变化,由原来大众传媒的单向、一对多、体系内转载,变为互动、几何式转发、病毒式复制,信息的瞬间离散聚合能量爆炸式扩散。

(5)媒体生产、传播、效果评估、评论等媒体综合评价的方式和方法与体系均呈现出重大变化,相比新的社交媒体,传统大众传媒的传播、生产、评估的盲目性和模糊性强,针对性弱。大数据、云计算和智能化将成为新型媒体生态中主要工具。

二、 媒体组织:离散聚合

1.传统的广播电视改革并没有从根本上改变媒体组织结构

传统的报纸、杂志、广播、电视均以某项传播技术和某种编辑方针为核心和主业,展开新闻报道和媒体产业。具体的媒体组织形式表现为通讯社、报刊社、电台、电视台。近年来,媒体改革的着力点之一即是媒体组织再造,表现为报业集团、广电集团的成立,地方有线电视网络公司的全省一张网等。媒体组织的变革总是有原因的,在报业、广播电视改革为重点的媒体改革时期,改革出发点大多是为了做大做强、整合资源,甚至期望整合后由"物理整合"向"化学反应"升级。新媒体组织包括的资源大多是原有社刊资源,频率、频道资源的量的增加与衍生的子报、电视剧、广播电视购物等传统资源的再放大,变革动力也大多是行政主导的外部推动。

2.互联网时代的媒体组织正在经历离散聚合式的变革

然而,当互联网时代到来后,传统媒体陆续开设了网站、网址,如果说此时只是媒体组织增加了一个部门,变化不大的话,移动互联网时代到来后,当某一版面、某一记者、某一栏目、某一频率频道发出自己的第一条微博、第一条微信,收获了第一条评点、第一个点赞、第一个粉丝时,或者说,当这些林林总总的新媒体的评论、粉丝、好友突破 1 000、1 万、10 万、100 万乃至更多时,当读者、听众、观众更多地关注新媒体时,当媒体人的注意力也更多地投入这些变化不定的新媒体时,媒体组织实际上已经从根本上改变了。

(1)由传统的增加业务即增加部门,改变为全员向新媒体发力,而新媒体又呈现出个人化、个性化的明显特征。

(2)媒体管理方式发生了重大变化,传统的签发变为即发、快发、碎片发,媒体管理权限也不得不下移至最基层的编辑、记者、主持人,发布空间由媒体空间向现场空间转移。

(3)媒体采、写、拍、制、播的技术、管理和传播全流程发生了变化。

(4)媒体产品发生了重大变化。由传统的单一产品改变为同一信源多向、多时、多维分发,单一产品正变为复合式的"产品包",包中的产品组合则根据多种终端的需求不断地被重新塑型、全新"烹制"、重新上架。

(5)就媒体拥有者而言,所有的媒体组织都将变为拥有多种大众与社交等传统和新型的媒体集团。媒体内部结构需要不断变化,公众与媒体的关系和合作的方式、结构也在不断变化,因而,所有的媒体组织都面临着再造,而再造的重点、方向都还在探索之中。

三、媒体市场：结构重组

1. 传统媒体市场与经济增长线性吻合

在前互联网时代里,媒体市场中报刊、广播、电视、有线电视分割着伴随经济发展而来的不断增长的广告投放。先是以都市报为标志的报业崛起,再是汽车时代到来的广播繁荣,而电视则依其一定时段内的技术优势持续保持增长势头。市场无论如何变化,都只会发生结构固化的量变,传统媒体共享着经济持续增长推动的媒体发展。

2. 媒体市场出现了颠覆性变化

但是,随着互联网时代的到来,这一切被快速打破,媒体市场发生了颠覆性的结构性变化。

(1)新媒体异军突起,作为新增版块进入媒体市场并快速增长,媒体市场原有结构被迅速打破。

(2)新媒体与传统媒体的快速结合,甚至融合,使所有的传统媒体都兼营、兼容乃至融合新媒体,新媒体的理念、技术基因迅速植入传统媒体。媒体市场原有结构被迅速打散,不断重整、重组。

(3)新媒体本身的内涵伴随信息技术的不断变化而快速刷新,媒体市场传统的超稳定结构被打破,并将持续变动下去,呈现出结构变革的动态性特点。美国北卡罗来纳大学教授菲利普·迈耶在调查研究中预言,到2043年,日报的读者将归零,到那时,媒体市场又将呈现出全新结构。

第三章

电视业涅槃：

在媒介融合中重新布局

实际上,依据上述媒体生态、媒体组织和媒体市场的三大变化,宏观上媒介融合的重新布局已经有了比较清晰的方向与范畴。

第一节 生态布局：
建构全新的大众－社交媒体生态平台

在互联网时代,以电视业为主的传统媒体面对的已经不是以大众传媒为核心建构的大众媒体生态圈,需要在巩固、维护、升华大众传媒生态圈的同时,积极调整媒体自身的生存发展的生态系统,建构以媒体价值和品牌为核心,以观众-用户为对象,以服务-参与为模型,以体验-收获为基础,以共享-共生为目标的开放型、成长型的全新媒体生态圈和媒体平台。

一、大众传媒生态的重新布局

就电视业而言,宏观上,全国有中央电视台、省级电视台、城市台和县区台四级架构,数千个频道,节目雷同,资源浪费;微观上,一个中等城市台动辄5~8个频道,小而全,成本上升,内耗严重,收入吃紧。总体上电视业面临着收视、收入的下行压力,一些省级台、城市台举步维艰,当前,又面临着高清化、三网融合等系统内外的改造升级压力和改革竞争压力。重压之下,电视业要清醒地看到,自身的优势仍在,电视业在大众传媒生态中的优势也在,大众传媒生态虽然在动荡变革,但仍然在主导着舆论,电视业新布局的重中之重仍然是做好自己,做好电视,守住电视在大众传播生态中的核心与主导地位。

1. 电视业应当保持、提升自身的生态优势

在新媒体生态的重新布局中，首先要思考的问题恰恰是电视业应当如何保持、提升自身的生态优势，如何通过改革创新，排除干扰和影响电视业发展的机制、体制、资源环境中的诸多问题，只有更加明确了电视业与具体电视台自身的优势与力量，才有可能进一步行动。对大多频道多、收入少的电视台来说，最重要的就是按照宣传要求和成本核算，大力削减现有频道数量，以便能够首先保证新闻生产与传播，集中力量凸显自身的优势。

2. 电视业要深化改革，优化电视宣传、产业格局

电视业要把频道资源分为公益性与经营性资源，保证公益性频道的国家、公有属性，牢牢建构电视舆论格局，同时，大量释放市场性、经营性频道，不以行政区域供给、划分频道资源，而以市场方式分配非新闻性频道资源，形成几个全国性、区域性强势电视集团。

3. 电视台要明确自身的定位与优势，强己之强，弃己之短

从微观而言，电视台需要明确理清自身的价值、品牌、服务对象和成长方向，借鉴国企改革的方式，对收视、收入双低迷，又没有成长价值的频道和栏目，实行关停并转，打破小而全、大而全，有概念、难实施的办台模式和思想，集中优势资金、技术和人才办好 1~2 个频道，有条件的，可以通过制播分离运营本地或外地的频道和栏目，守好舆论主阵地和经营主战场，以改革的精神和方式开拓无限的区域性、全国性和平台性的电视、视频市场。特别是在城市台中，许多弱势频道、边缘栏目的收视人口往往不及主持人的微博、微信和抖音的粉丝量，从舆论引导、服务观众、经营发展、成本核算等角度来考虑，都应该及早决断，关停止损，把有限的力量投送到更有影响力、更有前景的领域和方向中。目前，许多省市台已经实现电台、电视台合并，完全有条件在新的框架、基础上，重新布局区域性的自身大众媒体生态，突出重点，整合资源，做好加减法，形成由主频道、主品牌、名主持、名记者构成的有影响力生态要件，形成精、奇、特、新的生态特点，把更多的力量向新的社交媒体生态转移，尽快使主力军进入主阵地。

二、积极布局以电视媒体核心价值为内涵的社交媒体生态圈和媒体平台

在完成大众传媒生态的重新布局的基础上，继续做好新的媒体生态中全新布局的第二个方面，即积极布局以电视媒体核心价值为内涵的社交媒体生态圈和媒体平台。

有统计表明，中国拥有全球最活跃的社交媒体用户群，每两名中国网民中就有一人在超过一家社交媒体网站注册过。《2013 年中国社交媒体舆情发展报告》指出，无线舆论场中微信、微博和新闻客户端三足鼎立之势初步形成，圈子化网络结构的无线舆论场已经形成，移动互联网开始成为社会舆论的新信息来源。到 2020 年 10 月，全球使用社交媒体的人数突破 40 亿，达到 41.4 亿。

电视业在社交媒体生态圈中要建构以自身品牌为核心的社交媒体生态，将大众传播力延伸融入社交媒体，并形成影响力。

1. 积极进行社交媒体战略布点

根据自身的实力、特长、目标，有选择、有重点地在不同社交媒体开设账号，建立客户端，可以利用媒体、频道、栏目、名编、名记、名主持人的多层次、多种类、多侧面的公共和个人账号，形成直接、间接、整合的社交媒体群，这也是多数国际媒体和国内传统媒体正在积极实践，并取得成效的普遍做法。问题是要突出重点，有所突破。不少媒体社交账号要么形同虚设，反应并不

及时;要么进入瓶颈,不知如何突破,开办一阵之后便是沉寂,沉寂之后便是放弃。这些都不利于社交媒体的发展。

2. 精心培养社交媒体的品牌大V、社群等

要从媒介整合的战略出发,重点培养人格化、标志化、品牌化的社交媒体的标志性的有影响力的大V,并以大V为核心建构品牌社群、大客户端,在信息传递、新闻首发、重要评论等方面,有计划、有重点地支持品牌大V,不断提升他们在社交媒体生态圈中的影响力、引导力。

3. 加强社交媒体的链接转发能力建设

在社交媒体战略布局中,划分层次、领域,研究媒体大V和公众大V的圈群成分和影响力边界,形成定向、定量、定时的社交媒体转发覆盖能力,确保以此强化舆论引导,保证社交媒体生态中导向正确,真消息、正能量占上风。

4. 采取多种模式,建构媒体社交平台

有条件的新型媒体集团可以自建社交媒体平台,没有条件的电视媒体要依托现有社交媒体平台,建构自己的媒体社交平台,同时,要以社交媒体的思维方式运营好在网站、微博、微信、抖音等社交平台上的账号,最大限度地发挥好新媒体在新的社交媒体生态中的作用。

5. 提高与社交平台合作的战略层次

要从电视媒体发展和媒介融合的战略高度,主动提升与社交平台合作的战略层次,在开设账号的基础上,要与社交平台开展区域性或全局性的资源、宣传、技术等合作。一方面,电视媒体可以减少重复建设与投入,把视频云端、大数据与社交平台进行合作托管、再开发、版权合作等;另一方面,社交媒体也可以获得更充分的资源,推广、推介、植入电视媒体品牌,更好地满足电视媒体的整合需求与品牌成长,探索出更多、更好的整合模式。

6. 紧跟技术与创新潮流,及时实现媒体升级与迭代

例如,不少电视台的网址受制于出口流量限制和内容质量与数量的限制,已经没有大的传播与市场价值,成为名副其实的传统媒体,不少电视台视之如鸡肋,实际上已经没有意义;不少电视台应景式地做了一些App,用户少得可怜,前景人人心知肚明。上述种种现象说明,一些电视人还在用改版思维运营新媒体,已经脱离了时代的潮流。电视台在推进媒介融合中,一定要紧跟技术与创新潮流,看准的快干,看不准的快放,干不好的快放,运用迭代思维,通过迭代替换解决问题,在不断迭代中,实现自身在社交生态中的价值放大。

三、 同步开展在大众传媒圈和社交媒体圈的交互布局

实现了上述两个布局,只是总体布局的一部分,更重要的是要同步开展在大众传媒圈和社交媒体圈的交互布局,这才是真正在布局中融合,在融合中布局。

(1)重点是通过技术手段不断整合、融合这两个生态圈的媒体布点、媒体手段,最终形成一个后台、两圈呈现、多维分发。

(2)在实现技术交互的基础上,实现思维交互、组织交互、呈现交互,进而融合成一个媒体集团,拥有多种传播领域和传播阵地。

(3)通过资本纽带探索实现不同层次的两个生态圈的深度整合、融合。

因而,只考虑大众传媒生态布局,或只注重单纯社交媒体生态布局,都是不完全、不完善

的。当然,这是一个技术、组织、战略运营的实践过程,但应当基本遵循交互与融合的方向、思路与战略。

第二节　组织再造：
布局全新的媒介融合型组织

在新的传播技术出现之初,人们对媒介融合的关注大多停留在技术融合层面。实质上,技术的选择与应用、新旧技术的融合只是媒介融合的最基础部分,技术融合推进着媒介融合,而作为传媒组织,媒介融合要求组织再造以适应→推动→提升媒介融合,最终生成新型媒体集团。因此,就媒体组织而言,媒介融合中的重要问题是媒体组织再造,这要求对互联网和移动互联网时代的媒体组织重新进行定义与定位。

从产业视角观察,传统的电视台是内容生产与渠道控制叠加的内容+渠道型的媒体组织,不同的台因内容生产与渠道运营的市场化程度差异而导致实力不同。应当承认,因上星政策、区域覆盖、区域经济的千差万别,中国的大多数电视台市场化程度并不高,内容生产的广告转化率与版权价值也并不高,传统播出渠道如无线覆盖已经基本无直接市场价值。有线网络则一方面,因全省、全国一张网而日益进入集中化、垄断化的产业经营,与台的关系远近不同;另一方面,三网融合与新的互联网电视平台与各种盒子极大地冲击、消解着传统的有线电视传播能力,有线电视的价值处于波动之中。因此,在媒介融合的背景下,电视台的传统定位必须改变,要在技术融合、市场细分与价值链整合当中重新定位新型电视媒体组织。

一、注重内容生产,成为以视频为主的内容提供商

(1)做好新闻等公益性内容,这是电视台的性质决定的。同时,电视台充分利用已有和应有资源,做出适合不同新媒体的终端产品,发挥其最大的传播价值与市场价值。

(2)向市场提供特色视频内容。在媒介融合时代,传统的电视被视频的汪洋大海所包围,也只有投入视频的海洋中,才可能形成自己的新价值体系。因而,一定要打破传统的自产自销式的内容生产,打破改版、再改版的封闭的恶性循环。在所有的新节目中注入新媒体基因、超越本台的市场基因,绝不能为了满足播出的目的,为了填补时间做节目。这是媒介融合的大穴所在,也是电视台的自我革命,点准这个市场之穴、基因之穴,才能真正实现电视台的组织再造。

(3)要做好视频内容的版权管理与评价,不制作没有版权价值的节目,改变小而全的电视台频道与栏目结构,结合大众传播生态的结构变化,集中力量做好新闻与特色视频,其他内容的生产力量全部面向市场,重新集结,为市场制作内容,使电视台从电视频道的内容提供者向视频平台的内容提供商转变。

二、拓展传播渠道,成为渠道参与商

在电视台时代,电视台控制了无线传输与有线传输两种主要的视频传输渠道,而在互联网时代,传播渠道呈现了多平台化、多通道化、多终端化的立体、网状、非线性乃至混沌的复杂结

构,没有一种渠道可以被某一机构垄断,或者说,被垄断的渠道的价值日益衰微,如无线模拟电视。因此,电视媒介融合必须把重点放在渠道拓展与利用上。

1. 保持并增值赋能传统频道

(1)保持并维护公益性的无线传输,积极参与、控制区域性有线电视网络,在本区域实现台网一体,这既是确保舆论、导向之道,也是电视台内容分发增值的主要渠道。

(2)积极参与、控制有线电视网络等新技术平台的数字化、高清化、平台化、智能化,把有线电视网等新技术平台建设成为城市智慧化、家庭智能化的基础平台,实现多元增值。

2. 以多种形式积极开拓多种互联网和移动互联网渠道

(1)推送多种特色化的网络节目和 App,以产品开拓渠道。

(2)整合多个媒体,共同推出联合平台,如全国部分媒体共建的全国城市网络电视台CUTV。可以与中央电视台、新华社等新媒体平台深入合作,借力中央级新媒体平台。

(3)和网络、电信运营商合作,建设新的区域平台和渠道,有条件时可以以资本投入的方式参与新渠道的建设与运营。

(4)建立区域化的媒体网络联盟、新媒体网络联盟和社交媒体网络联盟。

(5)积极主动地参与和运用现有的社会化平台与渠道,主动进入那些最热的社交平台,并产生渠道影响力。

总之,要通过掌控主渠道,参与新渠道,借力社会渠道,合作多种渠道,形成自有内容产品的分发、分销、分享平台与渠道,形成有效的舆论引导与有利的内容产品增值渠道体系。

三、加强品牌培育,成为特色媒体的品牌运营商

在现有的区域垄断的电视格局中,每个电视台乃至每个地面频道,在本区域都有一定的影响力,同时,电视台也最大限度地拥有全国性和区域性的栏目、名主持人、名记者和精英视频制作团队,只是在传统的电视台事业体制中,电视台、频道、栏目、名人和制作团队的市场化程度不高,因而品牌度不高,但毕竟已经拥有了初级品牌和品牌要素。在媒介融合中,电视台急需依托现有优势,大力推进媒体品牌化,并成为媒体品牌运营商。

1. 制定清晰的品牌化战略

制定清晰的品牌化战略,目的是从战略高度明确品牌化思路、重点和阶段,并以此凝聚各种品牌要素,有计划、有步骤、有层次、有重点地培育媒体品牌,从而避免盲目性、自发性、零碎性和短期性。中央电视台从 2005 年开始,积极推进品牌化战略,使节目创新与经营增长有了更加坚实的基础、更加强劲的冲力和更加增值的效果。

2. 精心实施品牌综合战略

在着力突出以电视台为主打的媒体总品牌的基础上,精心实施伞状品牌战略和产品品牌战略,在电视台、频道、栏目、网络、微信、微博、活动、产品等多层多点上,加强品牌建设,形成针对性强、影响各异、牵动力大、市场化程度高的品牌群和品牌链。

3. 寻求重点突破

对大多数省级台和城市台来说,要凝聚资源,着力打造几个覆盖、辐射区域、网络和新媒体的媒体品牌,真正有效的 1~2 个媒体品牌的影响力与价值会大大超过小而全的多频道、多栏

目的区域电视台。从这个意义上说，电视台向媒体品牌运营商的转变应该带来深刻的体制、机制的改革与组织再造，凡是与品牌化无关的行动、人员即可重组、压缩，使电视台在媒介融合中，以品牌化为牵动，实施彻底的组织创新，否则，事业体制冗员多、责任少、交叉多、成本大的弊端难以消除，根本适应不了媒介融合的变革。

4. 做好品牌延伸与品牌衍生

以媒体品牌塑造为起点，向更多、更广的产业领域、服务领域拓展新的产品与服务空间，这在媒介融合中格外重要。一方面，传媒品牌要向新媒体延伸与衍生，同时，在新媒体中形成的品牌也可以反向延伸与衍生至电视媒体；另一方面，向新媒体延伸与衍生的不仅是媒体产品品牌，更可能是媒体品牌项下的信息产品、信息服务、流量分享、咨询服务、公共平台，乃至金融、购物等新的产业领域，实现媒体与电商的融合。

四、增强综合传播发展能力，成为跨域立体多元的媒体投资商

在媒介融合概念提出之前，传统电视台正经历着所谓的从媒体经营到经营媒体的转变。在这一阶段，电视媒体本身成为经营对象，其中的内容、渠道、人才等均在开发经营之列，然而，此时的媒体仍然主要指电视媒体自身。当经营媒体走到媒介融合时代后，媒体的概念发生了从内涵到外延的全新变化，在互联网和移动互联网的激荡颠覆下，一切都在媒体化，媒体权力从垄断到分化，媒体市场从单一到复合。在这样的背景下，电视台在媒介融合中必须思考在泛媒体时代、泛视频时代的自我发展，依靠行政垄断维护自身的地位已不可能，依赖传统电视的大覆盖、专业化、精品化等传统之路也并不宽广，向何处融合的路径也并不完全清晰。此时，传统电视台不得不从经营媒体走上经营媒体资本的新平台，向媒体投资商进行演变和转化，通过在媒体资本市场中的作为，加强综合传播力建设，加强资本层面的媒介融合。

1. 探索设立专业化、企业化的媒体投资机构

在电视台和集团层面设立专业媒体投资机构，有条件的电视台可以成立媒体投资公司或组建投资基金，以最为敏感的资本运营方式，寻找、介入、发现和培育有价值的新媒体组织、技术、创意等。在媒介融合的大趋势中，没有现成的经验，甚至没有清晰具体的媒体形态，一切都在探索之中，而互联网和移动互联网给所有的传统媒体提供了相等的发现机遇。国家层面的新型媒体集团在媒体投资中可以投向新平台，新搜索引擎，新视频版权集成，新的媒体领域、视域，新的突破性的传播技术，包括现有的云平台、大数据、物联网等新模式，而地面台层面的新型媒体也不必妄自菲薄，可以投向区域性、城域性的新媒体应用，集中培养、培育大平台中的微博、微信、大V、社群、新渠道等，瞄准快速变化的新媒体应用，积极在新的媒体介质中加强传播能力建设。

2. 探索多种媒体投资形式

媒体集团可以探索直接投资、品牌植入、渠道合作、广告交换、电商购物合作等多种形式，与新媒体采用项目、股权、收购、交易等多种合作方式，逐步推进多种媒体全面深入融合，既寻找了新的投资收益可能，也延伸了媒体传播影响力，最终形成具有市场化基础的新的媒体传播和媒体产业格局。

第三节 市场布局：
建构新型媒体运营模式和产业模型

重新布局媒体市场，建构以传播能力建设为核心的全新运营模式和产业模型。传播能力建设是媒体及媒介融合的起点与目标。无论是传播层面还是经营层面，媒体面对、服务的都是媒体市场。传统电视台时期，传播能力建设大多是多开频道、多办栏目、办大栏目，而运营方式则一直是以时间换广告，在不少电视台，所谓经营等同于出卖广告时间。应当看到，传播能力建设是无限、变化的，而广告经营则肯定是有限、波动的。如何用不断优化与升级的产业发展支撑、加强传播力建设，一直是电视人思考的重大问题。

在互联网时代，一方面，电视台遭遇广告经营危机，另一方面，互联网也带来了危中之机，媒介融合必须面向媒体市场，通过在媒体市场的重新布局，体现、带动、倒逼新型媒体与媒体集团的生成发展。根据上述媒体生态圈的重新布局与媒体组织的再造创新，媒体市场中的全新布局已然清晰可见。

一、立足大众传媒定位，积极向社交媒体布局

（1）广泛介入微博、微信、群、圈、客户端等社交媒体形式，从发声到引导，做多、做大、做特、做强各种形式的社交媒体。

（2）积极介入多种社交平台，参与知名社交网络、论坛、多种评论等。

（3）要加快电视媒体栏目、节目、频道的社交化运营，充分利用红包、摇一摇等最新的互动方式，最新的高清、宽带、移动等传播技术，既促进以电视屏幕为核心的社交化，又加速以电视视频泛在化为基础的社交化、评论化，提高转发率、点播率，实现以电视端为平台的新融合。

（4）要组织建设网上、网下多种形态的受众活动和组织，充分挖掘受众价值。从传统的观众活动到粉丝线上的多种互动、活动、组织，从传统的观众俱乐部、电视购物会员到网上、网下的粉丝群、公益群、爱好群等，衍生出多种兴趣、爱好乃至利益组织，既巩固了传播基础，形成越来越多的传播大数据，又可以向一定规模和程度的电商发展。

二、做精、做好自播式内容，向市场化内容布局

1. 做好新闻类、宣传类节目栏目

自播式内容应当主要是新闻类、宣传类节目，理应做精、做好。事实上，新闻类节目的新媒体接受程度很高。问题是如何更好地新媒体化。

2. 提供市场化内容产品

（1）电视台及其所属的媒体，除了新闻节目外，其他频道、栏目，在设计定位、内容时，必须适应、适合媒介融合的需要，按照内容提供商的组织角色，向媒体市场提供内容产品。当前，电视新闻、真人秀、体育等内容的新媒体市场化程度较高，其他的大量电视内容无法实现市场化，特别是新媒体的市场化。这意味着这些传统的内容只是用于自身播出的产品，而不是市场化

产品,没有第二次乃至多次版权价值。

(2)消灭没有新媒体市场的节目和内容,加快泛市场化内容的生产、布局。在媒介融合中,要先消灭上述没有新媒体市场的节目和内容,转而设计和创造符合市场需求的视频内容,用网络点击率、转发率、评论率等评判这些内容,实现视频版权的多重、多次开发。同时,从市场化内容的角度反观传统电视,就会对传统电视频道、栏目的取舍生死更加清晰。要十分明了,电视的战场已经从空中转向了互联网和移动互联网,在新媒体端没有市场的内容,实际上在电视端也不会有市场。各级电视台应尽快尽量压缩无效节目,加快泛市场化内容的生产、布局,尽快建立起电视台的市场化内容品牌。

三、巩固自有渠道，加快多渠道布局

1. 加强传统电视渠道占有率

加快电视频道的结构调整,资源向优势频道集中,坚决裁并无社会效益和经济效益的频道,集中人力、财力、设备,做强 1~2 个频道。

2. 突出重点,大力、大胆向互联网渠道和移动互联网渠道布局

在增加传统电视渠道占有率的同时,大力、大胆向互联网渠道和移动互联网渠道布局。一方面,由于网络的开放性,传统电视台十分容易进入网上渠道;另一方面,由于竞争力不足,传统电视在进入之后很难形成渠道效应。这要求在加快多渠道布局时,突出重点,以产品和品牌带动渠道,以合作打开巩固渠道,形成自己的多渠道覆盖深耕战略,在向渠道运营商的转型中不断实现渠道拓展。

四、确保事业型投入，向资本型投资布局

这是全新布局中的灵魂与关键。既要求新型媒介融合组织向资本型、投资型转化与再造,又要求媒体行为从行政化、事业化加快向资本型、投资化转变,这是网络时代加快发展的规律性要求。

1. 电视台要制定投资战略

明确围绕媒介融合,制订近期与长期、具体与战略的投资计划,认真分析投资类型收益与风险,认真研究投资项目对媒介融合的作用的意义。

2. 精心实施专业化的媒体投资

通过专业化的媒体投资行为,增强媒体的经济实力,改变媒体的收入结构,支撑媒体的长远发展。

3. 以媒体投资促进媒介融合

对电视媒体而言,积极审慎地开展媒体投资行为,更重要的是通过参与资本市场上的媒体投资热点,逐渐找准媒介融合的方向与重点,形成具有特色的媒介融合,建构有自身特点的新型媒体集团。

五、着眼模式创新，向新的运营模式布局

媒介融合的标志之一应当是媒体新的运营模式的形成和持续创新。所谓新的运营模式可

以理解为两层含义。

1. 新的传播运营模式

所谓新的传播运营模式,就是改变传统电视台的传播→反馈→改版的固有模式,变为一次采集、多终端分发,或者多次采集、多终端发布,变为电视、网络客户端、社交媒体的一体化运营、综合化运用,改变以收视率、占有率等原始指标为主要评判标准,变为线上和线下的综合评估,达到最大、最佳的传播效果。

2. 新的经营运营模式

所谓新的经营运营模式,主要包括新的广告运营模式,如电视广告与新媒体广告的联营、分营、合作;新的购物运营模式,形成电视与电商的平台、渠道整合;新的投资运营模式,如股权激励等;新的主持人运营模式,如经纪人制等;新的品牌运营模式;新的影视剧运营模式;新的网络智能运营模式;等等。最终形成平台+产业链+融媒体综合一体的全新的电视台运营模式。

总之,电视台在媒介整合过程中,重新布局主要包括两圈(大众传播圈与社交传播圈)、四商(内容提供商、渠道控制商、品牌运营商和媒体投资商)、五个方面(社交媒体、内容的市场化生产、资本型投资、多渠道、新模式)的全新布局,经过这样的战略布局,媒介融合的新型传媒集团呼之欲出。

第四章

新闻立台：

媒体本位的本质追求

新闻立台是电视媒体本位的本质，本来也是中国电视理论和实践中的常识。但是，当我们于21世纪20年代之始的重要时刻重新提倡，甚至强调这一常识时，似乎并不寻常。这既有对电视传播理论认识的深化，也有对电视台历史方位、责任变化与担当的深刻体验，更有对电视新闻传播质量与效果的更高追求，当然也有对炒作泛滥、娱乐当道的纠偏与校正。因此，当我们在新的时代、新的氛围中重温常识时，常识自然就有了新的意义。新闻立台要求我们重新思考、重新出发。

第一节　何以新闻立台？
媒体本位本体论

在频道对象化、栏目分众化、节目定制化、内容融合化的新电视时代，在信号高清、网络电视、智能电视、互动电视等所谓的后电视时代，电视台的内涵发生了重大变化，新旧媒体在竞争、融合与替代的竞合发展、融合创新和此消彼长中实现蜕变、重生与涅槃。但是，无论如何，电视台作为媒体的性质没有发生根本变化，其自身具备的媒体功能依然强劲。因此，在无论新旧、先后的泛电视时代，仍然需要强调并坚持新闻立台。同时，就理论和实践而言，新闻立台有着深刻背景和理论支撑。这涉及电视台、电视和新闻的本质和性质，也可以说，正是从本体的意义，我们发现了上述三者本质的共同交会点，并由此架构了新闻立台的坚实理论基础。

一、　新闻立台是中国电视台本质属性的必然要求

在由经济基础和上层建筑构成的社会形态中，包括电视台在内的媒体无疑主要是上层建

筑中意识形态领域的重要部分。在包括当代在内的阶级长期存在的历史阶段中,意识形态领域中的不同主体必然具有一定的阶级属性,为特定的阶级利益服务,电视台也不例外。这就是广播电视台本质属性中最根本的属性,即阶级属性。媒体作为阶级进行斗争或争夺的工具,在不同历史时期发挥着不同作用,并通过不同的手段和表达方式发挥作用,最终目的只有一个,即争取阶级利益,维护阶级统治。马克思主义经典作家在不同的历史阶段对此做的充分论述,被概括为马克思主义新闻观。

在社会主义初级阶段,由于阶级斗争已经不是中国社会的主要矛盾,媒体的阶级属性主要表现为政治属性,即包括电视台在内的媒体是党、政府和人民的喉舌,发挥着传播党和政府的声音、反映群众心声的重要作用,是中国改革开放、经济发展和社会和谐的重要力量。这样的政治属性要求电视台牢牢把握正确的舆论导向,不断提高舆论引导水平,掌握舆论引导的主导权。对媒体而言,舆论与舆论引导的主导权的本质内容都是新闻,而不是其他的专业频道和对象化内容。由此,我们会清醒地发现,泛泛的节目立台和偏颇的娱乐立台都不是中国电视台的本质属性与要求。当代中国电视台只能是以新闻立台,也只有以新闻立台才符合电视台的政治属性,才能发挥应有的作用。

二、 新闻立台是电视台作为大众传媒的功能本位

电视台是运用不断创新的电视技术进行内容生产、传播和产业经营的组织机构,是依不同媒体技术而生的媒体的组成部分。在信息传播、社会教育、大众娱乐和环境监督等媒体功能中,信息传播是其首要、基本的功能,因而可以称为媒体的本体功能或者功能本位,其他功能都是从信息传播功能这一本体功能中派生来的,也可以说,其他功能也主要是通过信息传播功能来实现的。因此,信息传播首先成为电视台的功能本位,简而言之,电视台主要是用来传播信息的。

新闻属于信息的一部分,对大众媒体而言,又居于信息传播的核心。这不仅因为新闻是新近发生的事实,具有新、近等区别于一般信息的特点和内容,而且因为新闻与整个社会和大众的普遍关联性、生活贴近性和广泛服务性等,对社会和大众具有即时而长远、全面而深刻的影响。不仅如此,更因为在新闻传播的角度、方式、观点、表述等的不同而体现出的不同甚至对立的价值观与导向,使新闻传播对媒体而言,具有了非同一般的重要意义和特殊作用。因此,无论从信息传播、服务大众、满足需求,乃至正确引导的多方位角度观察,新闻立台都是由电视台作为媒体的功能本位决定的。

三、 新闻立台是电视传播特质的本质反映

一般来说,电视传播有两大特质:一是从传播内容上看,具有声、画、文字综合传输的特点,可以相对完整地还原和描述现场、事件、故事或者表演等各种内容;二是从传播手段上看,可以与事件发生同步现场直播,这是电视的本质特点之一,是电视的本体语言。

电视传播特质与新闻传播要求有着本质上的契合。电视传播最大限度地满足了新闻传播求快、求新的本质特点,电视直播是新闻传播的极限表达,电视画面是信息量最大的新闻表达。因此,当电视作为媒体时,新闻也当然地成为电视传播的主体内容,因而,把握电视规律,发挥电视优势,做好电视新闻传播,就必然成为电视台的首要任务。可以说,电视传播的特质要求并决定了新闻立台。中国中央电视台新闻频道和 CNN 等世界级电视新闻频道的建构正是电

视传播特质的实践结果,电视新闻由此也获得了新生与飞跃。

四、 新闻立台是新闻媒体核心价值的集中体现

新闻媒体以传播新闻为职责,又在传播新闻的过程中通过对新闻价值的独特判断和表达,传递着新闻媒体的价值追求。同样,受众在了解新闻、接触媒体的同时,也潜移默化或主动直接地受到媒体价值追求的影响。在新闻媒体大众化、新媒体化、对象化和受众选择多样化的新的传播时代,受众之所以选择或习惯某一家或几家媒体,对媒体核心价值的认同、亲近是深层次的原因。

同时,在电视媒体传播的除新闻类节目以外的诸多内容中,包括专题、社教、娱乐、健康、法治、体育等各类样态的节目,具有一定的新闻性也是这些节目吸引观众的重要原因。也就是说,无论何种节目,其中蕴含的新闻信息量与新闻价值也是其节目价值的重要组成部分。而对一个媒体而言,媒体的核心价值追求也必然体现在新闻及各类节目中,因而,新闻立台不仅是首先重点做好新闻节目,而且是整个新闻媒体整体价值追求的一种内在要求,是新闻媒体核心价值的集中体现。

第二节　以何新闻立台?
媒体本位内容论

社会实践的无限丰富性决定了新闻报道内容的极大包容性。但是,任何一个新闻媒体由于版面、时间的有限性,都不可能关注新闻的所有内容。因此,有关新闻内容的选择是新闻立台的重要支点,也只有有选择地做深、做透、做快、做精相对重要的新闻内容,才有可能实现新闻立台。对中国的电视台而言,时政新闻、民生新闻、监督新闻和评论新闻构成了新闻立台的内容支撑。

一、巩固立台之本,强化时政新闻

时政新闻主要报道涉及国家或地方重要政治、经济和社会等方面的活动、行为、政策等事件和事实,具有政治性、广泛性和政策性等特点。

1. 时政新闻是新闻立台之本

(1)政治关系在社会各种关系中的核心地位,决定了相关的时政新闻在各种新闻中的极端重要地位。

(2)中国媒体的喉舌性质,决定了其最基本的功能是传播好党和政府的声音,其中首要的是传播好党和政府在政治、经济、社会等领域的重大决策,传播好党的路线、方针、政策与一定阶段的中心工作和重点工作,这些都属于时政新闻的报道内容。

(3)时政新闻资源是党和政府赋予中国各级电视台的相对独家的垄断资源,所以电视台的时政新闻报道具有天然的权威性和可信度。

(4)时政新闻的重要性决定了其具有广泛的关注度和影响力,这也是新闻媒体吸引并赢得受众的主要内容。

2. 强化时政新闻的重点

(1)重大事件准。要注重从新闻的角度准确报道重大时政事件。不仅要准确报道发生了什么,而且要准确延伸报道为什么、怎么样以及后果等,并准确把握社会动态和受众心理,从满足社会需求的角度,准确开展时政新闻报道。

(2)突发事件快。重大突发事件也是时政新闻的报道重点,何时报道、如何报道,直接关系到党、政府和媒体的公信力。国内外诸多经验和教训表明,最快速反应的报道既是新闻媒体的基本职责,又是先声夺人、掌握舆论主导权的有效办法。对电视而言,最佳的选择是直播常态化。

(3)反映层次高。对于重大事件、重要政策的报道、分析和解读,必须能够采访到与之具有最直接关系的当事人、官员和权威专家,才能取得最好的传播效果。这需要记者的准确判断与不懈努力,也与媒体品质的长期积累有直接关系。如果一个媒体总是采访边缘当事人、非决策官员和"万能专家",那么媒体的公信力、权威性就会慢慢流失。

(4)回应关切诚。回应群众对于国家和地方、行业的有关问题的重大关切是时政报道的重点。媒体应当以积极主动的姿态,立体报道,表达意见,探究真相,以诚恳的态度和作为,为观众提供最多的信息和真相,做到与群众平等关切、平等交流、平等沟通,即使由于种种原因难以深入回应,也应以诚意取得观众谅解。

3. 强化时政新闻要处理好的三个关系

(1)处理好新闻性和程序化的关系。经电视报道的时政新闻,首先是新闻,首要的是新闻性,在报道中,要简化程序性报道,突出新闻性。

(2)处理好新闻性和工作性的关系。要十分明确,并不是各级党委和政府的所有工作都是新闻,具有新闻性的工作才是新闻,才能够被大众传媒所关注并传播。因此,一定要在工作性活动中提炼新闻、发现新闻,而不能把一般性的党政工作当成新闻。

(3)处理好新闻语言与文件语言的关系。时政新闻很难完全摒弃文件概念或者语言,但一定要尽量少用,并做好通俗性的解释或解读。无论从新闻学还是从宣传学的角度,传播都不是最终目的,被理解和接受才是目的。

二、深挖立台之源,做实民生新闻

1. 民生新闻首先是一种内容

民生新闻或者称民生类新闻内容,主要包括与群众生存、生活、生产、消费、发展和享受等物质和精神文化生活相关的方方面面新近发生的事实和事件。这些内容因为与群众有着最密切、最直接关系而为群众所关注、关心,又因为有着无限丰富、源源不断的典型和细节,而更适于电视表现,在电视中有着内容与形式的天然亲缘。因而,无论是从媒体为群众服务的角度,还是从电视吸引受众、扩大收视的角度,民生新闻都是新闻立台的活水源头。

2. 民生新闻更是一种实现"三贴近"的报道立场

立场具有决定性作用,要求媒体观察、采访、报道和评论各类新闻时,依靠群众,立足民生,表达民意,反映民情,顺应民意,从群众的关注出发,报道新闻,表达关切。报道立场决定报道态度和情感,也只有站在民生立场,才能有效克服高高在上、指点江山式的报道,漠不关心、敷衍了事式的报道,避重就轻、遮遮掩掩式的报道。

3.民生立场要求媒体价值与民生价值相统一

民生立场必然要求媒体高度重视民生价值,视民生价值为媒体价值,并以民生价值的标准规范新闻报道和媒体行为,使电视新闻真正成为体现、传达民生价值的重要载体。也只有从民生价值出发,才能真正打开新闻立台之源,把台立在群众的心中,这也是做实民生新闻的最终目的,更是新闻立台的最终归宿,实质上也是我们通常强调的媒体公信力的源泉。

三、高举立台之剑，强化新闻监督

新闻监督是扬善抑恶,推进社会公平、正义、和谐的利剑。这既是媒体的基本功能,也是党和政府赋予媒体的职责,更是人民群众对媒体的期许与希望。强化新闻监督既与传播环境的持续改善有关,更与媒体自身的主动作为有关。

1.强化电视新闻监督的重点

(1)办好监督栏目,形成监督品牌。要集中力量,倾力打造一档以舆论监督为宗旨的新闻栏目,这是《焦点访谈》开播以来的媒体经验。这样,既凝聚了媒体力量,形成了"拳头"和"剑锋",又可以凝聚社会共识,有利于以栏目固定的形式发现、报道、追踪、反馈,有利于形成节目品牌,也有利于把握舆论监督的内容、角度、程度和效果。在实践中,一些台迫于各种原因,放弃了栏目化的新闻监督,代之以分散在各栏目中的新闻监督,但其效果并不理想。这样做,看似加大了新闻监督,实则是以量代质,在效果上弱化了新闻监督。

(2)追求有效的新闻监督。新闻监督不同于以报道为终点的一般新闻报道,而是具有为民服务、推动工作、改善社会舆论环境等多种功能,也只有追求有效果的监督才能取信于民。这里的有效果,是因为确实能够解决,更重要的是确实需要回答。绝不能因为一时难以解决,以复杂为借口而置民声于不顾,回避问题,躲避难点。回避没有或者无效果的新闻监督,受损的是媒体的声誉,失去的是群众的信任,影响的是党和政府的威信。

(3)要理解新闻监督,保护新闻监督。媒体和其主管部门除了应在物质和道义上支持新闻监督栏目、记者外,更要勇于担当准确或不尽准确的新闻监督带来的压力和风险。这需要依靠领导者的素质,更需要不断完善的媒体法治环境。

2.强化电视新闻监督的基本原则

高举立台之剑,并不是无的放矢、随心所欲地"乱砍滥伐",而应该在报道上有所遵循。在这方面,中央媒体根据大量经验,总结出了以下基本规律:

(1)服从、服务于党的基本路线。

(2)服从、服务于党和政府的工作大局与中心工作。

(3)处理好不同时期、不同阶段的新闻监督与各项工作和各种社会矛盾的关系。

(4)围绕政府重视、群众关心、依法依规、能够解决实际问题的原则,取得各方共赢的最好监督效果。

四、高举立台之旗，加强新闻评论

意见和议论构成舆论,媒体要引导舆论,就要高举评论的旗帜,在真实、公正、客观报道新闻的同时,也无可避免地要传递媒体或者媒体人的判断、倾向、观点和价值,并以此实现用正确的舆论引导人的媒体职责。

1.强调电视新闻评论的重点

（1）观点鲜明。让观众直截了当地知道提倡什么、反对什么、批评什么,用最短的时间最清晰、简洁地表达观点。

（2）在事件中体现评论。既可以就事论事,也可以以事论理,不偏激、不拔高,用事实证明观点,使观众在了解事件的同时接受观点,引发共鸣。

（3）采用平等沟通式的评论。把观众作为传播主体,以平等沟通的立场、心态和视角,用群众理解的概念、观点,去评论群众关心的事件和问题。避免高高在上、自诩高明、盛气凌人式的评论,避免媒体霸权和媒体语言暴力。

（4）在议论中凝聚共识,形成观点。受到议论的新闻或者观点,才有评论价值,特别是在网络舆情复杂,微博、微信等社交媒体走红的新媒体时代,媒体评论更要关注民众议论,尽量从议论中提炼观点,充分吸取民间智慧,用鲜明、科学的观点引导议论,这样的评论既有的放矢,又有利于建构更加理性、善意的评论环境和公共空间。

（5）选择合适的人进行评论。建立具有专业背景和职业精神的评论员队伍,使评论具有一定的权威性、更高的可信度、更好的人格化表达,实现媒体与评论员的互相支撑、共同成长,共同促进媒体、媒体人、媒体参与者和公众在互动中的不断成熟,推出"电视意见领袖""电视大 V",更好地实现用正确的舆论引导人。

2.强调电视新闻评论的基本原则

（1）紧紧围绕党和政府的中心工作开展评论。电视新闻评论不同于一般性的节目、栏目内的议论和短评,要体现主流声音和主流价值观。因此,在评论的事件、指向,观点的提炼、取向上要体现中心、重点,增强影响力和引导力。

（2）紧紧围绕群众关心的热点开展评论。群众关心的热点都是党和政府工作的重点。电视新闻评论的事件、观点、感情,要从群众中来,通过评论员的梳理、归纳、提炼,再到群众中去,这样,才能使评论入脑、入心,达到评论的目的,发挥媒体的影响力。

（3）处理好媒体表达与评论员个人风格的关系。一般来说,评论员个人风格越鲜明越好,但是,其基本的要求是与媒体表达的风格相协调。而媒体风格的形成会受到政治、经济、人文、地域等综合因素的影响。媒体表达与个人风格应该是互相支撑、相得益彰的。

第三节　新闻何以立台?
媒体本位境界论

有了新闻,以至于做好新闻,就能实现新闻立台的目标吗?显然不能。从播出新闻到新闻立台有着看似近在眼前,实则相隔万里的距离,有着不断超越的不同阶段。即使对于似乎部分实现了新闻立台的媒体而言,也处于存在本质区别的不同境界。新闻何以立台?唯有提升境界。

一、一重境界：数量立台

这是新闻立台的生发阶段。在这个阶段主要是做好新闻节目和栏目建设的基础工作。

1. 数量立台的重点

(1)集中力量改进和深化以时政和主题报道为重点的主新闻,增加新闻性和信息量。这是中国各级电视台提升新闻质量、增加新闻数量的历史和逻辑起点。由于主新闻兼具重要的政治功能,因而也成为各台新闻改革中必须加强的前提,在此基础上才能平稳地深化新闻改革。

(2)适度延展,增加新闻和新闻性的栏目与节目。这是由新闻类别的多样性和新闻资源的丰富性决定的,也是由观众需求决定的。因此,增加的重点也可以从增加类别、增加内容和满足需求这三个维度思考和展开。

(3)积极思考频道布局。有条件的台可以考虑开办新闻频道,也只有建立新闻频道,电视才能为新闻传播提供最佳平台,传播更多种类和内容的新闻。实际上,2010年以来,河南电视台、北京电视台、山西电视台都开播了电视新闻频道,上海电视台、湖南电视台、江苏电视台和深圳电视台也积极谋划了新闻频道。

(4)谋划全台布局。根据不同频道定位,布局新闻和新闻类的栏目与节目。大多数台,特别是城市台不可能开播新闻频道,但也不能仅仅办好一两个新闻栏目。要把新闻立台的理念和思维贯彻到所有频道,在有条件的频道要策划有针对性、有新闻性的节目和栏目。有条件的台应以民生新闻为依托,打造新的频道,以便形成与传统一套相辅相成的双主干频道。

2. 数量立台的适中原则

进入一重境界,只需开办新闻。如何延伸和增加数量,还要根据各台的实际情况。数量当然不是越多越好,也不是越少越精。实际上,此种境界只是新闻立台的入门阶段,根基十分浅薄。

二、二重境界:品质立台

品质是产品内在素质的外化,是企业各种生产要素经过科学管理和先进装备生产后凝聚在产品中的综合质量。

1. 品质立台的重点

(1)形成独具特色的新闻理念,将其贯彻在新闻制播的各个环节,并传递给观众。要在深入了解、准确把握、深刻体验所在区域的独特政治、经济、文化、习俗、环境等各方面特点的基础上,结合台和栏目的发展目标,提炼具有感召力、牵引力的新闻实务理念,并以此调整提升栏目质量,使台的新闻追求和新闻栏目理念清晰、方向明确,这既能提升新闻制播的品质,又能有效凝聚忠实受众。理念作为战略的核心和牵引,既涉及台层面的新闻理念,也涉及频道和具体栏目的具体理念。

(2)着力重点栏目的品质提升。形成台新闻节目栏目中的知识品牌,并以此带动整个新闻节目栏目品质的提升。重点是定位准确,逻辑严谨,报道精当,画面上乘,制作精良。

(3)重视名主持人、名记者、名编辑等新闻名人的培养、推广和使用。人是节目品质的最核心因素和最直接呈现。只有德才兼备、德艺双馨的有品质的新闻人,才能生产出有品质的新闻栏目。要在日常、重大、突发等各种新闻采访报道中,有计划、有措施地重点培养名主持人、名记者、名编辑和名评论员,使之成为新闻节目的标识、新闻报道的主体和新闻舆论的强音。

(4)注重现代传播手段和先进电视技术的运用。有条件的台要实现新闻栏目和重大事件的直播、多视窗连线、卫星传送等,要融合多媒体手段,在电视直播中广泛应用网络调查、微博直播、5G传送等新技术,率先在新闻节目中实现数字化、高清化。实际上,电视技术进步和电视理念的进化一直是相互推动、相互提升的。现代传播手段和技术的运用既是先进新闻理念的结果,又是台综合实力的体现。不掌握现代传播技术,在电视新闻竞争和多媒体竞争中未免风雨飘摇,难以立台、强台。

(5)制作精良。产品的外观反映了产品的品质。要极其重视演播室、背景、灯光、道具、片头、字幕、版式、音乐、主持人化妆、服装、滚屏、切换、组接、色调等各种制作细节,使这些细节完美统一在每一天的栏目中。任何一个瑕疵都会影响节目的品质,降低观众的满意度。

2.品质立台是新闻立台的提升阶段

电视新闻的生产与传播是一个持续不断的过程,永不停息,永无止境。这决定了品质立台是没有终点的竞赛:一方面,与观众能够看到的所有频道进行不间断的竞争;另一方面,更与自己进行着不断否定过去的战斗。同时,品质是需要不断提升的过程,需要每时每刻的一以贯之,不懈维护。不少电视台重初期设计,轻日常管理,这是影响品质的重要原因。品质立台是新闻立台的提升阶段,是高点起步、日积月累的自然结果,一朝松懈,则前功尽弃。

三、三重境界:价值立台

超越了数量立台和品质立台,我们还需要探究新闻立台之魂,即新闻立台的灵魂,这就是价值立台。因为媒体不仅是传播事实的工具,更重要的是它还是传播价值的载体。只有传播价值,才能产生强大的媒体软实力,才能深植人心,真正实现新闻立台。传播什么价值观、如何传播价值观、怎么判断价值观都取决于媒体对于自我价值的认识、追求与实现。价值立台的重点是在三重价值体系中综合实践,形成具有本台特色的价值判断,并在新闻传播中实现价值观传播。

1.三重价值体系的重点

(1)主流价值体系。立足并传播主流价值是新闻媒体的本质,因此,主流价值是媒体价值的核心内容。

(2)受众价值体系。这既是舆论市场环境,又是媒体生存发展的舆论环境,势必对媒体价值产生深刻影响。服从、迎合、提炼、引导、吸取、融合等都是不同媒体的选择。新闻媒体应当以尊重、吸收、引导、融合的态度为取向,把涉及心理、性格、情感、表达方式等受众价值中的基本因素融合到媒体价值中,传播与受众心理契合、情感相通的媒体价值,而不是以一贯正确、抽象且生硬的高大全式的价值核心与表述训导观众。把新闻立在人们情感和心理的深处,才能真正实现新闻立台。

(3)专业价值体系。这是新闻人必须恪守的专业水准、职业精神、价值取向和价值判断,是新闻人采访、调查、报道新闻的基本底线和媒介素养。其中的最基本要素是追求真实、探究真相、深入采访、用事实说话,还包括选择新闻、发现视角、放大细节、剖析典型、表述逻辑、展开情节、提出问题、质疑答案、排版编辑等国内外新闻教育中普遍遵循的专业要素和准则。专业价值是新闻媒体核心价值的基础。只有坚守专业价值体系,才能融合主流价值观和受众价值观,形成媒体自身特有而鲜明的传播价值观。这既涉及媒体的基础建设,又涉及媒体的高远追求,是新闻立台的本质内涵。

2. 形成新的价值判断

落实三重价值体系,需要电视台在日常行动中综合实践,通过频道、栏目和节目、活动来体现与反映,最终形成具有本台人文特色和区域特色的价值判断与价值表达,这将成为新闻立台成熟与否的重要标志之一。

化常识为实践,需要艰辛的努力。对有着责任担当和新闻理想的电视人来说,实现新闻立台是一次没有终点的远征。坚守本体,夯实内容,坚定信心,提升境界,就会在新闻立台的道路上不断接近理想的目标。

第五章

品质传播：

建构电视新闻改革新模式

改革开放以来，以中央电视台《新闻联播》的不断改版、直播为主要标志和主线，以 1993 年《东方时空》的推出、电视新闻量的持续增加为重点，以 2003 年 5 月 1 日中央电视台新闻频道的开播为标志，中央电视台形成了基本的电视新闻架构，也形成了以节目频道增量扩大新闻量，以直播增量实现时效和同步，以评论增强深度和引导的改革基本模式。就全国而言，此后，加上地方台民生新闻的崛起，大体形成也完成了中国电视新闻的阶段性改革模式。今天，面临着新媒体的全面冲击，电视新闻领域内各方各显其能，"背包记者"、媒介融合、全媒体等理论和探索积极进行，实践中，各电视台也在积极进行视频网站、微博、微信多平台分发等新媒体实验。在这样的社会、技术和新闻环境中，电视台的电视新闻是否还会、还应该有所作为，是否能够建构新的电视新闻改革新模式，是一个十分重大的课题。

第一节 从核心内容到核心价值：
锻造核心品牌的价值传播

1978 年 1 月 1 日，以中央电视台《新闻联播》正式创办为起点、牵动和标志，中国各级电视台都开设了类似的、以时政新闻为主要内容，冠以地方名称，在黄金时间播出，并要求下级台完整转播的新闻栏目，一般称之为主新闻。40 多年来，虽然历经改革与发展，但以《新闻联播》为标向的主新闻依然秉持"权威、重大"的内容特色和播报风格的群体特征，而保持着在电视新闻栏目中的龙头地位。近些年来，《新闻联播》的阶段性改革也成为电视新闻改革的重大指南，贴近性的内化、直播化的常态、生动化的语态、评论性的增强都或多或少地提升了《新闻联播》的传播质量。然而,新闻改革的要求与呼声,收视率的辉煌不再,都说明控制者、把关人、操作者、观众对以主新闻为标志的新闻改革的热切期待与要求。特别是2014年以《澎湃新闻》为标志的新媒体时政新闻的袭来,对传统的主新闻形成了更多新的压力。因此,冷静理智地分析电视主新闻中存在的问题,研究对策,对于新闻改革持续深入的进行具有重大意义,对于形成新的电视新闻传播格局也具有重大意义。

一、"事实"的缺失：主新闻的主要问题

主新闻最直接地承担着坚持正确的舆论导向,特别是政治导向、理论导向、政策导向乃至党和国家价值导向的重任,就其创造的"拟态环境"和"信息环境"、舆论影响和传播效果而言,是成功的。但是,从新闻改革的要求、观众收视心理的变化、多媒体竞争的现实、信息传播国际化趋势等多个角度看,主新闻栏目本身又存在诸多问题,仅从其播报中体现出的"时政优先、主题先行"的基本内容模式和风格分析,存在影响传播效果的诸多问题。

1. 权威性的固化表达

主新闻的权威性从根本上源于党管新闻的理论基础和实践操作,同时,又体现在主新闻从内容到形式的刻意表达。正是这种刻意表达,在新闻改革及收视心理不断变化的新的传播环境中,呈现了固化的特征。它主要表现在以下三个方面：

(1)按时政意义而非仅是新闻价值的选题与编排。这主要表现在长期固定的编排规则,极易呈现程序性先于新闻性的"收视错觉"。

(2)主题性报道中鲜明的主题先行和实际操作。如节日报道、年度经济的增长、重大理论宣传报道等,有的报道甚至出现了庸俗的实用主义倾向,即事实与政策、理论的"硬嫁接"。

(3)播报风格《新闻联播》化的大一统。《新闻联播》本身的播报气质与风格体现国家风范,存在的问题主要是从播音到主播的个性化表达不足。但是,环视全国的主新闻,在《新闻联播》播报风格主导下,大小台的播音员们无不抹杀自我个性,一统于所谓的"'联播'风格"。其中固然有主新闻权威、重大内容诉求的要求,但是,同时也必须承认,权威性的节目诉求与个性化的主体播报并不应当矛盾。

2. 时政化的极端泛化

以重大时事政治为主要内容的时政报道是主新闻的主要报道内容,而作为要闻总汇,主新闻当然还要报道其他各类重大新闻。但是,在实际操作中,时政报道呈现极端泛化的倾向,主要表现在以下两个方面：

(1)时政报道特别是会议报道数量过多,形式单一。尽管中央多次要求压缩报道时长,减少会议报道,但在实践中这种现象不断反弹。

(2)非时政类的新闻报道从稿件到播报都存在浓浓的"时政味",即稿件中道理多,采访中官话多,播报中教导多,呈现出了严重的新闻"事实"的缺失现象。

3. 结构性的重点缺失

一般来说,主新闻大体形成了时政+主题性报道+经济+文化体育(中央电视台和部分省市电视台包括国际新闻)的结构模式。最大的结构性问题是缺乏民生类的社会新闻,或者说,民生类社会新闻并没有成为主新闻中的结构性内容。这主要表现在两个方面：

(1)新闻处理上缺乏民生立场、民生视角与民生语态,即使是民生类的新闻也因为在主新

闻中播出而被改变得具有"时政味"和文件式。

（2）新闻内容上缺少甚至排斥社会新闻,总认为事件性的社会类新闻"小、杂、乱",难登主新闻的大雅之堂。

上述两种表现正是主新闻一再强调"贴近",却总是感觉贴近得不够的重要原因。这种结构性的缺失或者说"放弃",恰恰给其他类新闻栏目的快速发展提供了空间。在许多地方台,以社会新闻或舆论监督为主的新闻节目收视率已远远超过了主新闻的收视率,这也在客观上消解着主新闻的影响力。

4. 独家式的视角模糊

新闻竞争要求媒体追求独家报道,媒体独具的特点也要求媒体要发现最适合自身传播特点的独家报道。但是,长期以来,主新闻最缺少的可能就是独家报道,主要表现在以下三个方面:

（1）强烈而单一的时政视角、文件语言和领导语态。

（2）独家新闻少,例行式、通稿型报道多。

（3）缺乏独家处理视角。在主题报道中,主题先行重于挖掘事实;在采访采集中,选择事实重于提炼视角;在编排处理中,集中主题而非视角阐释。这些情况导致出现新闻不深、新闻不新的收视效果。

5. 创新性的形式不足

创新性的形式不足表现在深度报道形式、理论宣传形式、个性化播报形式、人格化报道形式,乃至各种体现权威性的符号形式不足和符号感不强。虽然历经改革,但总体上内容、形式与风格等的创新与突破仍然是主新闻的不小难题。

上述问题综合起来,导致出现主新闻"事实"缺失的现象,这里的"事实"是指新闻事实,这也导致主新闻的新闻性不足。

二、历史、理论与介质: 问题的原因与面临的形势

产生上述问题的原因是复杂的,历史、现实、体制、媒体等诸多特点综合作用,出现了时强时弱的问题。

1. 问题产生的主要原因

（1）从主新闻产生于 20 世纪 80 年代前后,且当时电视新闻极度匮乏的历史背景来看,其一经产生就成为最受重视、最权威的新闻"总汇",印上了极强的泛新闻和泛受众的时代"胎记"。在当今新闻媒体和新闻节目极其丰富的时代,"总汇"什么和"如何总汇"挑战着主新闻的"要闻总汇"的定位,逼迫其成为一种事实上以时政为主的对象化新闻。

（2）从新闻产生时的理论基础看,可以说时政为主的对象化新闻是喉舌论在电视新闻栏目实践中的发端。在当时的历史条件下,喉舌论的性质很自然地在实践中操作成为政治价值优先的宣传模式,而这种模式也成为主新闻的主要特征。在以中央电视台新闻频道开播为标志的新一轮电视新闻改革中,喉舌论呈现了更加丰富多彩的实践形式,自然地对主新闻的宣传模式提出新的改革要求。特别是喉舌论的性质在实践中被广泛理解并执行成为一级党委和政府的喉舌,客观上强化了主新闻的工作报道的特征,而不仅仅是新闻报道的特征。

（3）电视编排的线性特点客观上强化了时政报道按职务排序的特点,强化了报道的仪式

性而非新闻性。

主新闻存在的问题极易使其传播效果在客观上消解着以事实为核心的新闻真实,造成客观上的"事实"的缺失,疏远着日益多样化的大众需求和丰富多彩的社会生活,产生一定的关于真与假、快与晚、领导关心与群众关心等"收视错觉"。

2. 主新闻面临着改革的多重压力与挑战

1993 年,中央电视台的新闻栏目进入了深化改革、创新发展的新时期,并掀起了以新闻播出量大大增加、新型新闻栏目大量产生、新闻传播形式不断创新为标志的中国电视新闻改革浪潮。但是,所有的改革都是在改版、调整主新闻基础上展开的,也可以说是主新闻之外的改革。这一方面说明了主新闻的极端重要性和敏感性,其改革必须谨慎;另一方面又客观上加剧了主新闻的生存危机感和改革迫切性。从现实和发展的角度看,主新闻面临着严峻的形势而必须改革。

(1)主新闻的固有模式受到冲击。信息和新闻传播国际化引发的"国际新闻"的大量涌入与引用,冲击着主新闻的固有模式,形成了差异性而非一致性明显的主新闻新的栏目生存环境。在主新闻产生后的一段时间里,由于包括国际新闻在内的电视新闻匮乏和栏目稀缺,事实上存在一个与主新闻内容风格基本一致的栏目生存环境。而新闻改革带来的新闻数量、形式、栏目,特别是国际新闻增多,引发的事实的新鲜、内容的丰富、风格的新奇乃至标准的多样等全息性特征,使得当今的新闻栏目生存环境与主新闻产生了一定反差。

(2)主新闻的权威性受到冲击。社会快速发展导致的舆论强势冲击着主新闻的权威性。主新闻产生之初,由于以计划经济为标志的社会管理方式的作用,新闻,特别是主新闻对舆论具有强势引导作用,社会舆论并不发达。随着市场经济的完善和政治体制改革的持续深入,以及网络等新媒体的发展,中国现代社会发育迅速,社会舆论的力量和作用日益强大,正确引导舆论成为主新闻的重中之重,而对舆论的迅猛发展和传播,主新闻除在引导政治舆论等方面具有优势和强势外,在引导社会舆论、经济舆论和国际舆论中还应有相当大的空间。

(3)电视新闻的时效性和主新闻的权威与要闻总汇的地位正在被消解。多媒体乃至泛媒体的冲击消解着电视新闻的时效性和主新闻的权威与要闻总汇的地位。各种网络新闻和终端以其"新闻全汇、分类服务、个人订制、随时刷新"等特征,从本质上消解着电视主新闻,甚至主流媒体的概念。以移动客户端为标志的移动泛媒体的大量出现不断带来新的信息方式,分散了人们对新闻,包括主新闻的注意力。

(4)时代发展赋予了主新闻改革以更大的使命。以深入落实马克思主义新闻观,建构新型主流媒体为核心的新闻改革要求,赋予了主新闻改革以更大的使命。即,主新闻改革不仅是关于主体内容和表达方式等新闻技术层面的改革,而是以电视主流媒体传播力、影响力为主要评价指标的整体的新标准改革。这对主新闻而言是前所未有的挑战,需要在实践中处理好如权威性与贴近性、宣传主导与收视主导、统一性与个性化、公共性与人格化、电视平台与多媒体平台等,或者说是处理好宣传规律、新闻规律、电视规律、传播规律之间的关系。

三、"事实"的回归：锻造核心新闻品牌

形势如此逼人,最核心的是,各样新闻和各种媒体都在对"事实"进行新的争夺与重构。电视新闻,特别是电视主新闻理应奋力一搏,对准大众最关心的时代性的事实,在新闻本源、电视优势和媒体辐射等三个方面,实现"事实"的回归与新闻品牌的锻造。

从主新闻存在的问题、原因及面临的形势等方面考察,主新闻的改革要按照坚持正确的舆论导向、不断提升引导水平和"三贴近"的总要求,在活化权威性、突出新闻性、发挥电视性、增强人格化的结合点上寻求突破。在实际操作中要以保持权威、不断创新为统领,探索解决好以下问题。

(一)主新闻改革的主要突破点

1. 权威性的电视表现

权威性的电视表现要解决好以下两方面问题:

(1)天然权威性的电视化传播。权威性是主新闻的本质特征之一,按照电视新闻规律体现权威感,就是要通过持续不断地对权威内容、人物、重大事件的跟踪深入报道,增加主新闻权威性传播的关注度和有效性。

(2)创造主新闻自身的媒体权威符号,通过增强媒体自身的权威性,更好地表现和传达主新闻的天然权威性,主要是培养树立具有主新闻符号性标志的播报员、个性化记者,建构完善包括人、标识、语态等在内的主新闻综合符号体系。

2. 重大新闻的全新采访

重大新闻的采访报道是主新闻的重要使命,也是其权威性的体现。中央电视台《新闻联播》做出了很多、很好的创新性示范。重大新闻的全新采访要着力突出以下几方面:

(1)强化时效性,追求共时性,使重大新闻事件现场和演播室直接连线,同步传播,形成主新闻栏目进行式直播的常态化运作。

(2)突出"记者在场感"。实际上,所有的新闻报道都存在两个现场:一个是事件现场;另一个是记者所在现场。突出"记者在场感",就是要突出记者所在现场,人格化地报道现场事件,为新闻注入记者的权威性观察和人格化报道,实现共性事实与个性传播的统一。

(3)增加相关性信息量,增强新闻厚度。增加相关性信息量,在突出核心新闻事件的基础上,增加背景、延伸、组合信息,增强新闻厚度。强调有用、有效的相关性信息,以强化人们对导向的需求。

(4)塑造新的媒体表述风格。塑造电视媒体表述风格,突出媒体语言,强化媒体观点,突出媒体的接近性和贴近感。

3. 众多新闻的独家处理

在新的形势下,必须用新视角构造主新闻的"新闻总汇"地位,这就要求加强众多新闻的独家处理。具体方法如下:

(1)变工作视角为效果视角。对于大量的领导人活动和会议报道,从解决实际问题和收视效果优先入手,重构此类新闻。

(2)增强经济报道的实用性和贴近性,增强宏观数字、趋势与百姓生活的关联度。

(3)扩充动态消息的数量、质量和覆盖面,使之成为主新闻的"主体",通过动态消息的质、量、面的调整,优化主新闻的结构,突出其新闻为重的本质。

(4)彻底贯彻编排的新闻优先原则,改变职务顺序习惯。

(5)探索新的独家叙述、播报、剪辑、构图方式,强化其电视形式的独家性。

4. 民生新闻的结构关注

所谓民生新闻,是指群众日常生活中发生的,与生活质量密切相关的社会类新闻。它是主新闻外各类新闻激烈竞争的主战场,理应成为主新闻的主打内容。因此,必须加强对民生新闻的结构关注。

(1)强化关注,把民生新闻作为主新闻的结构性内容。事实上,党和国家所有的大政方针最终都会体现在民生质量上,从民生的角度发现、报道、挖掘新闻正是主新闻的应有之义,关键是要像《新闻联播》注重国际新闻那样,让民主新闻成为结构性存在。

(2)把握角度和深度,体现重大、权威、深入的报道视角和内容,以区别于其他类社会新闻栏目。主要是要把握好新闻事件的代表性,避免以偏概全。

(3)操作上要细节先行,贴近可感,重点表现群众在新闻事件中的行为、表情、心声,用群众的语言反映群众的感受和心愿,让事实变得鲜活和丰富。

5.加强整体策划的日常行动

从操作上看,由于必发的时政类新闻的大量存在,主新闻极易形成所谓的"被动传播"惯性,重视重大主题策划,忽略日常策划,因此要加强整体策划的日常行动。

(1)在坚持提高重大主题策划质量的基础上,强化日常报道的连续性,加强事件性新闻的过程报道。

(2)增强新闻的服务性关联度,以新闻事件为圆心,加大相关信息量,使观众不仅"知道",而且"明白"。

(3)强化新闻事件的区域性关联组合,突出统一主题下的区域特色和整体影响。

(二)主新闻的调整改革离不开宏观传播环境的调适

进入21世纪以来,中央对进一步改进关于会议和领导同志活动的新闻报道高度重视,要求坚持正确的舆论导向,从工作需要出发,注重新闻价值和社会效果,遵循精简务实的原则,采取切实可行的措施,切实加以改进,为以主新闻为标志的电视新闻改革创造新的更好的政策环境,这极大地推动了新闻改革中的思想解放。在操作中要注意以下三个关键问题:

(1)按照中央要求,各级党委和政府要切实转变观念,支持新闻媒体贯彻"三贴近"原则,推进新闻改革。

(2)逐步建立健全新闻管理的法律法规,依法保证新闻事业的健康发展。

(3)媒体要不断深化新闻改革,尽快探索形成新的行之有效的主新闻传播模式。

当然,无论怎样调整改革,都是要强化主新闻,强化引导效果,而决不能消解主新闻,忽视舆论导向,这也应当成为主新闻调整改革成功与否的检验标准。

主新闻最直接地体现了媒体的核心价值,是电视台用最多力量、最长时间培育的核心品牌,也是电视台新闻立台的最坚实基础。改革的目的就是把主新闻在电视台这个主阵地做得更好,更吸引人,更有影响力、感召力,并以此提升价值、凝聚人才,形成机制,打造产品,在新媒体时代,用主品牌推广、延伸、衍生、渗透主流价值,实现传播效果的最大化。

第二节 从常态化到平台化：
电视直播的多元抵达

电视现场直播是电视传播形式中既平常又特殊的一种。所谓平常，是因为同步记录、同步传播正是电视媒体的重要特性，是电视的本体语言；所谓特殊，是因为在中国60多年的电视发展史中，直到20世纪90年代末，以中央电视台为代表的经常性的大规模直播才勃然兴起，继而引发了全国电视界的直播热，又使直播从特殊归于常态，而2003年3月20日开始的中央电视台"伊拉克战事"直播和同年5月1日新闻频道的开播，是中国电视进入直播常态化的标志性事件，呈现出电视直播的新趋势。21世纪10年代之后，网络作为新的媒体形式迅速崛起，此后，各种新媒体纷至沓来，呈现出颠覆性进步的全新特质。电视直播又由常态化进入了平台化的新阶段。所谓平台化，就是电视直播作为新闻源头，其流向不仅仅是电视终端，而是适时的多元终端，这不仅是电视技术概念，更是电视新闻理念与实务的革命性前进。电视直播的发展历程体现着电视传播理念的变化，蕴涵着电视传播进步中的重要意义，也预示了电视直播的新前景。

一、电视直播历程：回归常态化

直播是电视的常态，电视用来直播是由电视传播的同步性本质决定的。但从认识到实践则不可避免地成为一个历史过程。

1. 电视直播从重大回归常态

梳理中国电视直播的历史，大体上可分为以下三个阶段：

（1）第一阶段为文体和重大时政活动直播阶段（1958—1993年）。发端于中国电视伊始的1958年6月19日，北京电视台使用日本在北京举办展览时留下的一辆两讯道转播车，转播了"八一"男、女篮球队和北京男、女篮球队的友谊比赛。1958年10月1日，我国自己研制的第一辆黑白电视转播车转播了在天安门广场举行的庆祝中华人民共和国成立9周年阅兵典礼和群众游行，晚上又转播了焰火晚会实况。此后，国家重大时政活动和精彩文艺演出及体育比赛经常以实况转播方式进行报道。最著名的是1984年中华人民共和国成立35周年盛大阅兵和群众游行的直播，这次直播是中国电视首次规模大、收看人数多、转播范围广的现场直播，也是中国第一次通过卫星向世界转播国庆盛典。

（2）第二阶段为新闻栏目直播化阶段（1993—1997年）。主要标志是1993年3月1日中央电视台第一套节目新闻播出由4次增至13次，实现了整点播出、新闻直播和重要新闻滚动播出。1996年1月1日，改版后的《新闻联播》以直播形式与观众见面。在中央电视台的带动下，一些省市电视台的新闻节目也实现了直播。这一阶段因此成为以中央电视台为代表的中国电视新闻高速发展的时期，在这个阶段，曾多次将正在发生的事件同步切入正在播出的新闻节目中，如1994年7月21日曾三次将西昌发射卫星的实况和北京国防科工委监看卫星发射时的情况切入正在播出的《新闻联播》，进行直播报道。

（3）第三阶段为以大范围、长时间、经常化的重大新闻事件直播为基本特征的直播常态化阶段(1997年以后)。主要标志是1997年中央电视台的一系列重大直播,先后直播了日全食、彗星同现苍穹的天文奇观、香港回归72小时、小浪底和三峡水利工程截流等,1997年因此被称为直播年。此后,中央电视台大型新闻直播连年不断,涉及领域不断拓展,表现方式更加多样,直播内涵更加深入,中国电视传播理念和实践向世界先进水平逐步地靠近。2000年《直播中国》(后更名《直播时刻》)的推出开始了直播栏目化的尝试。在这个阶段,正在发生的事件经常化地被即时切入直播中的新闻栏目、新闻事件直播的经常化等,成为直播常态化的基本特征。2003年5月1日中央电视台新闻频道的开播,成为直播常态化的标志性事件,使直播以频道为保证,频道以直播为特色,也开启了直播常态化的新阶段。

2.电视直播形式和内涵的重大变化

回首中国电视直播之路,可以发现,电视直播的形式和内涵已经和正在发生以下重大变化:

(1)形式上由表现式转播转变为报道式直播。初期的重大时政、文体直播大都是以在现场加解说的方式现场转播,1997年后的直播已经完全成为媒体主导的报道式直播。

(2)内容上由单一事件性直播向主题综合性直播转变。1997年后的直播大多是同一主题在多机位、多现场、多主持、多时空的纵横捭阖中集合成含有新闻事件、背景、人物、人文等丰富内涵的综合体。

(3)传播模式上由单向灌输式直播向双向互动式直播转变。无论是香港回归72小时直播、2000年高考网上录取直播,还是钱塘潮直播,观众已经不是电视机前的单一信息接收者,而作为直播的参与者,成为节目内容的一部分。

(4)操作方式上由大规模、战役性向专业化、日常化转变。这既取决于新闻事件的性质、规模,也取决于技术支撑程度,又涉及电视直播的运作方式,更标志着直播常态化的不断成熟。

经过1997年以来的锻炼和洗礼,中央电视台的直播活动已经成为日常报道的一部分,完成了直播常态化由理念到实践的转化。

二、电视直播常态化的重大意义：传媒与社会的双重推进

无论是对于中国百年新闻史,或是对于60多年的电视传播史而言,于世纪之交出现的电视直播常态化都是其中具有历史意义的重要事件。这不仅是因为它更大限度地发掘了电视技术的优势,进而推动大众传播进入更新的阶段,更重要的是它体现了电视对当代中国社会进步的深层理解和参与,因而具有了特殊的重要意义。

1.电视直播常态化体现了舆论开放的时代特色

电视直播常态化作为一种新的舆论形态而产生的舆论力量,既是中国不断开放的舆论标志之一,又证明并推动着中国的开放。如果说加入世界贸易组织是中国当代开放史的标志之一,那么加入世界贸易组织前后中国电视直播呈现出的"峰值"状态,恰恰从媒体的角度反映、记录、推进了这一进程。舆论的开放作为社会开放的先导力量和开放社会的一种标志,正是中外新闻史的一般规律,而电视直播常态化恰是舆论开放在新闻时效性追求中的极限。

2.电视直播常态化体现了大众传媒的人文关怀

电视直播常态化作为一种新的传播方式导致的共时知情权,从本质上体现了大众传媒的人文关怀。而公众对共时知情权由兴奋到熟悉,进而冷静的心路历程,不仅有利于造就成熟的

公民、公众和社会,也恰恰提升了大众传播的社会公信力。在关怀缺失的社会转型期,大众传媒做出了种种人文努力,从超现实的娱乐慰藉,到私密性的情感沟通,特别是自称"不包打天下",却又似乎无处不为民请命的舆论监督,一浪高过一浪。应该承认,这些内容无不体现并传播了大众传媒在一定意义上的人文关怀,也体现了传播者的良苦用心。但是,"媒体即是信息",事实先于价值。就大众传媒而言,其本质性的人文关怀是对公众知情权的尊重和支持。而电视直播常态化使知情权跃升到了共时知情权的阶段,使大众传媒的人文关怀与大众传媒的传播本质最紧密地联结在一起,形成了大众传媒人文关怀时代性的标志。

3.电视直播常态化具有中国大众传媒整体性进步的标志性意义

电视直播常态化作为新闻观念和直播技术双重进步的结果,体现了传播能力、传播理念、把控能力和管理方式的全面提升,具有中国大众传媒整体性进步的标志性意义。直播常态化至少体现了共时传播理念的支配地位、事中把控机制的不断完善和传媒管理方式的现代化进步。2003年3月20日开始的中央电视台关于"伊拉克战事"空前性频道化直播和同年5月1日新闻频道的全面启动,都再次证明直播常态化在中国新闻史上的标志性意义。

三、平台化:开辟电视直播常态化的新未来

深入探究电视直播常态化的多重意蕴,就会发现,直播常态化在与不断开放的社会的互动中,昭示并推进着有关大众媒体、公众与社会在理念层面的新突破,并开辟了直播常态化的新未来。

(一)电视直播要在理念和平台建设上实现新突破

1.需求导向:电视直播理念需要新的突破

电视直播的初衷与动机就是为了让现场与观众同步。在这里,观众已经成为具有主导作用的传播主体。在新媒体时代,传播的事实、介质、渠道等的传播模式、类型的选择权已经掌握在用户手中,电视直播的基本理念也必须由传播者导向转变为需求导向,即一切为了观众与用户。

(1)大众媒体传播理念将由共时知情向共同知情演进。共时知情强调的是时效性,而共同知情则强调信息来源的非垄断性。在直播中,观众表达的意见、提供的信息同样是直播新闻的一部分,其实,网络直播已经实现了这一点。这意味着媒体的进一步开放和大众传播活动将在一个更加开放的系统中进行,要求直播常态化在开放性和观众参与中寻求新的进步。

(2)观众由传播过程中的受众向具有一定控制权的传播主体演进。使用与满足理论研究认为,在很大程度上,大众传播的使用者是有控制权的,这一方面要求观众整体素质和理性判断能力的不断提高,同时也意味着传播者和接收者作为平等主体在传播过程中都发挥着重要作用,启示着直播常态化在大众传媒与公众的平等互动中寻求新的突破。

(3)媒体环境由相对封闭向开放透明演进。媒体政策的发展、传播环境的开放、传播媒体的增多、社会心理的成熟等,导致人们对媒体进行选择的机会的增多、速度的加快和信息来源的渠道多元,要求直播常态化在媒体竞争与整合中寻求新的媒体互动形式与内容,要求电视直播摒弃仪式化的形式,而更加注重"直播真实"。

2.平台重建:电视直播向泛视频直播迈进

在操作层面上,直播一直受到"直播什么"和"怎样直播"两方面的诘问。在新媒体时代,

又突出了向谁直播，也就是如何通过多种终端抵达各类观众或者用户的问题。

（1）关于"直播什么"，比较明确的共同意见是直播重大新闻事件。这也正是直播常态化提出的实践背景。2000年12月中央电视台推出的人文地理直播节目《直播中国》，是中央电视台第一个非新闻事件性直播栏目，在"直播什么"的处理上堪称另类，开播半年，就不可避免地产生了《直播中国》能走多远的疑问，而终因没能破解人文理念追求与非新闻事件直播实际操作的矛盾，在试图突破中没有找到突围之路。这也反证了直播常态化的进步与发展必须以新闻事件为前提和基础。

（2）关于"怎样直播"，实质的问题是直播形式是否会准确完成理论上有关直播动机、功能与效果的判断，在时效性、现场感、参与感、真实感的追求中是否会消解同步真实的电视新闻本质。有文章指出，美国电视直播把新闻竞争带入困境，记者无法深入挖掘细节，新闻报道变成了电视表演，导致新闻可信度下降。这些正是直播常态化发展中需要解决的问题。

（3）关于"向谁直播"的问题，首先要十分明确的是，在今后一大段时间中，电视仍然是最强大、最有影响力、最权威的新闻视频媒体，电视台仍然是新闻视频的权威提供者。问题是，通过微波天线、有线电视送达客厅电视机的传统模式正在改变。这要求电视直播由演播室形态、单向传播、直线传递到电视机的传统模式，向小型化、综合化、移动化的直播平台转变，实现电视直播的平台化，并由平台向多终端转码、分发、互动。

（二）电视直播在新平台与多终端上的新未来

社会需求的爆发和操作中困惑的不断破解，特别是新媒体的力量，正迅猛推进着直播常态化的全新进程，启示着直播常态化在操作中的平台化发展与搭建的新趋势。

（1）直播方式将由时段性直播向频道化直播迈进。中央电视台在对"伊拉克战事"直播过程中首次建构了重大事件频道化直播的概念，而新闻频道开播则完成了频道化直播的机制架构和保证。相对于时段性直播，频道化直播的主要特点和优势：一是可以实现直播的连续性和对重大事件的持续关注；二是有利于频道栏目的多样性互补和对直播事件的多侧面、多角度解析。

中央电视台新闻频道开播后，相继完成了"攀登珠峰""三峡截流"的直播，这些均是频道化直播的成功实例。当然，频道化直播要求电视信息处理能力较强，表现形式也更加丰富。

（2）直播形式由程序式直播向动态跟进式直播迈进。以往的直播大多注重事件预设的流程，或通过流程悬念完成事件直播过程的递进。直到"伊拉克战事"的直播，直播由程序悬念向事件悬念的转变才得以完成。当然，这并不取决于直播本身，而是由直播内容是否可预见决定的。但是在传统的直播思维方式中，无准备、无方案、无预知结果的事件是不能用来直播的。因此，动态跟进式直播的前提是把关人的把控能力的提高，即由事前把关向事中把关转化。"伊拉克战事"直播的成功已经证明了中国电视新闻把关人的把关理念的转变、把关能力的提高和事中把关机制的形成。

（3）直播将向前方的深入与后方的深度迈进。在强调过程和结果的基础上，突出强调直播事件前沿的"第一镜头"（即前方的深入）与传播者即时跟进的综合分析（即后方的深度），将是一种必然的趋势。这在"伊拉克战事"直播中被普遍采用。也只有前方的深入现场，提供丰富的新闻素材、信息，才有可能为包括演播室为中心的后方编辑、评论员提供分析的线索。需要特别强调的是，所谓"第一镜头"，就是对现场新闻事件核心悬念、细节和标志的采制传播。在伊拉克战事中,各国的前方电视记者的镜头实际上就是预设的"第一镜头"。而如何把控"第一镜头",则与各自媒体的实力、观念和处理能力直接相关。而对于"第一镜头"的选择与把握,实质上就是对直播事件的议程设置。从这个角度看,"伊拉克战事"中美军的所谓"嵌入式采访"的动机和效果昭然若揭。由于直播事件的悬念性,"第一镜头"等蕴含的大量信息,需要传播者和公众即时解读,这就要求直播中记者现场和演播室舆论场效应的多种应用,无论记者和演播室设在事件现场还是在电视台,其基本功能都是信息处理,即了解、介绍、分析、探究、跟进直播事件,通过背景介绍、连线采访、现场分析等形式满足观众的信息需求,为观众判断提供充足信息,最终起到报道真相和引导舆论的作用。"第一镜头"和跟进式的现场分析,需要新闻采制传输能力、实力和信息分析能力的大幅提高。

(4)直播将由单媒体封闭式直播向多媒体开放式互动与参与迈进。其中的关键:一是媒体间互动;二是媒体与公众互动。以往的直播大多是电视台在自身采、编、播的封闭系统内完成的,屏幕前的观众仍然是个"局外人",至多只是像春节晚会直播那样打个电话或发个电报以示支持,这实质上排斥了观众作为传播主体之一的共时性参与。而在"伊拉克战事"直播中,以电视直播为信息处理平台,电话、短信,特别是互联网等多种媒体同步展开,观众既可咨询,又可以直接表达意见,观众的表现也成为直播内容的一部分。这是电视直播进程中的一个质的进步,意味着电视直播由媒体的单一性向多样转变,由传播者单方面提供信息向传播者与公众同时提供信息转变,即时反馈机制在电视传播中得以实现,电视新闻事件直播竟隐约呈现了观众点播的意味。观众的参与度将成为判断直播效果的有效标准之一。未来电视直播在操作上的突破点也在于多媒体整合互动程度和公众参与程度。当前,直播平台互动的技术方式多种多样,电视台急需建立多信源汇集、多媒体采集、多角度处理、多终端分发、多渠道反馈的全新直播平台与传播模式。

当然,直播从常态化升级到平台化,作为电视传播的一种形态与方式,其发生、发展、进步,从根本上取决于社会进步与开放的程度,透过直播常态化的过去与未来,其实也见微知著地折射着中国社会的不断进步。日益常态化与平台化的电视直播正在社会进步与技术创新的两大力量的不懈推动下,直播现实,开启未来,媒体进步与社会进步将在互动中不断奏响新的旋律。

第三节　从电视化到全媒化:
建立重大新闻泛媒传播新模式

重大新闻报道彰显电视传播力量,主要包括重大新闻事件、重大主题报道。网络强势崛起以来,许多重大新闻由网络抢先报道,传统媒体跟进,其中固然有多方面的原因,但就电视自身来说,传播模式陈旧是重要原因。主要表现是线索来源被动化,记者习惯于等电话、等线索、查网络;新闻处理陈旧化,新角度、新语态少;新闻传播单向化,新闻终端单一化;互动传播简单化,靠电话、微信、微博,但仅限于播出时段;新闻产品唯一化,只生产电视视频。要解决这些问题,必须着眼长远,把握新媒体发展的基本方向,实现在重大新闻报道上的突破,建立泛媒动态传播新模式。

一、主动加调动：多岗位、全方位的新闻启动

提高驾驭重大新闻报道的能力是提高舆论引导能力的重要内容。重大新闻报道因其事件和主题重大、涉及面广、影响力大、牵动性强、理论性强、背景复杂等特点，一直是电视新闻报道的重点，也是难点。在新闻实践中极易出现两种偏向：一种是官方通稿、文件概念的堆砌，看起来貌似重大，实则缺少事实，空来空去；另一种是乱找由头，牵强附会，任意拔高式的解说词加采访加拔高的八股模式，看起来有事有理，有基层、有领导，实则事理分割，找事证理。这两种偏向的共同特点是没有按照电视新闻规律和宣传规律办事，站在高处而没有深入实际，搬来概念而没有从事实出发。如何避免这种把生动的实践静态化，把丰富的理论教条化，结论虽十分正确但效果却并不理想的问题，改变这种重大报道教条加静态化的情况，是电视新闻改革的重要课题。

（一）多岗位主动：建构新模式的基本前提

重大新闻报道，无论是事件还是主题，都来得快，要求高。新闻平台的所有岗位在机制、体制和权利、职责上都要明确清晰。第一，打破传统的线性管理方式，不能还停留在等待逐级请示，才能播发报道的过去时。要在岗位赋权明确的前提下，形成应急预案，由值班编辑在平台上首发，按照发稿技术的难易程度先声夺人，在内容上由简渐细，由细渐丰，由丰渐深。民意舆情调查要与采访同步启动、同步工作，实现新闻事件线与民情反馈线的同步展开，做有针对性的采访报道。第二，策划者和采编记者在重大主题报道面前还要消除被动性，增强主动性，主动了解把握重大事件和重大主题的内涵、背景、特点、意义，真正了解，深入研究重大主题所蕴含的背景、理论、方针和政策，主动收集、积累、研究相关资料。主动学习、主动采访、主动深入的结果是记者在行进式采访中胸有成竹，明了采访项目、事件和人物的背景、意义，在行进中采访，现场中发现，事实中明理，接力式采播，平台式散发，确保报道的宏观前景与微观细节的有机结合，确保报道效果。

增强多岗位的主动性，就会发掘出媒体和采编播发人员的兴趣点与兴奋点，拓宽、拓深报道思路，调动记者的积极性，这是保证重大事件和主题报道成功的重要前提。

（二）多方位调动：建构新模式的基本要素

由单一媒体向多终端传递，涉及媒体内外的各个方面与指向。第一是调动采编力量，掌握尽可能多的第一手素材与事实，特别要强调新媒体力量的调动。过去，记者接任务以后，要先到台里领取设备；现在，随身携带的手机与便携式摄像机就是可用于采访的设备。首先到现场的应该是新媒体记者。第二是调动编辑力量。编辑力量的调动，强调的是对各种新媒体等各种终端，特别是社交媒体上的相关信息的编辑、集成、整合、对比、参照、发布的综合能力。第三是调动各种技术力量。除了传统的采编播制的电视能力外，还包括网络编辑、终端发布、数据统计、数据分析等的综合能力。第四是调动现场，为终端的应用服务。第五是调动社会资源，包括相关的专家、评论员、咨询公司、数据公司等的整体分工合作。第六是调动观众、听众、读者、用户等对象，全方位地展开参与、反馈、互动等，使各个终端的报道都有反应与呼应、意见与要求、观点与评论。第七是调动保障力量。

二、运动加生动：多角度与多细节的新闻生产

对于电视来说，新闻本来就是正在发生的事实，重大报道所涉及的新闻也是如此。有的电视新闻中存在的教条化、静态化的主题报道，往往是点式收集事实，硬加领导拔高，用"新闻蒙太奇"的手法剪碎、分切，甚至僵化了生动的事实。

（一）多角度运动：建构新模式的基本要求

强调重大主题报道的"运动"性，就是强调要以行进式的电视采访方式，与正在发生的事实同步进行采访、记录。在这里，记者不是需要什么选什么的"空降兵"，也不是发生了才出现的"消防员"，而是高水平的"侦察兵"，必须在深入事实中纪录，在发现事实中反映，在把握现象中探究。这要求在重大事件和主题的连续采访中，常态化交代进行采访的信息，这看似与主题无关的内容恰恰客观反映了重大事件和主题中实践与事实现场的最新进展，用运动式的采访，同步反映运动中的事实，再加上电视镜头、网络、客户端与记者编辑的社交媒体的精彩运用与互用，使采访主体与客体两者相得益彰，共同为报道的跟进服务。

（二）多细节生动：建构新模式的基本内容

真实是新闻的生命，细节是新闻的血脉。新闻媒体时代，细节又在很大程度上增强新闻的真实感。而电视等以视频为主的媒体的优势在于可以直观地记录与反映客观、真实。这要求在与新闻采访的同步过程中，采编、播发、反馈的全流程都注重关注、发现、提炼事实中的细节。

第一，要强调事实中客观存在的细节，小视角切入，大寓意展示。记者的镜头要多对准大主题中的小现场和大事件中的小细节。因为细节的发现会丰富主题报道，增强新闻报道的真实性、故事性、趣味性和可视性。

第二，强调记录正在发生的细节。善于捕捉偶遇式，而不是事先安排式的采访，强化新闻的"情节"，使重大主题报道兼具突发式事件新闻的要素，具有一定的悬念或突发性，提高观众的收视兴趣。

第三，强调记者的现场表述。加强记者的出镜、采访、现场配音，在语气上形成现场一气呵成的感觉，强化现场感和报道感。在语态上以平民式的现场白描，表达记者的所见所闻，使记者的报道现场和事实现场一体化，增强报道的亲近感和可信度。这样，虽然缺少演播室中播音员的字正腔圆，但同样也弱化了现场与配音、播音两层"皮"的缺陷。当然，从根本上说，语态的问题并非由记者表述还是由播音员播报的纯声音的问题，而是语言、声音、语气、语调是否符合新闻内容的本质要求和观众接受的心理感受的问题。

三、联动加互动：多产品与多媒体的全息覆盖

媒体互借是多媒体时代新闻传播的基本规律与特点。单一媒体的力量与影响都具有一定的局限性。主动的媒体互借正是重大新闻报道的基本要求。

（一）多媒体联动：建构新模式的主要支撑

这里主要是指传统媒体、新媒体，包括社交媒体之间的多方面联动，包括主题、事件、策划、人员、大数据等的深度联动。声、屏、报、网、移动终端等各成体系、各有优势，媒体联动会产生放大效应。可以根据报道的内容、主题，实现多种媒体统一策划、各有重点、整体配合，通过媒

体联动达到最佳传播效果。采用联动方式,首先,凸显了事件与主题的重要性,实现了超强的议程设置,极易引起社会关注;其次,规避了单一媒体的传播劣势,多种媒体共同丰富了报道的内容与形式,既能够发挥各媒体的表达与传播优势,比较丰富、透彻地进行报道,又能够为受众提供丰富多彩的报道,实现报道内容的大信息量传播和传播对象的大面积到达;再次,媒体各显优势,容易激发媒体创新,促使各类媒体找到自己最佳的表达内容与形式,推动新闻报道质量的提高。事实上,中央级媒体和许多地方媒体多次实现了对重大事件、主题和典型的联动报道,达到了很好的传播效果。

(二)多元化互动:建构新模式的基本模型

媒体与媒体的联动、媒体与部门的联动都是互动,但是这里特别强调的还是媒体与观众的全方位、多元化互动。在新闻节目中开设新闻热线和网络留言版的基础上,伴随着通信技术的进步,社交媒体的介入使互动出现了革命性的变化。

1.互动程度的三个层次

(1)直接互动。即媒体与观众通过电话、留言等方式互动。

(2)圈子互动。即把节目、栏目、报道的公共账号作为社交平台,集纳相关受众、对象与用户,形成报道事先、事中、事后的不断互动。这样除了可以即时收集观众对报道的反映和提供的事实线索,有的可以立刻在本期或下一期在报道中提及或采访,实现了重大事件、主题与观众的即时互动,又可以实现情感互动。

(3)情感互动。即媒体、媒体人与传播对象以朋友沟通般的状态进行互动,可以增加可信度,培养忠诚度。

2.观众互动的三个阶段

一般来说,与观众的互动可以分为以下三个大的阶段:

(1)第一阶段为播前采访时,记者与采访对象、收视对象的互动,如征集问题、线索、采访内容、采访设计等,可以视为前馈式互动。

(2)第二阶段为播出期间的即时互动。这是最重要、最有影响力的互动。

(3)第三阶段为播出后的反馈式互动。它可以把观众圈培育成朋友圈,实现做一个报道培育积累一批忠实观众的目标,在不断扩大影响力的基础上,完成媒体的品牌维护与升级。

总之,建立泛媒传播新模式,体现了新闻改革的全面创新:

(1)在一定程度上实现了重大事件与主题报道观念上的创新,即破除静态说教,突出事实进展,关注观众反应,以事说理而不是按理找事。

(2)实现了内容创新,即用丰富的电视细节烘托、展示主题,而不是用万能画面加解说;记录正在发生的动态事实而不是故意剪取"有用"事实;多种媒体联动采播与观众互动传播都极大地丰富了报道内容。

(3)实现了形式创新,即行进式,而不是静态组接式;记者一以贯之地进行流畅的现场报道,而不是记者硬出像加播音员配音;联动、互动式宣传,而不是单一、封闭式传播。

(4)适应并引领了新媒体时代的传播要求,打破了单一媒体的应用模式,打开了媒体的传统封闭空间,创新式地集纳其他媒体为我所用,增加了主流媒体的传播力与影响力。

当然,突破重大新闻报道,建立泛媒传播新模式,在实践中还要下极大的工夫。同时,这也只是提高重大事件与主题报道质量中的解决思路之一。如何深度剖析,采取多种手段,使重大事件与主题报道更加先声夺人、鲜活生动、令人信服,还要视具体报道具体分析,还要靠不断地解放思想、勇于实践来破解新的难题。

第六章

新闻频道:

城市电视台第一套节目的应然取向

中央电视台第一套节目已经由传统的新闻综合频道改为综合频道,内容架构以新闻为主,集合全台精粹,在中国电视的激烈竞争中,综合影响力连年稳居全国榜首。在一些城市电视台,则由于意识、实力、资源的原因,传统的第一套节目正在走一条由新闻综合频道趋向新闻频道的转变,新闻节目相对强化,综合节目日渐式微。这种转变的效果,有待于实践的检验。但是,走强化新闻,特别是强化城市新闻的新闻化之路,是城市电视台第一套节目在改革、融合中的积极取向。

第一节 城市电视台第一套节目的危机与取向

中国的城市电视台的第一套节目大多初建于 20 世纪七八十年代,内容定位是新闻综合频道,转播《新闻联播》,并不同程度地形成包括新闻、社教、文艺、青少、专题片、电视剧等多种节目品种和类别的时段组合,传播方式是无线发射,最直接地承担着电视台的宣传功能,同时也较早地承担着电视台的广告经营功能,可以说一直是城市电视台的政治和经济生命线。后来,20 世纪 90 年代初,伴随着有线电视事业和技术的发展,一些城市电视台开始开办第二套、第三套等多套节目。到 21 世纪初,更多的城市电视台按照频道专业化的取向,开始实行频道制改革。至此,由于频道数量的增加、频道专业化的推进和电视台内部管理体制的演变,第一套节目的定位、管理等问题逐渐显现。

一、第一套节目的危机

在城市电视台的传统第一套节目中,主要的框架是新闻类栏目加社教、文艺等类型栏目加电视剧的所谓新闻综合频道。其中的新闻节目大都由办台初期的以城市名称或电视台名称冠名的"主新闻"为主,后来有的台增加了早间、午间和晚间新闻。"南京现象"之后,一些城市电视台又开办了一个小时左右的所谓民生新闻,形成了以主新闻、民生新闻栏目和电视剧为主的频道架构。总的来说,城市电视台的新闻无论在内容上,还是在结构上,都存在视野狭窄、局限于本地,不深不透、满足于表面,模式单一、风格单调,缺乏特色、跟风模仿,以及信息量小、采集量少、开掘度浅、前沿感弱等问题。在新闻采集、新闻处理和新闻制作中,缺乏城市眼光的发现、城市视角的观察、城市风格的注入、城市要求的解读、城市符号的彰显,缺少立足于城市原点,对新闻素材和原料进行符合城市精神、价值和文化定位的处理和加工。因而,这类新闻与城市观众产生了某种程度的信息疏离。

新闻节目之外,频道的综合节目架构大多呈现为台内各中心、频道对象化节目的组合,没有从以新闻为本的角度重新设计,造成新闻栏目少而小的现象,从结构上制约了新闻报道视野和理念的提升。而时政类和民生类新闻的风格先行及栏目本位,又制约了新闻生产的平台式调度、联动、递进和追溯,一定程度上浪费了人力、物力和频道播出资源。同时,综合类节目没有从新闻本体中衍生,没有起到延展、深化、拓宽、纵深新闻信息和产品的作用,也很少从新闻的核心理念出发,构造综合类节目,起到扩展、丰富频道整体精神内涵和价值内涵的作用,相反,占据了频道的大量资源和投入。在编排上,新闻类栏目和综合类栏目的割裂,阻断了频道的时间流和价值流,模糊了频道的价值追求和市场诉求。

这些问题造成第一套节目成为中新闻节目"气短"和综合节目缺失的现象,使城市电视台的第一套节目成为整体上缺乏内在的核心价值和一致性的产品组合,使本应以核心价值贯通的频道时间流成为互不相关的不同栏目分割的"时间段",甚至"时间片",使频道呈现出"碎片化"的状态。

二、第一套节目的取向

城市电视台第一套节目发展方向何在?破解这个问题,还要从历史、现实和未来的三维空间中找寻发展的源头和依据,必须明确以下三个观点。

1. 历史的观点

城市电视台第一套的新闻内为频道的起源、成长之基,外为多年来城市观众的收视习惯。多年来,城市电视台第一套节目依托新闻资源,形成了频道定位和特色,依托新闻发展,构建了城市中的强势频道。因此,第一套节目的发展必须强化新闻。事实上,在一项调查中,新闻频道列居广播电视机构已开办的各频道之首。

2. 现实的观点

在城市本地资源中,新闻资源是城市电视台最重要的具有独家性质的资源,本地新闻以外的其他资源,如经济、文艺、体育等资源已经或正在被更大、更强的电视台和其他媒体控制。在现实的竞争中,城市新闻资源的相对独家地位也不是一成不变的,正在被其他媒体,包括各种新媒体切割、蚕食,城市电视台如果不加强对同城本地新闻资源的占有和控制,就有被边缘化的危险。事实上,正因报业竞争中社会新闻的激荡,才有了电视民生新闻在新背景和新思维中的整合与兴起,为不少茫然的城市电视台新闻改革又一次注入生机。在新媒体的争夺战中,抢夺本地新闻资讯成为焦点。这也是地方类新媒体的成功之道。

3. 未来的观点

在电视融合发展和产业化的浪潮中,新闻以外的各种资源都将被直接挟裹其中,只有新闻节目的制作与播出可以作为公益性的事业与电视产业竞争保持相对超然的状态,从政治、经济等角度支撑着城市电视台一定程度上的生存与发展。而在新闻以外的节目竞争中,城市电视台较之中央电视台、省级电视台和大的媒体公司,实力最弱,影响力最小,因而也就最不具有更大发展的优势。对城市电视台而言,可以说,未来唯有新闻,抓住了新闻,才会有存在、发展的根基。

因此,从现在开始,城市电视必须坚持和强化第一套新闻综合频道的城市新闻主打定位,做精新闻,做细内容,做强品牌,在新闻节目中注入城市灵气,以新闻节目带动综合类节目的精化,塑造一套主打新闻的定位取向、本地处理的核心价值和以新闻为主的产品组合,实现新闻节目和频道的整体提升。

第二节　突出新闻，需要创新理念

突出新闻,需要新理念的与时俱进和不断刷新,针对传统第一套新闻节目存在的问题,面对新的媒体竞争的态势和新媒体的冲击,根据不断开放、开阔、多元的城市观众的需求,新的新闻理念的主要含义可以概括为"视野开阔,信息富集,时效迅捷,特色鲜明,平台运营,融合发展"。

一、视野开阔

视野开阔,即以开阔的新闻视野处理新闻事件,使新闻报道立意高、信息新、含量大、背景深。

1. 开阔的时事视野

首先是拓宽本地化的新视野,关注追踪国内外发生的大事、要事、突发事,采集报道与地域关联的国内外最新事件,特别是这些大事、要事、突发事对本市及其市民的影响,本市人在其中的处境,本市人的看法、评价等。其次要理清时事的概念,举凡涉及或影响政治、经济、社会等方面的主流性、主导性事件均可视为时事,打破把时政等同于时事的传统陈规。采用开阔的时事视野和时事关联思维进行"开放式"传播,而不是"封闭式"报道,体现城市新闻人对城市发展、市民生活的"航标灯"的作用。

2. 开阔的政策视野

所有的新闻事件都发生于一定的政策背景下和时空环境中,政策更是影响新闻事件发展趋势的主要因素。要克服将新闻事件消息化、孤立化、单纯化处理的积习,不仅需明了区域的各项政策,而且要熟知相关的国际和国家的规则、经验,央级政府和当地以及各地政府的相关政策,用开阔的政策视野考虑、处理相关新闻报道,丰富新闻的信息量和厚度。

3. 开阔的民生视野

站在群众的立场、民生的视角,熟知一个阶段国际、国内、区域的民生焦点,以此可以发现、链接诸多百姓关切度高的新闻。特别是善于从会议、政策和社会舆论中发现民生思想、感情、信息的蛛丝马迹,通过新的线索的开掘,实现新内容的创新和新风格的显现。

4. 开阔的背景视野

凡事皆有前因。在一定意义上,背景就是深度。只有透过现象看本质,穿透表面寻背景,通过新闻调查、新闻评论、新闻访谈、新闻言谈、新闻专题等多种形式,表现事件背后的事件,事实背后的真相,才会使新闻产生厚度与深度,增强新闻的权威性和引导力,扩展新闻立体纵横的信息含量,让观众知道"什么是"和"为什么","怎么来"和"如何去",最大限度地实现电视作为主流媒体的社会责任。

二、信息富集

信息富集即大信息量传播,高富集度发布。

1. 校正新闻价值坐标系,确保新闻价值

校正新闻价值坐标系,用新闻价值观判断采访内容,确保每条新闻都有新闻价值。过去许多电视台播发的大量信息之所以受到观众冷遇,从根本上说,正是由于新闻价值不高,把信息等同于新闻,把信息价值等同于新闻价值,才显得新闻节目"信息量"不够,这里的"信息量"其实是新闻价值的含量,而不仅仅是条数多少的问题。所以,在现行的新闻标准、判断和操作中,单纯地增加条数不可能汇成新闻节目和报道的大信息量。

2. 挖掘单条新闻的价值含量和信息含量

一般来说,新闻价值是一则新闻所产生的社会效应,包括重大性、与观众的关联度、社会的关心程度和感兴趣程度、时效性、真实性等要素。对城市媒体来说,"新闻就是一个报社最近了解到的对所服务社区有重要意义的或感兴趣的某一问题的报道"。这个对报社而言的选择标准,对电视同样有意义,这里强调的是时效性、区域性、重要性、兴趣性和问题性。要求城市电视新闻在新闻选择和新闻处理时,判断准确,去粗取精,以市民关切度、关联度来突出事件重大性;增加细节,强调情节,用故事化的表述来引起收视兴趣;突出"新"字,注重现场,以突出时效;精拍画面,逻辑组接,以刷新视觉,用足电视的综合表现手段,真正按照电视新闻规律制作新闻,按照电视规律叙述新闻,使单条新闻的价值含量和信息含量最大化。也只有单条新闻的价值含量和信息含量的增加,才会使新闻节目的信息量增加,使新闻节目有质的提高,牵动城市第一套节目这个主力频道的升值。

3. 大量增加事件性新闻的采播量和直播量

坚持事件是新闻的主体,现场是电视的本质的电视新闻理念。把主题还原为事件,把事件还原为现场,把现场即时交给观众,回归电视事件现场的本体表达。

4. 优化编排,扩充新闻栏目信息量

按照突显新闻价值意义的标准,编排新闻节目,传达出栏目整体大于条数相加的信息量和价值感。常见的方式包括组合式编排、点评式编排、直播导入式编排、跟踪连续式编排、背景介入式编排等。

5.合理架构节目,持续不断地用正确的舆论引导人

因地制宜地科学架构频道的新闻节目,形成从早到晚的信息接续、品种关联的新闻栏目组合,使观众通过新闻栏目链可以知道消息,了解背景,听到评论,看到人物(当事人),追踪进展,甚至深度参与,以此形成超强的议程设置,起到用持续不断的正确舆论引导人的作用。

三、时效迅捷

时效迅捷即以同步报道为追求目标,实现栏目直播、现场切入。

真实是新闻的生命,时效是新闻跳动的脉搏。要把时效迅捷这一电视的优势发挥得淋漓尽致,就需要尽可能地实现直播常态化。

1.实现第一套节目的直播常态化

实现新闻栏目直播,为新闻时效的即时化、同步化提供客观有效的载体。可以首先从一档新闻节目开始直播,进而实现黄金时间的新闻直播和时段新闻直播,最终实现第一套节目的直播常态化。

2.树立最新消息在第一时间播出的观念

让最新的消息在第一时间首发、接续,使新闻时效性与电视传播的同步性在频道中找到契合点,使观众的新闻欲在电视中找到最新、最近的切口。

3.重要事件即时插播

其中的关键是建立频道总监播出负责制,拥有重大新闻即时插播的决定权。

4.实现新闻信息的时效化处理

在最新消息、最近栏目播出的基础上,在频道的栏目结构组合中不断延展、深化事件报道的视角、观点、深度、分析和趋势。同时,把重要新闻重新处理后,归结到主新闻。

5.综合运用各种有助于时效迅捷的新手段

有条件时,可以综合运用SNG、卫星连线、电话采访、手机短信、网络视频连线等多种现场同步手段,运用滚动字幕等各种有助于时效迅捷的新手段。

四、特色鲜明

特色鲜明主要是以时代特色、城市底色和媒体特色为背景,从不同的视角、风格对新闻素材进行处理,形成各具特色的新闻栏目。

1.特色定位

它主要是指新闻内容的特色化。大多数城市的主新闻是依循中央电视台《新闻联播》以来的以时政新闻为主的新闻总汇,形成的权威新闻。在此基础上,其他各档新闻也要各有其内容定位和特色诉求,实现新闻栏目化表达,绝不能让各档新闻都成为消息的滚动和"主新闻"的翻版。实现特色定位,有助于形成各栏目相对固定的对象化收视群体。

2.特色风格

新闻是对新近发生事实的报道,要秉持真实、客观原则。但是,电视新闻栏目作为一个特

殊的大众传播媒体,有自己的传播特点和规律,而城市电视台的新闻栏目又要满足城市传播对象的收视要求,这就需要城市电视台的新闻栏目在设计、制作、传播中有自己的传播风格,并表现在栏目的时长、时段、标识、镜头运用、屏幕设计、演播室设计、道具、主持人和新闻叙述等的构成要素中。一个总的原则是,在尊重新闻规律的基础上,要在城市文化、城市风格和城市脉动中吸取营养,使新闻节目成为城市的一种传播标识或时代的一种符号。在现实中,这是城市电视台新闻栏目的弱项。需要注意的是,新闻节目的风格化是为表现新闻事实服务的,特别是为了满足新一代观众的收视需要。在1992年美国总统选举中,出现了"新式新闻"(the New News)的术语,主要表现是将信息和娱乐结合起来。《南京零距离》之后,一些城市电视台的个别新闻节目又从《凤凰早班车》式的"说"新闻变成了"演"新闻,走上了极端风格化的歧途,在新闻节目中主观式地加入了娱乐化、表演化的因素,这种形式过度的后果是淹没甚至背离了新闻的客观真实的本义,已经不是严格意义上的新闻类节目,客观上造成新闻权威性的下降,不应当成为新闻节目风格化的发展方向。

3. 特色表达

正如文学有多种多样的体裁,电视也可以有多种表达方式。对同样一个新闻事实,在传统的表达方式中,可以用消息、专题、纪录片、直播等不同的表达方式。在这里,最重要的一点是要用最符合事实本义的方式进行表达。在此基础上,可以通过不同的电视新闻体裁、不同的文字和镜头语言的叙述、不同风格主持人的陈述,实现新闻的特色表达。值得注意的是,特色表达是一个系统工程,需要从栏目理念、包装、镜头、编排、互动、主持人等多方面进行全方位的特色表达,而不仅仅是主持人的单独表达。而对于主持人的特色表达来说,最高境界是一种自然外化的人格表达。

五、平台运营

平台运营即以新闻价值为核心,打破资源的频道壁垒和栏目分割,实现新闻的平台化处理,建立编辑中心制和采访集合制的资源管理新模式。平台运营的本质是新闻节目的工业化生产和营销。

1. 以新闻价值为核心,统一新闻采制标准

这是平台运行的充要条件,以为观众传递有用、有效新闻为第一追求,实现新闻报道要素、标准的统一。

2. 建立采访集合制,形成精干统一高效的采访队伍

实现新闻采访人员的统一管理调度,形成统一的采访拍摄模式和模块,打破现存的以栏目为基础的采访组体制,超越原有的记者栏目归属,实现新闻价值的归属与追求。

3. 建立编辑中心制,组建强有力的编辑系统

按照新闻价值和新闻栏目的内容、取向、风格等方面的定位,实施策划、处理、编排和采访的再调度。在传媒技术高度发达和传媒之争异常激烈的今天,已无独家消息,只有独家策划和独家处理,新闻处理能力构成媒体核心竞争力的基本要素。编辑中心制的编辑过程实质是对新闻原料进行品牌化运营的过程,是重新判断、重新提炼,结合当天、当时、当地,此栏目及下一个栏目需求的动态创新,需要通过组合式、插播式、关联式、接续式等多种编排方式,实现新闻传播的最优化。

4.实现新闻节目相关资源的统一配置、统一调度和综合支撑

实现新闻节目人力、线索、素材、资料、设备的统一配置、统一调度和综合支撑,从技术、机制、组织上实现资源共享,进而实现新闻价值与效益的最大化。特别是需要包括以数字采编播服务器设备为核心的技术平台的支撑。

值得注意的是,完全的平台运营是新闻资讯频道的机制基础,对于城市电视台的规模来说,平台运营主要体现在新闻中心或新闻综合频道内部,不是全台性的新闻平台。相对节目而言,平台主要支撑消息类节目的生产和其他新闻类节目的一般策划。而风格类节目仍然需要相对独立的栏目组织。

六、融合发展

这是指实现电视端与新媒体的融合共生发展,逐渐形成全新的融媒体新闻品牌和影响力。

第三节 突出新闻,需要打造新闻节目链

英国学者雷蒙·威廉斯把电视频道称为电视流,认为一个成功的电视频道与其说是各种类型节目拼凑而成,不如说是建立了一套具有内在核心和一致性的产品组合。

一、两个前提：价值理念与产品理念

重构城市新闻综合频道必须明确两个前提。

(一)建立一个符合实际的频道核心理念

建立一个符合实际的频道核心理念,并在此基础上明晰全频道的新闻价值追求。按照这个理念和价值追求,设计、策划栏目、重点报道和日常报道,塑造队伍昂扬奋进的精神状态,树立不断进步的业务目标,指导频道、栏目、活动的包装、推介和品牌建设。城市电视台第一套节目作为城市收视率与占有率名列前茅的频道,其实已在观众中形成了相应的理念、频道品牌和个别栏目品牌。

在新的形势下,要在提炼的基础上提升第一套节目的核心理念。首先,进一步坚定、明确主打城市新闻的频道理念,即第一套节目是以新闻节目为核心的新闻综合频道。其次,提炼、提升新的价值理念。就是要在传统时政、民生、监督、评论优势的基础上提炼、提升新的价值理念。全国第一个新闻频道——福建电视台新闻频道的理念是"更多、更快",由此延展的频道方针是"更多、更快的资讯和服务""贴近生活、平民化视点、重视过程纪实以及亲切的交流和服务"。就新闻的共性而言,第一套节目的理念可以以"更多、更快、更深入"为主打取向,再加上城市特色的表达。"更多"就是锁定第一套节目就会知道你想知道的新闻,包括本土、区域、国内、国际,也包括消息、资讯、言论、评论,满足观众的多种"新闻欲"。"更快"就是现场的新闻现在报,最新的新闻最快报。"更深入"就是不放过重大新闻事件的台前幕后、前因后果,追踪、评论、分析,引导观众通过现象看本质,抓住本质看趋势,绝不让新闻事件以消息的形式轻

易溜走。最后,要为新闻注入城市的视角、风格和感觉,形成新闻共性基础上的城市个性表达。

(二)建立一套有内在联系的新闻产品链观念

重构城市新闻综合频道必须树立新闻产品链观念,就是按频道理念建构互相关联、持续延伸的新闻栏目。

1. 时效链

从早到晚要有新闻节目,适应新闻递进发生、发展的客观规律。

2. 衍生链

推出不同品类的新闻栏目,使一个新闻事件按照其重要性和价值判断产生不同的处理流向,包括消息流向、评论流向、言论流向、资讯流向、人物流向和深度流向等。

要打造新闻产品链,必须实现三个统一,即统一的新闻核心理念、统一的策划调度平台、统一的采制标准。

二、实现五个"重构"和一个"加强",处理好三个"关系"

打造第一套新闻节目链,必须以核心时段和核心节目为依托。当前,全国各城市电视台第一套的黄金时间大多是 18:00—22:00,这构成了第一套的核心时段,而其中的《新闻联播》前后,特别是当地主新闻时段则是核心中的核心。因此,新的节目链还要在这样的结构基础上展开。简言之,可称为五个"重构"和一个"加强"。

(一)五个"重构"

1. 重构 18:00—19:00 时段新闻

按照贴近取向、信息量大、消息与深度结合、事件与点评结合的原则,稳定传统收视群,拓展新的收视群,以开拓新的新闻视野、收视市场和广告市场为目标。这一时段新闻主要构成应包括消息类和调查类新闻。其中,消息类新闻包括事件类社会新闻、热线类消息资讯、国内外要闻;调查类新闻包括新闻现场类节目、新闻背景类节目和新闻评论类节目,这类节目是高收视率的支柱。构建这样大时段的新闻型栏目,有利于开拓新闻空间,为重大新闻的发生提供充分的时间保证,在有重大主题和重大突发事件时,采用直播、连线等高时效性方式和即时切入、评论等多种手段,进行及时、深入、透彻的集中报道,会产生较大的影响力、震撼力,更有利于城市电视台的整体经营。

2. 重构主新闻时段

一些城市电视台的主新闻在中央电视台《新闻联播》之后播出,以时政新闻为主。要进一步拓宽、深挖这一核心时段,形成以时事、综合消息类加主题类报道的时事、主题新闻时段,产生高权威性、高关注度、高影响力的时段效果。其中的新闻主题类报道主要承担重大主题、重要问题和重大突发事件的进展、背景、分析等深度报道的任务,这是城市电视台主新闻的传统优势,需要用"事件体现主题"的思路进行提升和创新。

3. 重构晚间新闻时段

晚间新闻时段是对当日新闻的总结,因此要按照当天新闻总汇加言论、访谈和评论重构该时段的新闻节目。没有观点式的时事访谈节目,就没有一个频道乃至一个台的新闻品质,就永远只能被动地报道而难以主动地引领舆论。这个时段以高学历、高收入的人群为收视对象，要形成当日要闻+最新发生+动态报道+背景+发展现状与趋势+演播室访谈分析、评论的时段框架。在风格设计上，要体现"睡前安慰"，尽量营造温馨的传播环境和氛围。

4.重构早间时段

早间时段节目是对新一天生活的提示服务。因此，要按照"全"的要求建构早间时段新闻节目，形成最新发生+前日要闻+服务资讯+读报+交通、天气、购物、健康、文化、娱乐等生活资讯，强化整体上的服务、生活、时尚风格。在这里，早间节目不等同于早间新闻，而是包含新闻资讯在内的早间综合电视节目。

5.重构午间新闻时段

午间时段承上启下，关联早、晚时段，是新闻事件发生的"中点"，要形成要闻+最新发生+国内外媒体新闻总汇的媒体拼盘时段，以最新报道、资讯服务为主，扩充频道信息量，优化频道新闻栏目的布局和节奏，满足观众的午间休闲新闻诉求。

（二）一个"加强"

一个"加强"，即适当加强整点报道，主要是新闻快报，形成"新闻胶囊"效应。频道各新闻时段起到承上启下、勾连递进的作用，并为重大突发事件随时插播新闻奠定时段基础。

（三）三个"关系"

1.老和新的关系

首先是老时段和新节目的关系。在传统黄金时间 18:00—22:00 中布局新节目时，应当考虑到传统收视群的收视习惯、心理和需求，考虑到这一时段凝聚的广告投放的惯性诉求，在持续原有的收视要素、品牌要素的基础上，针对老时段存在的问题，寻求扬长补短的节目创新和经营创收策略，而绝不可全部推倒重来。

其次是老品牌与新节目的关系。理论上保留老品牌的名称、主要定位，进行内容再造比较理想，但实践中也不乏品牌整合的成功实例。应当十分明确的是，在观众中已有较大影响的老品牌，是电视台的宝贵资产，而不是包袱；是创新的新起点，而不是创新的绊脚石。可持续地创新式做强老品牌仍是保持第一套节目高收视、高创收、高影响力的可取之道。老品牌的另一部分是收视率不高，但仍有发展空间的早、午以及整点等时段。针对这些时段，一些比较成功的经验是启动期项目化操作，投入较大的力量，使之一鸣惊人，然后平稳发展，同时，通过新闻理念的创新和新闻平台的有效支撑、编辑的创新操作，逐步实现整体攀升，培育成为新的品牌节目。如果没有充分的条件和能力采制早、午和整点新闻节目，则不可以仓促上马，可以先集中力量做好黄金时间的新闻节目。同时，创造条件研发其他时段的新闻节目。

2.第一套节目和其他频道新闻节目的关系

从力量、资源等多方考虑，城市台理应只有一个以新闻为主打的频道，但一些电视台已形成多个频道有新闻或新闻类节目的格局，特别是民生新闻的非第一套节目的成功操作。

这里可以有两个选择：第一个选择是，第一套节目和其他频道分别播出新闻，第一套节目按上述设想布局，其他频道创新思路，开办民生类特色新闻，形成牵动性和标志性的民生风格新闻，这不仅会大大提升其他频道的核心竞争力，开拓更多的黄金广告时段，而且会形成两个频道竞争性共赢的格局,这也是南京等地区非第一套节目办特色新闻、多频道竞争共赢的重要经验。第二个选择是,多频道整合,强化第一套节目。一般来说,有实力的电视台可以全台倾力办好新闻,则可取第一种选择,实现一个平台运作,两个频道参与,多种风格呈现,线索片源共享,传统优势保留,创新实现增长,也有利于全台整体收视和实力的提升。实力和资源相对弱的电视台则可以取第二种选择,将其他频道的新闻类栏目资源整合进第一套节目,重新布局。

3. 现实和长远的关系

无论哪一种选择,都有一个现实的战略重点和下一步的发展规划问题。一般来说,现实的战略重点应该是保持各传统品牌节目平衡发展,集中全台力量打造一档新的品牌。另一种是强力改革中的重新整合。这要视各台的具体情况而定,应该做深入的收视分析和市场分析,谋后而定。新闻节目长远的发展规划,则必须是在建构平台基础上,实现上述五个"重构"和一个"加强",并创造条件,逐步适当派生其他类新闻栏目。

三、突出新闻,需要"老"记者和"新"编辑

突出新闻,最关键、最基础的还在于每位记者的时时刻刻、兢兢业业的辛勤工作,需要每位编辑分分秒秒、细致入微的全心投入。城市电视台第一套节目的编辑、记者们都具有较强的政治意识、大局意识和责任意识,但也还存在采访不深入、表达不贴近、报道少事实、事实缺细节等问题。突出新闻,实际上是比拼新闻人的本质和能力、思想和意识、信心和水平、理想和实务,需要理念创新,激情勃发,深入体察,更需要"老"记者和"新"编辑。

(一)突出新闻,需要"老"记者

"老"记者主要是指发扬老一代新闻工作者的敬业精神和执着追求。具体要求"老"记者要做到"四到"。

1. "走到"

它是指记者要发扬"脚板底下出新闻"的精神,深入实际,深入现场,深入生活,深入群众,与火热丰富的实践打成一片,而不是做"汽车记者""电话记者""文件记者""会议记者""网络记者"。也只有走到,才可能掌握真实、生动、鲜活的第一手素材和新闻。

2. "看到"

它强调记者要具有敏锐的观察力和独到的发现力,能够在丰富的实践和多彩的生活中发现什么是新闻,什么是独特的视角,什么是生动的细节,什么是事实的情节,什么是发展的趋势。而不是只保留在表面,停留在会场,停留在领导讲话,停留在其他媒体的报道上。

3. "想到"

它强调记者的思维能力和知识厚度。对于一个事件,不仅要明了五个"W",而且要想到前因后果、背景趋势、宏观政策、微观动因、意义关联,这要求记者具有归纳分析能力、发散思维能力、宏观把握能力等。是否具有分析能力是好记者和庸记者的主要区别。

4. "做到"

它强调记者要有很强的电视表达能力。当今电视竞争已经由发现竞争上升为处理竞争和表现竞争,这要求记者首先要具有极强的新闻采访和现场采访能力,把实际发生的事件转化为新闻事实和新闻稿件。其次要具有很强的电视手段运用能力:善拍摄、善捕捉,能拍摄到表现

事件本质的镜头,拍到细节、情节、标志;善剪辑,能够剪辑出符合新闻事实和电视语法的流畅生动的新闻片;善于运用电视手段,综合运用用光、景别、角度、效果声等摄像剪辑的丰富手段,表现、突出新闻主题。应当看到,记者的装备和使用装备的能力也是媒体竞争的重要内容,美国哥伦比亚大学新媒体中心主任列出了新媒体记者需带到现场的13种工具与装备。

"走到""看到""想到"是前提,"做到"是结果,要做到"四到",既需要基本功扎实,又需要创新力蓬勃,更需要执着的新闻职业精神作为思想内驱力来提升记者的职业境界。

(二)突出新闻,需要"新"编辑

需要"新"编辑,强调突出新闻对电视编辑的观念和体制提出了新的要求,强调编辑在电视新闻生产中的核心作用,强调编辑中心制对编辑素质、能力、作用的新要求。具体地说,就是在个体能力上要求实现"五度"编辑。

1. 视野的高度

编辑要把开放的线索和记者的采访作为节目生产的原料,用国内外、宏观事态、大政方针等全新的视野进行再处理、再加工,绝不能只是被动地等待记者提供,更不能只做简单的排列,也绝不能只做单一的来料加工。

2. 策划的鲜度

它强调通过策划,突出新闻的事件性、生动性、鲜活性。在重大的主题策划中,要寓主题于事实之中,化宣传为新闻,化主题为事实,化事实为现场,做到用鲜活的事实说话,而不是用概念讲理。在日常策划中,要集事实而现卓识,通过对新闻视角的处理、背景的运用、编排的组合、追踪的联动、题材的运用、言论的阐发,体现独家发掘、编辑思想和城市远见。

3. 处理的速度

它强调时效性原则,力求最新的新闻最快播。编辑要能够敏锐地辨别发稿的轻重缓急,按事件的重要性、关注度、影响性、技术支持、后续处理等多种因素控制播发的节奏。

4. 分析的深度

它强调编辑能够在大量稿件中提炼出具有最大价值和重大意义的新闻及其主题,并实现深度处理,综合运用现场直播、系列报道、专题报道、连线报道、言论、访谈、人物等多种体裁和角度做深做透,以实现媒体的影响力和引导力。如果编辑不能把握重点,提炼要义,则根本不可能实现频道新闻产品链的功能设置。

5. 调度的适度

编辑中心制把编辑推上了新闻资源调度的一线,必须赋予编辑权责一致的调度权,主要是根据当时、当日的报道重点,调度采访力量、国内外新闻线索、社会各种评论等资源以实现编辑的初衷。在新闻资源丰富的条件下,编辑与采访一线可以分责,通过机制来保证编辑的调度;在新闻资源有限的条件下,编辑组与采访组合一的体制会更有效地保证采编统调。

强化新闻,不仅需要"四到"记者和"五度"编辑,还需要品牌型的主持人、播音员,需要从前期、后期到包装的有力的全线技术支持。只有将这些要素通过科学的机制组织起来,再加上新闻人的激情和心血浇铸,才能生产出具有影响力、震撼力的新闻节目,而这正是所有新闻人孜孜以求的目标。

第七章

规制改革：

卫视的危机与突围

从 2011 年起,国家广播电视总局多次就加强电视上星频道节目管理提出新的要求,强调34 个电视上星综合频道要提高新闻类节目播出量,同时对部分类型的节目播出实施调控,以防止过度娱乐化和低俗化倾向,满足广大观众多样化、多层次、高品位的收视需求。这些管理意见的出台明确了卫视发展的方向和重点,也再次引发了人们对卫视中存在问题的深层思考。

第一节　问题：
卫视热的背后

实际上,从"选秀热"到"相亲热",中国的省级卫视节目在精彩纷呈的同时,也可谓"乱象杂生",特别是 2010 年前后部分娱乐、相亲节目中出现的严重违背社会主义核心价值观的现象,值得深思。这要求我们从更深层次上思考卫视的问题、问题产生的原因及其对策。

一、问题的主要表现

首先,要充分肯定近年来卫视的快速发展,包括节目创新能力、制作能力与水平的大提高,节目影响力、传播力的大拓展,频道创收能力的大进步等,特别是在实践中唯收视率、创收率的频道、节目考核体系的引导下,这样的成就还会有增无减。但是,在成就的背后,说卫视出现问题,甚至是危机,绝不是耸人听闻,这是卫视恶性竞争的结果。择其要者,罗列如下。

1. 导向偏差不断

从"超女"到"快男",从"选秀"到"相亲",从"跳舞"到"跳水",可谓导向警报不断。众所周知,导向是媒体的生命,导向本身包括政治导向、生活导向、价值导向、审美导向等人生的各个方面。部分卫视在确保政治导向正确的同时,却并没有像重视政治导向那样重视其他方面的导向,相反,时有借口创新之名,打各种擦边球,在节目设计、创意、拍摄、推广的各个环节,用不太正当、不太文明、不太"阳光"的手段和方式来打嘴仗、晒花边、抓眼球,刺激收视率。表面上,节目收视飘红,但客观上引发了"一唱成名""一跳成名""一露成名"等并不健康的社会风气。我们并不过度苛求电视节目的质量,也不用高估电视节目在社会风气演变中的影响,但越是影响力大的频道和节目,越要关注其社会责任。

2. 低俗倾向愈烈

从参与者到点评嘉宾,以出格、出位为乐。部分选秀节目,形同选美;部分征婚节目,实则拼钱。参与者在不同节目中,以出格、出位为乐,以不惜代价出名为目的,屡屡可见。个别嘉宾,身陷丑闻,话题缠绕,出语惊心。这样的嘉宾能把节目点评到何处? 其实,参与者也好,嘉宾也好,大都是为钱而战,节目趋向低俗也就不奇怪了。当然,所谓低俗,也会因人而异,问题是,这样的表述、画面是否适合在卫视上播出。

3. 电视剧"戏、越、神、雷",恶战肉搏

电视剧中"戏说""言情""审丑""穿越"充斥,同时,拍摄和购买成本急剧上升。电视剧是卫视的"当家菜",占播出量和收视份额的绝对优势。但是,反观近些年的卫视电视剧,有的在"穿越",有的在"拼偶像",有的"第三者当道",有的"婆婆妈妈"。更有甚者,本是严肃题材的抗日剧却是神剧横行,手撕鬼子、弹弓灭敌,雷上更雷,不仅背离了历史真实,更谈不上艺术真实与艺术美感。在有些电视剧中,"小三"充斥着荧屏,家家户户婆媳不宁,而有的抗战剧游戏谈笑,十分让人担忧。同时,电视剧拍摄与采购成本飙升。制作单位小心翼翼,用联合投资、以购代投等方式规避风险;卫视平台战战兢兢,探索着独播、搭播、二轮、类型等播出方式,最后的结果不是电视剧质量的提高,而是上述的神雷不断。2013 年,国家广播电视总局提出,从 2014 年开始,由"一剧四星"变为"一剧两星",试图以此行政手段降低电视剧制作和采购成本,但也并未达到预期效果。

4. 排名大战你争我夺,成本高位运营,产业基础不牢

全国范围内的收视、收入等排名是市场经济中的正常现象,但是名目繁多的排名大战,让人目眩神迷。有全国卫视收视排名、全国 32 城市排名、全国 64 城市排名等,排名中的明规则、潜规则也时有所闻,一些排名并不能真实反映卫视的收视和实力。但是,为了进入全国前十名,一些卫视求大、求快,成本高位运营,财务压力突出,有心上星,无力上台,因为产业结构并没有得到根本改观,营收依然主要依靠广告。真正质量、效益比较好的还是中央电视台、江苏、上海、浙江、北京等少数几个优势明显、改革早、区域经济比较好的台。我们应当反思,这样的排名追求对卫视的发展是喜是忧,对于对象不同、定位不同的文化产品是否合情合理、科学有益?

5. 节目造假频繁,故事情节、嘉宾身份令人疑惑重生

造假比低俗更可怕。如果说低俗涉及文化认同与文化解读,还有争论与探讨的余地的话,那么造假已经突破底线、涉嫌犯罪了。在相亲、求职、选秀、法治等真人秀节目和不少专题节目中,人物身份、事件过程、细节都有不少地方让人怀疑。不少节目栏目也确实曝出了造假丑闻。这是片面追求收视率的极端案例,虽然不多,但影响很大,卫视作为主流媒体的公信力受到

影响。

6.广告违规频发,虚假违规医疗广告和广告专题屡禁不止

这一点,在 2013 年以前,只要打开电视,就会有所发现,特别是在非黄金时间,虚假违规医疗广告和广告专题叫卖不断。观众明白,为了钱,卫视也不得不低下高贵的头。但是,虚假违规医疗广告和广告专题关涉人民健康,不仅为良心所不容,也是法律所禁止,很多人在问,一个缺乏良知的媒体会是一个好的媒体吗? 难道非得靠国家行政主管部门的禁令才能制止这种本不该发生的现象吗? 卫视自身一定要金钱至上吗? 卫视的公益本质去哪儿了?

二、问题背后是危机

上述现象足以引发一个负责任媒体的重大危机。不幸的是,近年来,在不同阶段,这些现象或多或少地体现在省级卫视中,这已经足以构成卫视危机。卫视危机具体包括以下几个方面。

1.导向危机

应当肯定,卫视在新闻类节目中没有出现共性的导向闪失。但是在全国大热的娱乐类节目中,关于道德导向、生活导向、价值导向等具体的非新闻导向中,已经出现了令全国观众惊诧不已的导向危机。在这种情况下,媒体的价值引导功能会出现鲜明的负导和误导。

2.信任危机

本应是党、政府和人民喉舌的电视媒体,由省级广播电视行政管理机构设立,以省的名义标示其名,具有天然的权威性和信任感,却公然造假、拜金、炫富、献丑,在黄金时间,以华丽的方式展示人性丑陋的一面。低俗的娱乐节目继虚假医疗广告之后又一次撕开了公众对电视信任的口子,裂口易,愈合难。

3.目标危机

在导向危机和信任危机的双重侵蚀中,卫视作为媒体的传播目标日益模糊,尽管各大卫视都在排名、创收等方面有着巨大追求和强烈冲动,但在作为媒体的传播本位、责任本位、传播价值等核心问题上与媒体的本质和卫视的初衷渐行渐远。目标危机背后的深层次原因是,党、国家和人民到底需要什么样的卫视? 是不择手段地排名靠前、收入日丰的所谓媒体集团,还是坚守传播本位、恪守传播良心与伦理的喉舌、公器? 我们当然需要社会与经济效益两者兼得,但现实中却是以低俗博名利的火热场面。以如此手段与竞争方式获得排名与利润,形成的所谓大台、强台,显然不可能是党和人民之福,或许是党和人民之祸。

三、多重禁令难以根治问题

近年来,国家广播电视总局连发多道禁令,对群众参与的选拔、整容、变性等节目、涉性广告和电视购物等进行了包括内容、嘉宾、话题和播出时间等规制,仅自 2007 年至今,在国家广播电视总局的官网上,就有 20 多则有关宣传管理的通知或通报,如《国家广电总局全国通报重庆电视台〈第一次心动〉严重违规行为》《国家广电总局禁止播出群众参与的整容、变性节目》《国家广电总局进一步加强群众参与的选拔类广播电视活动和节目的管理》等,主要内容包括以下几个方面。

1.规范媒体新闻采访行为

2012年，国家广播电视总局下发了《国家广电总局关于开展"打击新闻敲诈、治理有偿新闻"专项行动的通知》，专项行动的基本任务是：严厉打击假冒新闻机构和采编人员开展"新闻采访"活动及利用"新闻采访"活动敲诈勒索的行为；治理新闻采编人员利用采访活动谋取利益，或接受采访对象、单位、利益相关方和公关公司"红包"等不良现象；治理新闻机构及其工作人员以新闻报道的形式发布广告，搞有偿新闻、有偿不闻的行为，规范新闻采访活动秩序，整顿新闻工作中存在的不正之风。通知的主要内容是：广播电视新闻类节目的采访、编辑、播出等任何环节，广播电视机构及其工作人员不得以任何方式向节目涉及的任何方面、个人收取任何费用。广播电视新闻类节目工作人员不得从事或参与营利性活动，不得在企业或其他营利性组织中兼职取酬。新闻报道与广告必须严格区别，新闻报道不得收取任何费用，不得以新闻报道的形式为企业或产品做广告。新闻报道与赞助必须严格区分，不得利用采访和新闻报道拉赞助。舆论监督采编人员除正常采访活动外，应尽量避免单独同利益相关方接触，更不得以任何方式与任何方面进行幕后交易或谈判。各级广播电台、电视台的创收活动，由广告部门和经营部门统一经营管理，编辑、记者不得从事广告业务，从中牟利等。

2.反对奢侈之风，要求安全节俭办节目

2013年，国家广播电视总局发出《国家广电总局要求节俭安全办节目》的通知，要求各级电台、电视台认真贯彻落实中央关于改进工作作风、密切联系群众"八项规定"和"厉行勤俭节约、反对铺张浪费"的要求，节俭安全办好节日广播电视节目。具体要求：包括春节晚会在内的节日广播电视节目要坚持以人民为中心的创作导向，在思想性、艺术性、观赏性的统一上下功夫，不要讲排场、比阔气、拼明星；要提倡节俭、简约、朴素、大方的艺术风格和舞台效果，不要一味追求舞美灯光的眩目、服饰道具的奢华；要削减不必要的项目，压缩不必要的开支，把节约的资金用于提高节目水平、资助公益事业，为形成勤俭节约的良好风气发挥引领示范作用。

3.加强群众参与选拔类节目的管理

2007年，国家广播电视总局发出《国家广电总局进一步加强群众参与的选拔类广播电视活动和节目的管理》《国家广电总局禁止播出群众参与的整容、变性节目》等通知，指出，当前仍有一些群众参与的选拔类活动和节目在环节设计、评委选择、选手表现、表演内容等方面存在低俗问题，背离了积极、健康、向上的基本定位，损害了广播电视媒体的形象，观众反应强烈。国家广播电视总局主要的要求如下：

（1）建立审批制度。各省级、副省级电视台上星频道举办、播出群众参与的选拔类活动须报省级广播影视行政部门审核后，提前三个月报国家广播电视总局批准；中央电视台、中央人民广播电台、中国国际广播电台、中国教育电视台举办、播出各种群众参与的选拔类活动，提前三个月报国家广播电视总局批准。各级电视台上星频道申请举办、播出群众参与的选拔类活动如在境外设立赛区，必须向国家广播电视总局单项报批。省级、副省级电视台地面频道举办本辖区范围内群众参与的选拔类活动须报省级广播影视行政部门批准。

（2）时长和频次规制。各省级、副省级电视台上星频道举办、播出群众参与的选拔类活动原则上每年不超过一项，每项活动播出时间不超过两个月，播出场次不超过10场，每场播出时间不超过90分钟。自2007年10月1日起，各省级、副省级电视台上星频道所有群众参与的选拔类活动不得在19:30—22:30时段播出。

（3）对节目内容设计的规制。群众参与的选拔类活动和节目，环节设计必须紧扣选拔内容，主持人的主持词、评委点评、选手感言、亲友抒怀、插播画面等内容要大量减少，总时长不得超过整个节目的20%。选拔本身内容必须占整个节目时长的80%以上。

（4）选手形象规制。选手的台风、语言、发型、服饰要符合大众审美观念。要对选手进行严格筛选，不得选用品德低劣、素质低下的选手。应当表现选手坚强、成熟、自立、自信、健康、向上等精神风貌。不得制造噱头、刻意煽情和渲染悲切情绪，不得在节目中传播或暗示选手的负面消息和流言。

（5）主持人规制。主持人要定位准确，增强社会责任意识，善于处理节目中的突发问题。主持人不得在节目中表达私人情感、好恶，不得刻意表现自己，主持词要简短，不得对选手、嘉宾、评委或其他表演者使用"哥、姐、弟、妹"等私人称谓。主持人之间不得相互挖苦、吹捧、调情。

（6）评委、嘉宾规制。评委、嘉宾要具备权威性和专业性，为业界公认。评委、嘉宾要具有良好的社会公德、个人品德和文化涵养。评委、嘉宾的点评要公正、专业、恰当、简短，要引导观众提高艺术鉴赏水平，不得谈论与选拔本身无关的内容，不得利用评委、嘉宾身份张扬自我，着装、发型等要得体。

（7）科学的评选标准和赛事规则。不得采用手机投票、电话投票、网络投票等任何场外投票方式。场内投票方式要公开、公平、公正，不得以各种方式误导、诱导观众投票。各种群众参与的选拔类活动一律不设奖金和奖品。

（8）处理规制。各播出机构对各级广播影视行政部门节目内容监管机构提出的问题，要高度重视、迅速整改。凡播出内容被国家广播电视总局节目内容监管机构第一次批评的，要立即整改；第二次批评的，国家广播电视总局将发出节目停播警告；第三次批评的，国家广播电视总局发出节目停播通知。对观众批评强烈、问题严重的节目，一经查实，国家广播电视总局即发出停播通知。对已被指出问题不立即整改的，国家广播电视总局在责令其立即停播的同时，取消该播出机构下一年度举办群众参与的选拔类活动的资格或视情节进行其他行政处罚。各级广播影视行政部门要切实抵制低俗之风，加强对群众参与的选拔类活动和节目的管理。要建立相应的节目监督、警告、停播制度，并将执行情况随时上报国家广播电视总局。凡问题性质严重的，要追究行政管理部门失察和不作为的责任。

4. 加强广播电视购物和广告管理

国家广播电视总局分别于2009年和2012年下发《国家广电总局关于加强电视购物短片广告和居家购物节目管理的通知》《国家广电总局关于进一步加强广播电视广告审查和监管工作的通知》等，指出广播电视机构仍存在播出宣传提高性功能的产品广告，或者电视购物短片广告采用主持人进行"叫卖"宣传等违规现象，在社会上引起了不良反响。为此，提出三个方面的具体要求：

（1）坚决禁止涉性广告。坚决抵制并自行清理宣传壮阳、提高性功能的医疗、药品、保健品和医疗器械等不良广告。

（2）加强电视购物短片广告的审查把关。一是不得使用主持人做宣传；二是不得以"叫卖式"的夸张配音、语调、动作等宣传商品；三是不得使用新闻报道、新闻采访等形式以及新闻素材、资料等宣传商品。

（3）重点监管广告播出时长、影视剧插播广告、挂角广告、游动字幕广告、医药广告、电视购物短片广告等群众关心的问题,发现违规时及时查处。

5. 加强行政处罚

2007 年,国家广播电视总局通报批评四川电台和成都电台,禁止全国所有播出机构制作播出低俗、下流和涉及性生活、性药功能内容的节目,全国通报重庆电视台《第一次心动》严重违规行为。2009 年,国家广播电视总局下发关于对贵州卫视未经批准违规播出选拔类节目的通报;2010 年,国家广播电视总局下发《关于停止播放"美国美艾可"等电视购物短片广告的通知》;2011 年,国家广播电视总局下发《关于停止播放"变通通便胶囊"等 44 条电视购物短片广告的通知》;2012 年,国家广播电视总局发出《关于停止播出"祛毒复肝组合"等 33 条资讯服务和电视购物短片广告的通知》,叫停"中国航母宝玺"等 6 条电视购物短片广告,停播江苏教育电视台《棒棒棒》节目,严禁有丑闻劣迹者的发声、出镜。这些处理起到相应作用,广播电视中违规的广告和节目明显减少。

上述管理措施取得了明显效果。但是,娱乐类节目和广告中,尤其是在地方台此类节目中"擦边球"仍时有发生。这些问题如何从根本上得到解决,仍需要我们认真研究和探讨。

第二节 根源：体制困境

国家广播电视总局的禁令不断,从侧面反映了卫视存在问题的严重性。人们不禁会产生疑问,作为党和政府的喉舌,卫视何以会产生这么多问题? 客观分析,市场经济使整个社会的单位和个人产生了强烈的逐利冲动,电视台也很难独善其身,但这并不是问题产生的真正原因,卫视危机的表面原因基本上可以归结为指导思想上的"两个至上"和实际操作中的"三个背离"。

一、两个至上

所谓两个"至上",主要是卫视指导思想上出现的偏离。

1. 收视率和收视份额至上

收视率是指一定时段内收看某一节目的人数(或家户数)占观众总人数(或总家户数)的百分比,即收视率=收看某一节目人数/观众总人数。收视份额是指某一规定时段内,某一特定频道或节目的观众收视量,占正在看电视的观众总收视量的百分比。这两大指标是判断电视节目市场众多指标中比较直观的重要指标,因而受到电视台和广告商的重视。但是,实际上,一段时间以来,各大卫视的对内考核大多以全国同时段收视排名为依据和标准,对外因收视综合排名的高低而炫耀或自卑。收视率和收视份额已经事实上成为主宰卫视发展的市场指标,收视率已经成为制约卫视发展的"魔咒"。人们日益发现,收视率和收视指标只能反映一定的市场占有率,不仅精确度不足,也不能反映节目的质量、观众满意度等,特别是在收视决定收入的市场大环境中,单纯地注重收视率往往可能导致节目制作的迎合化乃至低俗化。

2.广告收入至上

各大卫视无不以提高收入为终极目标。强制规定收入递增指标,这在市场经济中本来无可厚非,但是,当收视至上与收入至上捆绑在一起,在市场上大刀阔斧地左冲右突时,群众、观众必然作为受众成为电视台售卖给广告商的"原料",媒体本义中的责任至上已经成了利润的面纱。在实践中,也无形中形成了以广告收入论英雄的卫视竞争氛围,特别是,得益于经济高速发展的环境与刺激,从中央电视台,到湖南、上海、江苏、浙江等卫视,广告收入突飞猛进,更是激起了全国大小电视媒体的创收热情,收视—收入—个人收入的实际情况迫使各台都把创收置于工作的首位。这事实上颠覆了电视媒体要把社会责任放在第一位的公益实质。

二、三个背离

指导思想的偏离必然带来实践操作的背离。所谓三个"背离",主要指卫视在发展中背离了上星初衷,而且渐行渐远。

1.背离了省级电视台上星主要覆盖本区域的覆盖初衷

20世纪90年代,我国电视以无线覆盖为主。1992年,贵州电视台卫星节目、云南电视台卫星节目正式开播,标志着省级卫视起步。与无线覆盖相比,卫视的优势显而易见。在各个省级电视台都有不少本区域覆盖盲区的背景下,以覆盖本区域为目标的省级电视台上星陆续展开,省级卫视由此出现。同时,卫视覆盖的全国性、全球性也促使各省级电视台把卫视上星作为对外宣传本省的渠道和窗口,这形成了第二个背离。

2.背离了外宣本区域的上星传播初衷

追寻历史,我们会发现,从1992年省级电视台上星开始,率先上星的多是如贵州电视台、云南电视台、西藏电视台等民族地区电视台,上星的本意主要是解决覆盖问题,进而解决对外宣传本区域问题。然而,曾几何时,大约是从重视收视统计开始,许多电视台发现,各省级卫视在其他区域的收视情况并不乐观,这引发了人们对频道对象化的思考,属于第三个背离。

3.背离了以新闻和新闻性节目为主的频道传播定位,代之以泛娱乐化和纯娱乐节目的定位偏移

直到近年,国家广播电视总局发出的限娱令,还在强调卫视要以播出新闻为主,新闻节目播出量要达到频道总播出量的一定比例。在2011年国家广播电视总局下发的《关于进一步加强电视上星综合频道节目管理的意见》(以下简称《意见》)中,提出从2012年1月1日起,34个电视上星综合频道要提高新闻类节目的播出量,同时对部分类型节目的播出实施调控,以防止过度娱乐化和低俗化倾向,满足广大观众多样化、多层次、高品位的收视需求。《意见》重申,电视上星综合频道是以新闻宣传为主的综合频道,要扩大新闻、经济、文化、科教、少儿、纪录片等多种类型节目播出比例。《意见》提出,从2012年1月1日起,每个电视上星综合频道每日6:00—24:00新闻类节目不得少于2小时;18:00—23:30必须有两档以上自办新闻类节目,每档新闻节目时长不得少于30分钟;各电视上星综合频道还要开办一个弘扬中华民族传统美德和社会主义核心价值体系的思想道德建设栏目。2013年国家广播电视总局下发的《关于做好2014年电视上星综合频道节目编排和备案工作的通知》中,再次要求,优化节目结构,丰富节目类型,进一步扩大电视上星综合频道新闻、经济、文化、科技、生产服务、动画、少儿、纪

录片、对农等类型节目的播出比例，总播出时长按周计算不少于30%，道德建设类节目需安排在6:00—24:00播出，按周计算平均每天6:00—次日1:00至少播出30分钟的国产纪录片，平均每天8:00—21:30至少播出30分钟的国产动画或少儿节目，抵制过度娱乐，防止雷同、浪费等。但实际情况是，卫视的新闻和新闻类节目只能满足本省需要，而几乎所有卫视频道的定位都在面向全国。这里的原因固然复杂，但也不乏主观上对上述国家广播电视总局有关要求的主动或被动放弃。这属于第三个背离。

三个背离固然有种种电视内外的因素使然，但我们看到的是这些背离并没有使卫视在覆盖本省、服务全国上下足功夫，而是在定位化与对象化的标签下，产生了内容上的阶段性飘移。

三、体制困境

其实，"两个至上"与"三个背离"已然揭示了卫视危机背后的深层原因，这就是卫视体制的危机，也就是现有的卫视体制导致了"两个至上"与"三个背离"。

（一）现存卫视体制的客观特点

所谓现存的卫视体制，就是以省、市行政级别和区划为依托，由省级电视台开办，以扩大覆盖为目的，以收视排名为指标，以广告创收和综合收入为运营目的的省级卫视上星、运行、管理的综合体制。尽管在2011年《意见》中明确要求各广播电视播出机构要执行"三不"，即不得进行节目收视率排名，不得单纯以收视率搞末位淘汰制，不得单纯以收视率排名衡量播出机构和电视节目的优劣，但是，每天、每周、每季度各卫视和调查机构的数据都在提醒人们，收视重要、排名至上，多年来固化的卫视体制不可能一日被撼动。

（二）现存卫视体制难以破解的矛盾

这种现存的卫视体制具有难以在体制内破解的三大矛盾。

1. 以省级为名、被省级管理的卫视与传播竞争中的对象化频道之间的矛盾

在实践中，我们看到，一些卫视用快乐、幸福、旅游、财经等树立自己的传播定位，这在一个时期内也取得了很好的效果。但是，这只是全国竞争的策略。在本省，省级卫视依然是省委、省人民政府的主流媒体，在频道的新闻和专题节目中，依然按部就班，与所谓的频道定位关系不大。这种内在的矛盾和割裂使卫视既难以摆脱面向本区域的宣传本位，又要在全国竞争市场中频换"新衣"，取悦观众，使卫视的本省形象与全国形象难以重合。说到底，正如2011年国家广播电视总局公布的《意见》中所要求的那样，省级卫视仍然是以新闻为主的综合频道，是宣传与外宣根本主导的上星频道。

2. 趋义与趋利的矛盾

趋义，即电视媒体的喉舌性质和社会责任，这是由中国电视的本质决定的，是由媒体性质决定的，这也是卫视上星的初衷。但是，以扩大覆盖为目的，以收视排名为指标，以追逐利润为运营目的的现实，使卫视在趋利的道路上狂奔不止，乃至于越跑越疯狂，最后频繁冲撞"义"的底线。纵有国家广播电视总局三令五申，社会舆论纷纷扬扬，个别电视媒体依然不得不为创收服务，向低俗"致敬"。在正常的体制中，媒体的政治、社会和经济属性应当是有机统一的，而决不应当是趋利冲击趋义的。

3. 强与弱的矛盾

表面上看,各省皆上星,十分公平,但是由于中国区域经济、社会、文化发展的不平衡性,公平的各省级电视台皆上星的结果却显示了不同省级电视台的实力差异。经济、社会、文化发达地区的卫视天然呈强,经济、社会、文化不发达和欠发达地区的卫视天然呈弱,成为这些以省份为依托的卫视的天然宿命。经济学中,强者恒强、弱者更弱的马太效应在卫视版图中一再应验。在实践中,经济实力强的卫视年收入已过百亿,经济实力弱的卫视尚要靠财政支持,仅落地费用就足以压垮西部地区卫视。近年来,卫视之间的合作成为时尚,强弱联合打造新的专业频道的模式也在探索过程中。在现有体制内,这似乎是强台做大、弱台做活的必然选择,实质又回到了上述的第一个矛盾,依然难以破解。2010 年 2 月 8 日,宁夏电视台与上海广播电视台合办的宁夏电视台综合频道暨新版宁夏卫视正式开播,成为上星版的第一财经。2010 年 3 月,湖南卫视与青海台合作运营青海卫视,定位于绿色中国。这种淡化本省的痕迹,突出内容定位的做法仍在探索。在如何突出本省特色等问题上仍有争议,时断时续。

实际上,卫视危机也包含这种卫视天然不公平、不平等中的弱台危机,在 30 多个根本同质的卫视中,我们看到,大多数弱台实际上呈现着边缘化的特点和趋势。

第三节 对策: 体制变革

20 多年来,中国卫视的形势已经发生了深刻变化,这要求我们反思卫视体制,谋求体制变革和规制创新。

一、卫视形势与环境的彻底变化

有关卫视形势与环境的变化体现在多种方面,主要包括以下方面:

(1)在有线普及、三网合一、媒介融合的背景和潮流中,卫视作为一般的覆盖手段,已经不具有独特意义。卫视扩大覆盖范围与外宣本省的初衷已经不是卫视的优先责任。这要求我们从新的高度和角度思考卫视的发展。

(2)文化体制改革推进深化中的媒体发展与繁荣。就电视而言,高清电视、超高清电视、数字电视、网络电视、IP 电视、手机电视乃至网络视频风起云涌,其内容与形式不断丰富,其投资主体与设立主体逐渐开放,这也要求我们在新的环境与方位中思考卫视的发展与改革。

(3)卫视的市场主体地位日益鲜明,市场化程度不断提高,这是我们思考卫视改革的基本前提之一。

(4)卫视的分化与整合在悄然进行,传播本省(市)、重新定位、横向联合等都呈现了新的动态,有些动态具有探索性和超前性,值得认真研究与思考。

(5)传媒管理和经营环境积极变化,责任本位反复强调,市场权重不断加重,报刊退出机制稳步形成,对整个媒体行业的管理体制改革具有启示性。

(6)制播分离已经成为政策导向,正在稳步推动,这将从根本上激活现有的广播电视生产播出体系。

（7）媒体跨国传播与竞争日渐激烈，电视媒体的责任与压力并存，应当谋求新的突破。

二、卫视体制变革与规制创新的基本思维

现有的卫视体制既难以破解内在的三大矛盾，又无法畅快淋漓地顺应形势的变化。卫视体制变革必然要跳出现有的体制圈子，从新的角度提出新的对策，重点是实施以突出新闻、回归公益为核心的理念重建，逐步探索以转换卫视主体为重点的体制机制变革。

1. 从公益和市场两个视角重新理清卫视资源

把卫视资源由原来的区域所有重新明确为国家所有，并进一步根据宣传和产业需要对卫视的资源进行分类管理。属于公益性质的卫视资源，按公益资源管理，不以营利为目的；属于市场和产业资源的卫视资源，按产业资源管理。正如土地资源一样，按使用性质、价值和价格、管理方式均有不同。

2. 公益为本、依法管理的思维

卫视作为有影响力的文化资源，不可能完全市场化，因此，无论是公益资源还是市场资源，都应当遵循以公益为本的基本思维。同时，逐渐改变以行政手段为主的管理方式，积极稳妥地向依法管理推进，用法治的方式和思维调整卫视利益的方方面面，共同促进卫视社会职能与经济职能的良性发展。

三、卫视体制变革的具体操作

1. 重建卫视传播理念

改变现行的以收视率为导向、以创收为目标的卫视操作指导思想，重建以突出新闻、回归公益为核心的卫视发展理念。国家广播电视总局多次重申并强调，电视上星综合频道是以新闻宣传为主的综合频道，要扩大新闻、经济、文化、科教、少儿、纪录片等多种类型节目的播出比例。这些规定细化了新闻和公益理念，既是卫视定位功能的回归，也将推动卫视传播质量的升华，是中国电视公益本质的体现。同时，各卫视也要根据各开办区域的经济、政治、文化和社会特色，形成各具特色的类型化、风格化的上星节目，避免新的同质化。

2. 转换卫视主体

现有的省级卫视依然作为由省委、省人民政府管理，省级广播电视行政部门设立的以宣传本省（市）为主的主流频道，主要职责是为本区域服务，播出与本区域有关的节目，不以争夺区域外收视市场为目标，同时，逐步探索以新的主体设立新的综合性和对象化的卫视频道。所谓新的主体可以是现有的卫视，也可以是中央电视台及其他中央媒体设立的媒体公司，有条件的省级、市级电视台单独或联合成立的媒体公司，电视媒体内部或与其他国有资本联合成立的媒体公司。具体可以形成不以营利为目的的公益主体和以营利为目的的市场主体两大类新型主体。这种办法是在确保新闻和公益的前提下，围绕卫视的发展，来规范卫视的定位，规制卫视市场，突出卫视的公益性，从而形成适度有序的卫视竞争，极大地解放电视生产力，满足群众的不同收视需求，促进电视事业和产业的大发展、大繁荣。

3. 试行部分指标竞投

国家根据传播和宣传需要规划卫视的数量、定位、结构等，设立开办卫视新的主体的准入

条件和管理规定,有计划地面向市场进行指标竞投。符合条件的媒体和媒体公司可以新的主体身份参与竞投。例如,在新的卫视版图中,可以规定开设若干经济频道、娱乐频道、儿童频道、电影频道、戏曲频道、生活服务频道等。对新开办的对象化卫视既有内容规定,也有数量规定,对市场化程度高的以娱乐节目、电视剧等为主的频道提高准入门槛,对公益性特点突出的少儿、科教等类频道可以给予政策支持、资金投入,鼓励社会基金捐助等,确保其公益性质和传播品质。有条件的央级和省级、市级电视台可以同时单独或联合拥有几个卫视频道,没有条件的省级电视台可以全部或部分退出卫视市场,专心做好本区域传播。这样做既克服了娱乐节目和电视剧当家的千台一面的现状,又有利于防止恶性竞争,降低运营成本,也有利于逐渐形成具有全国、全球影响力的真正的专业化频道和节目公司。同时,可以按频道的类别支付不等的竞投押金或者中标保证金,逐步变现存的指标分配做法为多种指标获得办法。

4. 制播分离

实现了转换主体和指标竞投,就已经为制播分离开辟了新的通途,因为只有出现超越现有电视制播合一、自制自播体制的新的播出主体,如新媒体平台,才有可能实现真正的制播分离,吸纳电视体制内外的人才、资金、创意为电视的整体繁荣服务。

5. 依法管理

现有的条块分割的管理体制实际上制约了对卫视的严格依法管理,以至于虽然国家广播电视总局禁令不断,事实上却"愈禁愈堕落",根本原因就是现行的按行政区域的指标分配方式和本省市行政化管理的背景。在这种体制中,行业主管部门只能管理到栏目或者频道的调查关停,不能对电视下达"生死令"。除了通报批评、年审外,对违规的节目和卫视没有更多的实质性的处理措施。逐步实现主体转换,就为转变行政管理方式和加强严格依法管理提供了条件,可以借鉴报刊退出办法,对新的卫视违规施以批评、警告、罚金、年审核不通过、停止播出和取消竞投资格等有效措施,从根本上制止低俗、违规现象。同时,不断完善中国的传媒法律、法规和管理规制,推进广播电视领域中的依法行政。

实际上,卫视的改革发展从来没有停歇,卫视的危机是卫视初闯市场,而市场又处于新生不久之时,具有或多或少的必然性,只有深化改革,才能促进卫视的进一步发展。坚守卫视的公益本位,卫视的性质和方向就会旗帜鲜明;坚持卫视的改革探索,卫视的发展就有了源源活水。《国家广电总局关于加强电视上星综合频道节目管理》的进一步落实将会使卫视呈现出新的面貌。同时,把卫视放在文化改革的大战略、大视野和大机遇中,进一步解放思想、改革创新,使中国的广播电视改革在卫视的天空中呈现新的大繁荣与大发展,也为创新中国广播电视管理体制、规制与办法做出新的积极探索,这应当成为危机后的思考。

第八章

少儿频道：

培育少儿媒介素养新平台

自 2003 年以来，我国已有 30 多家电视台开办少儿频道，在满足少儿观众获取知识、娱乐观赏和互动参与等方面大体反映了少儿对电视媒体的需求，取得了一定的成果。而收视数据表明，近年来中央电视台少儿频道的收视率一直居于全台收视率之首，这不得不让电视工作者重视并反思，如何更好建设好少儿频道，为少年儿童提供更多、更好的优质电视视频节目，如何发挥好少儿频道的作用，保护少年儿童的健康成长。

第一节 现实与理由：
两大问题带来的两大后果

少儿在成长过程中，具有自然需求、社会需求和媒体需求。这三种需求具有不同的成长取向。从少儿的需求出发重新思考和定义我国的少儿频道，才能使之成为满足少儿自然需求、社会需求，特别是媒体需求的自然平台、社会舞台和主流媒体，使少儿频道在与少儿的成长互动中有效地培育青少年的媒介素养。这需要充分认识少儿频道在新的时代需求面前加快重构的必要性，对现有少儿频道进行一系列重构与转变。

在全国 30 多家电视台开办的少儿频道中，只有少数台能够全天播出少儿节目，更少的台播出相对较多的自制节目，大部分少儿频道还存在较多问题，许多方面值得反思和探索。

一、少儿频道存在的主要问题

少儿频道存在的突出问题表现为有效供给不足和成人意愿过度两大方面。

1. 有效供给不足

它主要表现在以下三个方面：

(1)内容供给不足。曾有调查显示,在每周首播的节目时长中,各电视台少儿频道自制节目不到12%,24.1%的被调查者认为当前少儿频道的节目不能满足自己的需要。

(2)内容领域不宽。

(3)节目形式单调。在上述调查中,14.4%的人认为节目形式雷同。

2. 成人意愿过度

一些国内外成功的幼教案例和理论证明,让少儿适度面对并学习思考成人社会的问题,不仅不会对少儿造成伤害,相反,会提升孩子解决问题的自信,增强生存能力。少儿节目成人意愿过度存在的主要问题包括两大方面。

(1)从节目设置、内容配置、主持人语态、语气和大量的报道内容中,都可以看出虽然刻意避免,但却无处不在的"成人化"倾向。

(2)最关键的问题,我们在节目中所体现的"成人化"的实质是强迫化和假、大、空,并以此强迫孩子们学习、模仿、接受。这样的成人化,即使在成人社会中也是不正常和不可接受的。

二、有效供给不足和成人意愿过度带来的两个结果

1. 现有的少儿频道难以满足少儿的主要和基本的媒体需求

少儿在成长的历程中,有着持续不断、日益增长的媒体需求。至少在少儿最需要观看电视节目时,电视能够满足少儿的需要。但现实并非如此。因而,少儿就要通过其他媒体和媒体方式满足自己的需求,导致了少儿的"早熟"和对电视媒体的"误解"。

2. 对现有的少儿频道和节目产生抵触甚至反感情绪

在对过度成人化电视节目的反抗中,少儿观众在包括网络在内的新媒体中寻找自己的世界和乐趣。

这两个结果都直接导致了少儿对媒体的误解、误读,主要表现为对电视媒体在表面顺从中的抵触。这对少儿媒介素养的完善而言是极其不利的。

三、少儿在成长和社会化过程中的三大需求

归纳和分析这些需求,结合少儿心理研究的一些成果,从媒体的角度,我们可以发现少儿在成长和社会化过程中的三大需求。

1. 自然需求

它是与生存及与生存直接相关的生理与心理的最基本需求。

2. 社会需求

它是指少儿在成长时与社会调适过程中呈现的生理和心理需求。

3. 媒体需求

它是指少儿在成长过程中与外界、社会接触、调适中对媒体的发现、感知、理解、要求、依赖与使用等生理和心理的表现与需求。

媒体需求表现着社会性需求,又以一定的自然需求为前提和基础,因此,少儿的媒体需求

是社会需求和自然需求在媒体中的反映,从这样的角度思考电视少儿频道,就对电视少儿频道的理念、功能、构架和作用提出了新的分析视角与实际要求。

第二节　步骤与目标：四项重构与五项转变

少儿频道作为少儿主流媒体,通过满足少儿需求,对少儿成长过程中的媒体观念和媒体使用方式产生影响,呈现出媒体主动的特点。在对少儿频道的全新理解的基础上,重构少儿频道,使少儿频道成为培养少儿媒介素养的成长性交融平台。具体地说,就是在理念、功能、主体和模式四个方面实现重构。

一、四项重构

国内大部分少儿频道的理念集中在引导和快乐方面,这比较集中地体现了少儿频道的开办思路,其可取之处是注重社会规范和少年儿童接受方式两个方面,问题是对满足少儿需求突出和强调得还不够充分。中央电视台少儿频道吸取了国内外针对少儿的主流价值观,确定了"尊重、支持、引导、快乐"的八字频道核心理念,实质是强调满足少年儿童的健康成长需要。

1. 理念重构

首先是强调满足,即满足少年儿童的自然需求、社会需求和媒体需求,强调发挥媒体作用,通过满足媒体需求,实现少儿对自然与社会需求的满足。

其次是强调服务,强调对少儿的引导是通过满足与服务的方式实现的,在满足与服务的基础上实现引导、成长等社会对少儿的正向要求。东森幼幼台的知名节目《幼幼点点名》在早、午、晚的时段安排,音乐韵律的设计和主持人水果形象的塑造上都首先从满足和服务少儿的生活需要、兴趣感知水平出发,达到了很好的幼教效果和传播影响。

2. 功能重构

根据对少儿频道的重新定义,少儿频道主要有三项功能,即满足少儿需求的自然平台、社会舞台和主流媒体。

(1)所谓自然平台,是指少儿频道具备满足少儿自然需求的功能,这决定了少儿频道的表达方式和节目内容。

(2)所谓社会舞台,是指少儿频道为满足少儿的发展完善和综合素养的提高提供展示、锻炼和发展的时间与空间。

(3)所谓主流媒体,意味着少儿频道最直接、最亲和地满足少儿的媒体要求,通过少儿频道获得综合需要的满足,在满足中实现素养的提高。

3. 主体重构

(1)少儿频道是满足少儿观众需要的媒体,少儿观众理应由过去的传播客体或者受众等角色,重构为少儿频道的主体。

(2)重构少儿为频道的主体,少儿也将成为少儿频道一切节目、思维、行为的原点。这就从传播的角度消除了少儿在传播过程中的被动性,使少儿频道成为表达、展示、满足少儿成长的舞台和渠道。

（3）在操作层面,少儿主体应当成为节目策划、表现、传播的主体。

由此出发,在主体的基础上,才会生发正常、积极和健康的媒介素养。

4.模式重构

少儿频道的前几个重构会影响我播你看、我主你客的传播模式。

（1）要突出以"参与"为核心的参与模式(或称"广场模式")。没有演员与观众之分,也没有演播室中表演席和观众席之分,成人和少儿都是平等参与者。这既体现了对少儿的尊重,又有利于少儿主体式的成长,更有利于对媒体功能、作用的认识,打破了传统媒体的神秘感。

（2）要让少儿节目成为少儿争相参与、欢乐表达的舞台。从少儿与媒体互动成长的角度看,更多、更好、更充分地参与将会实现少儿与媒体的双赢,最终促进人与媒体的和谐,成为社会和谐的媒体和舆论的标志。

二、实现五项转变

从理念、主体、功能和模式等角度对少儿频道进行重新思考和构建后,少儿频道日常媒体态度和媒体行为还要实现五个转变,以适应培育少儿综合素养的成长的需要,在媒体的转变和少儿成长转折的双向互动中培育少儿媒介素养。

1.实现从感知到参与的转变

少儿在社会化进程中,迅速地实现着参与感知的互动。少儿频道在日常节目和媒体行动中,必须从少儿成长的实际阶段的心理和生理发育程度出发,在节目设计、活动策划等环节充实、增加参与-感知类、感知-参与类的内容。

2.实现从观赏到评价的转变

这要求少儿频道不仅要成为少儿节目的播放平台,还要成为少儿对节目、生活和周围相关现象的评论平台。少儿频道要有少儿的声音、意见,在满足少儿表达和表现欲中培养和引导少儿成长。

3.实现从接受到选择的转变

当媒体不能满足或过度满足需求时,对象都将主动或被动地实现从接受到选择的转变。从少儿频道的角度实现从接受到选择的转变,需注意以下事项:

（1）要保证同年龄段的少儿有选择的自由和空间。

（2）要保证不同年龄段的孩子对选择的顺利过渡。

（3）要保证青春期的少年在少儿频道和其他非少儿类频道间的非冲突性选择。

4.实现从娱乐到思辨的转变

以寓教于乐为底色的少儿节目符合少儿的接受心理,但思维内容的注入则有助于增加节目的内涵,也符合少儿成长中认知、理解等的成长规律。中央电视台名牌少儿栏目《智慧树》就是让孩子们在游戏中领会科学知识,实现娱乐和思辨的结合与转化的一档栏目。

5.实现从模仿到创造的转变

少儿的成长不仅仅是模仿性成长,更是创造性成长。相关理论和实践也证明,少儿在成长中将迅速超越模仿阶段,进入创造性模仿阶段。因此,少儿节目的内容、表现形式、参与方式等都要有利于少儿创造性的培育和发挥。在创造性的引领下,对媒体的认知、理解和使用将不断发生变化,从这个意义上说,少儿媒介素养并不是我们今天对少儿的强加、希望和限定,而是少儿在与媒体的互动中的创造性养成,而这就不仅是少儿频道的职责,更是家庭、学校、社会、媒体建构的宏观媒体环境滋养的结果。

第三节　发挥电视优势：发展儿童家庭娱教产业

有调查表明,中央电视台少儿频道多年位居全台各频道收视率榜首,地方台的少儿电视频道也规律性地在17:00—18:00和20:00左右出现收视波峰,中央、省级、市级电视台的少儿节目和少儿频道一直受到孩子们欢迎和喜爱,电视仍然是黏性较强的幼儿、儿童和青少年伴随性媒体。同时,儿童作为家庭的核心成员,在一定阶段对家庭教育、家庭消费等起到了决定作用。从国外的经验看,电视的出现革命性地促进了以儿童为核心的家庭娱乐教育产业,形成了迪士尼集团等巨型媒体文化产业集团。当前我国的家庭娱乐教育产业方兴未艾,集中体现在培训、影视、游戏、乐园、亲子教育等领域,平台、规模、质量和市场等尚有巨大空间。发挥电视优势,加速发展儿童家庭娱教产业,无论对于儿童娱乐、教育以及社会化过程,还是对于发展文化产业,都具有重要意义。

发挥电视优势,发展儿童家庭娱教产业的基本思路和目标是,以提供优质儿童家庭电视视频节目、栏目、影视、动漫等产品为重点,搭建以电视视频为核心的多媒体平台,进而形成伴随儿童成长和家庭娱乐教育全过程和全领域,包括内容、活动、服务、产品、实体等在内的儿童家庭娱乐产业体系,建构有特色的儿童家庭娱教产业集团。

一、发挥电视的制作优势,以自制品牌节目服务儿童家庭观众

目前,我国共有以中央电视台少儿频道为龙头,包括数字频道在内,遍布各省级、市级的近百个少儿电视频道,数百个少儿栏目,每天制作的大量各类少儿节目、栏目,是儿童家庭娱教业的核心内容与产品。

电视制作的优势:一是有一批责任心强、综合素质高的儿童电视工作者,一批儿童电视节目主持人成为全国和地域儿童喜欢的品牌人物,他们的创造和创新是儿童电视事业发展的最强大力量和基础;二是与儿童联系密切,特别是大量日播、周播儿童栏目,经常性采访、反映儿童的成长生活,地气深、人气足;三是儿童参与性强,直接成为儿童学习、生活、成长的舞台。发挥好这些优势,以培养核心团队、标志人物和品牌栏目为核心,办好少儿频道、少儿栏目,既是电视的基本责任,也是推动儿童家庭娱教事业和产业发展的基础。

通过制作品牌节目,服务好儿童家庭观众,电视媒体可以与全国和区域家庭建立亲密联系,培养大量忠实观众,在传播、互动、共享中推动儿童家庭娱教产业链的发展。

二、发挥电视的传播优势，集优秀节目科学编播，建构儿童家庭娱教产业主渠道

电视的传播优势：一是终端深入家庭，是客厅的主角，在某些时段，儿童是电视的主人，具有内容的选择权；二是电视频道可以集成国内外、台内外优秀节目、产品，科学编播，与少儿观众和家长观众建立起多时段、多形式、多产品的收视、学习、服务等多种联系。

发挥电视的传播优势：一是要制作优秀节目。二是要集成优秀节目。在这里，要注意境内外节目的比例，重点突出国产优秀原创节目，国家广播电视总局对此有明确规定。三是节目的内容和形式要丰富多彩，因为儿童的世界本身就是丰富多彩的。四是要重点突出伴随性节目。研发既适合儿童，也适合家长收视，或者以儿童收视为主，儿童与父母有共同学习、娱乐体验的节目。五是依托新的电视技术，关注儿童家庭娱乐互动专区，提供海量点播视频节目。做到上述五点，也就会建构起儿童家庭娱教产业和事业的主渠道，使电视成为基本、优质、方便、可靠的儿童家庭娱教来源。

三、发挥电视的平台优势，实现电视品牌与平台互动，推动儿童家庭娱教全产业链拓展

以儿童家庭娱乐教育内容为核心的电视频道、节目，连接着内容产品的创意者、制作者，服务着众多广泛的家庭观众，影响着儿童家庭娱乐教育的相关产业，形成了独具优势的核心平台。平台的主要优势正是汇聚交融了制造、交换、消费、共享、互动等多种资源与产业要素，其中最为重要的是发挥、提升、创新电视品牌的版权价值，实现并促进品牌与平台的互动。

所谓电视品牌，一是指台层级的品牌，二是特指相关少儿频道、卡通频道和综合频道的品牌，三是指相关少儿家庭类的节目、栏目和动漫、影视剧等品牌。这些品牌因电视而成，也提升着电视平台的价值。通过电视平台与品牌的多种形式的互动，不断实现平台与品牌的双重提升。在这样的动态互动创新过程中，平台传播基础上的儿童培训、教育、舞台剧演出、多种品牌的多产业衍生与授权，乃至于相关的大小主题乐园、商业演出、影视剧等产业的系统创制都会具有较为坚实的基础和加快发展的可能。在实践中，正是由于平台作用发挥不够，儿童娱教产业才显得零散、孤立，才会发展缓慢。

四、发挥电视的受众优势，扩大覆盖面，培育、培养不断壮大的儿童家庭娱教市场

电视是第一传播媒体，对于学龄前后的儿童来说，在相当长的时间里，电视仍然是提供娱教产品的主屏幕。儿童又牵动父母和祖辈人群，因此，电视的受众优势是培育、培养儿童家庭娱教市场的主要端口、起点。

发挥电视受众优势的着力点：一是扩大覆盖人群，相对延伸儿童收视年龄。这一方面要求有优质的内容产品和品牌节目，另一方面它也是一个长期培育、培养的过程。迪士尼动画从20世纪50年代开始，陪伴一代又一代人从儿童到成年，汇集了最大年龄跨度的全球观众群。二是提供更多适合子女、父母两代或祖孙同看的优质节目，这既有利于儿童教育和成长，也有利于市场的培育。三是加快收视人群向消费人群的转化。儿童本身没有直接的消费能力，却

牵动着巨大的消费市场。其中的重点，一方面是增加儿童参与的节目、活动，另一方面是加强相关品牌植入儿童家庭生活的多个方面。

五、发挥电视的新技术融合优势，全媒体、多终端布局，全领域、新模式探索，形成与技术和时代同步的儿童家庭娱乐产业服务体系

今天的电视已经是"互联网+"的先锋领域，频道数量倍数增加，高清化改造不断升级，点播平台节目海量，互动传播模式创新，娱乐游戏体验参与，乃至于智能家居、智慧城市的全新推进，都使传统电视发生了质的变化。同时，电视的节目与模式正在以网络传播为基础，快速地与各种新媒体终端结合、融合，成为内容、版权等的提供商、服务商。电视与新媒体技术的融合，同时也是电视的强大品牌影响力与新的服务模式，新的多元终端、渠道的结合，必将产生强大的市场影响力，成为儿童家庭娱乐教育产业中最具竞争力的综合服务主体。试举例，电视自制与引进节目的全媒体推送，根据不同终端技术与服务优势，有针对性、侧重性的多终端布局，节目制作、游戏研发、动漫制作、影视制作、培训拓展、文艺演出等的全领域开拓，体验、互动、参与，乃至相关技术的开发、制作等新模式的探索，都会支撑、推进儿童家庭娱乐教育产业的快速发展，逐渐形成与时俱进的产业服务体系，真正形成优势明显，版块集成，技术支撑，产业多元，蓬勃向上的全国性、区域性和地方性的儿童家庭娱教产业集团。

发挥电视优势，发展儿童家庭娱教产业，在实践中，还要把握四大重点。

一是总体上把握一个核心。即儿童家庭娱教产业，既是文化产业的重要组成部分，又是社会主义精神文明建设的重要内容，要牢牢把握传播弘扬社会主义核心价值观这一灵魂与核心，所有的创意、产品、服务都要紧紧围绕弘扬主旋律，传播正能量这一基本遵循。用儿童家庭喜闻乐见的内容与形式，以小处入手、细节着眼的精工细作，以耳濡目染、春风化雨的长效营造，既使儿童家庭娱教产业健康发展，又使娱教产业能够成为培养健康向上的社会主义接班人的载体。

二是发展中处理好四大特性。第一个是儿童特性。儿童既具有天真烂漫的基本特性，又具有持续的生理、心理、社会诸方面的成长性，在社会化过程中经历着快速的变化，因此，其不同年龄段的需求也具有多元性、多样性，这要求相关产品服务的创意、研发、供给等要以儿童特性为基础，融保护、启迪、娱乐、教育等为一体，为儿童服务。第二个是家庭性。儿童无法脱离家庭，而且是家庭的核心成员。在家有儿童阶段，整个家庭的重要功能就是教育、培养儿童健康成长。同时，也不能忽视家庭其他成员的娱教、成长。特别是80后、90后乃至以后的家长，在新时期成长，对电视相关产品、品牌有着天然的熟悉与亲近，容易形成家庭共同接受的娱教内容、方式与模式。以美国为例，20世纪50年代开启的迪士尼娱乐模式不仅为每一代的儿童所喜爱，也被儿童时期即受其熏陶的家长们所喜爱。一家两代人共同观看相关节目、演出，参与相关娱乐项目成为习惯性娱乐方式。在这一方面，中国应是刚刚起步。同时，从社会学的角度观察，注重家庭整体性娱教活动有利于家庭的健康发展，有利于社会的稳定和谐。第三个是时代特点。人是时代的产物，儿童阶段尤其如此。只有把握、体现、突出时代特色，电视媒体才能为儿童家庭所接受，才可能引导时代特点的具体热点、走向。当今时代，意识形态交锋，国内外文化激荡，创新、创意迭出，技术产品迭代颠覆，新文化潮流混杂，新现象层出不穷，需要从业人员提炼把握时代特色的精髓，创造出时代特点突出，时代精神充分，同时具有培育、引领性的娱教产品与服务。第四个是电视性。儿童家庭娱教产业门类众多，这里强调的是发挥电视优

势,围绕电视优势,延伸电视优势的相关产业,而不是大而全,看起来很美,做起来很难,干起来零散杂乱的无关产业。

三是操作中要突出自身优势。全国各级电视机构,因地域、实力等各有千秋,也各有优势与劣势。要依托覆盖地域,发挥自身优势,从节目做起,从节目延伸,有计划、有规划、有战略地循序渐进,科学布局,由单项做优做强,向相关领域稳步渗透与延伸,有条件、有实力的台可以更宏观,更具有战略性地跨地域、跨领域布局。同时,要立足当前,长远思考,从长谋划,在坚持长期发展中获利、获益。上海、北京、湖南等电视台以动漫卫视为平台与牵引,都取得了长足发展。

四是实践中要谋求改革突破。在不少电视台中,儿童娱教相关资源零散布局在不同频道、部门、电视栏目、教育培训、表演演出等台属部门与公司,各自为政,小而散,多为阶段性、活动性的传统电视行为,既没有上升为产业形态,也没有从改革的角度思考问题、整合资源、创新机制、激发活力。在实践中,电视台要从台的层面,把发展电视儿童家庭娱教产业作为发展电视产业的有机组成部分,以做好电视节目为基础,整合全台乃至社会部分资源,有条件的可以组建公司,实行企业化运营,逐步发展壮大。

儿童阶段是人生的开始,儿童是国家的未来。发挥电视的优势与特点,办好少儿频道,做好少儿节目,发展健康向上的儿童家庭娱教产业,既是电视加快发展的需要,更是电视事业的历史责任,有条件的电视媒体应该找准发力点,瞄准突破点,以改革促发展,持续不断地给儿童家庭创造成长的快乐和收获的喜悦。

第九章

受众质变：

从受众习惯变化看主流媒体的发展方向

在传播学中，包括读者、听众、观众等在内的信息的接受者统称为受众。"早晨听广播，白天读报纸，晚上看电视"曾形象地描述了受众习惯，也揭示了受众习惯养成与不同媒体形态传播特点的密切关联，即媒体变迁培养并塑造了受众习惯，而受众习惯又主导着媒体生态的基本格局、创新重点与变革方向。因此，从受众习惯变化的视角探讨主流媒体的发展方向有着特别重要的意义。当然，此时的受众已经不是彼时的受众，社会进步与技术进步的双重互动已经消弭了传统意义上的受众，受众已经不时地被称为主体、用户、客户、消费者等，传统的传播者-受众结构已经在不同的语境中转换成为传播主体-接收主体、商户-客户、生产商-消费者等。当然，在传播的语境中，我们依然要强调受众的传播主体地位，因为这是所有媒体发展变化的主导力量。

第一节 受众主体化：
大众传播发展的必然结果

人是大众传播的起点，也是大众传播的终点。人的解放与技术进步推动下的大众传播媒体的发展，不断赋予人在大众传播中新的地位与内涵。但是，在大众传播发展过程中催生的诸多传统传播理论与模式中，却天然、宿命般地形成了传者与受众的"传播级差"，使受众成为大众传播理论-实践中的"弱势群体"。

事实果真如此吗？特别是在新媒体层出不穷的 21 世纪，中国改革开放进入了强调以人为本、民生为要的新境界，大众传播空前繁荣，媒体思维新意迭出。在传媒业全球互动的今天，在文化与文明的意义上,在理论与实践的推进中,我们是依然受制于20世纪形成的传统大众传播理论的"传播级差"的局限,还是反思历史,洞察现实,开启未来,使大众传播回归人的原点。这不仅会决定我们以何种心态和心情去面对纷繁的大众传播和后大众传播时代,更重要的是,将决定我们以何种态度和作为去参与并创造现实和未来的更加有利于"人的全面发展"的大众传播事业。

一、受众神话的产生及其原因

无论是在西方大众传播理论的发展史中,还是在中国改革开放以来持续丰富的大众传播实践中,受众作为传播学的基础性概念,日益得到传播理论与实践的更多关注,这表明了受众所概括的内容在大众传播中的重要意义。但是,电子媒体的高速发展,传播媒体中公众意识的普遍流行,不禁使人对"受众"产生了疑惑,在经济全球化、政治民主化和技术迭代化主导的不断创新的大众传播和媒介融合时代,究竟谁是受众?

1.受众:从被漠视到被重视

(1)受众曾经是一个被漠视的概念和群体。在以传播者为中心的现代大众传播开创时代,公众只能在有限的大众媒体及其传播的少量信息中被动地接受。一家人围坐在一起,安静地收听广播,或者收看电视节目,曾是一幅多么让人神往的图景。然而,从大众传播学的视角观察,这又是一幅多么无奈、多么被动的景象。因此,在这个时代,作为舆论主体的公众被限定为受众,默默承受着传播者的信息入侵和舆论操控。在传播理论上,这导致了对传播者的推崇、对传播媒体的迷信和对传播效果的过高估价。

(2)受众又是一个曾经被极端推崇的概念和群体。施拉姆的大众传播模式是传播模式发展史上从一般传播模式到大众传播模式的开端。奥斯古德-施拉姆模式赋予了受众在传播过程中与传播者的对等地位和相同功能。丹斯的螺旋形模式则强调了传播的动态性和人在传播过程中的积极主动性。受众研究日益成为西方传播学界的重点研究领域。效果研究、使用与满足研究、文学批评、文化研究、接受分析形成了一个又一个受众研究的不同理论。

在中国,自20世纪80年代以来,伴随着新闻改革和传媒改革的滚滚热浪,以受众为中心的理论与实践在质疑、争论与欢呼中逐渐被接受。事实上,在理论上还并不十分清醒的状态中,传播实践已经通过热线电话等形式把受众纳入了传播者阵营,受众在与传播者的对立统一中走向传播主体的位置。

受众确实是一个曾经存在过的概念和群体。就概念而言,它从传播者的角度概括了"传播级差"中的弱者,形象地标识了传播原点中主体的被动化,所以,受众的概念不是公众在大众传播中的自我意识,而是拥有传播工具的传播者的强制判定。就群体而言,大众传播出现时,大众传播工具的传播单向性加上社会体制的专断性和垄断性,客观地制造了受众群体。因此,无论作为概念还是群体,受众必然作为一个历史的、阶段性的概念而存在。

2.受众在"传播级差"中被动的主要原因

无论是在以往的传播理论还是传播实践中,受众由被漠视到被重视只是传播过程中地位的变迁,而不是质的变化。也就是说,受众的地位都是在"传播级差"中的位移,而并没有打破由传播者和受众构造的"传播级差"的宏观框架。受众的"概念"和"群体"之所以如此"顽固",自然有其存在的历史和现实背景。

（1）传播媒体的出现，及其在一定时期内的单一化特点，从技术上把大众传播同其他传播形式区别开来，从传播技术、传播心理和研究方法的角度制造出受众的概念。这是受众存在的第一个背景。

所谓单一化，其一是传播媒体形式的单一化，主要表现为图书、报纸、广播、电视的阶段性发展和共生状态；其二是传播过程的单一化，表现为传播者将信息单向传输及其对反馈的单向回收；其三是传播功能的单一化，主要表现为对政治功能和社会教育、动员、指导功能的强调。

（2）受众存在的第二个背景是，单一化的结果造成公众对传播者的依赖，进而导致公众的被动化。

所谓公众被动化，第一是公众接受信息的被动性。它包括被动地等待信息到达、变化，被动地受传播者的舆论操纵，形成了大众传媒的所谓权威性，由此又无限地加重了受众的被动性。第二是公众表达意见的被动性。这造成公众只能通过大众传媒才能正式表达意见，而这种意见又自然地被传播者"编辑"，这又导致公众表达意见不仅在形式上具有被动性，而且在内容上具有被动性，即符合传播者意图的见解表达才会进入传播媒体。第三是公众在舆论形成过程中的被动性。公众本来是舆论的主体，但是由于大众传媒的"干扰"，造成舆论在形成、传播、反馈等各个阶段中，议题的设置、形成、转换、分散、流向等各个环节和要素，都主观或客观地受控于大众传媒及其幕后，即受控于传播者的意图和行为。

透过公众的被动化，我们就会发现，纷繁复杂的公众意见和舆论在传播者的操纵下成为一种"集体无意识"。过分依赖传播者和传播媒体的公众表现为受众。传播媒体的单一化和公众的被动化使得传播者和公众都认同并维护受众的概念和地位。因此，在现有的大众传播模式中，无论如何提高受众的地位，受众依然是被动的。

然而，受众日益得到重视的理论和现实至少昭示着受众在量变中积蓄着力量，昭示着破除"传播级差"的一个新的传播时代正在到来。实际上，飞速发展的电子传播时代打破了传统的传播工具及其对信息的垄断性，赋予了公众在大众传播中新的权力和权利。电子传播时代的传播工具和传播技术的几何式迭代发展一再证明：在这个时代中，传播什么、怎样传播、传播效果、传播环境都越来越多地取决于公众的认识和"解读"。公众在传播过程中越来越多地表达自己、寻找自己，对于意义的追求超出了对于外在信息的期待，传播者和受众在传播过程中的自我认识和实际作用都发生了变化。受众概念原有的内涵和意义正在消失，它更多地隐藏在传播者的心中。在一部分人那里，这个概念支撑着"传者中心论"的传播思想，企图维护"传播级差"而依然保持着自己在传播中的垄断地位；在另一部分人那里，"受众中心论"开脱了传播者的责任，满足了自信的传播者的另一种虚荣心。从这些意义上说，受众已经成为传播者对往日荣光的梦想和对今日无奈的自我安慰。特别是在移动优先的新传播时代，社交传播已经成为社会-大众传播的超级图景，此刻，传统的大众传播时代的受众已经即时性地在传者-受者间闪烁变幻，稳定态的受众已经瓦解了。

对于新的传播时代而言，受众不过是一个"神话"，依然把这个"神话"当作现实会给大众传播理论和实践带来许多局限与困惑。

二、受众理论的局限与突破

受众概念建构了诸多传播模式，也不可避免地给每个传播模式带来局限。虽然传播学向受众的日益倾斜表明，传播对象在传播过程中的重要意义已经被研究者重视和肯定，但是，众多、混杂、分散、流动和隐匿的受众群体和概念的存在导致了传播学研究的诸多问题。其中主要表现在关于传播效果和接受的研究中。

1. 有关受众的主要传播理论

（1）"魔弹论"作为西方早期的一种传播理论，制造着媒体万能的神话，幻想着大众传播媒体具有子弹打靶般的效果，受众只能被动地接受传播者的"子弹"而应声倒下。但是，美国 20 世纪 40 年代的实践证明，应声倒下的并不是受众，而是过于自信的传播者。"魔弹论"破产的原因并不仅仅是传播效果的有限性，也是这种理论把受众极端被动化的结果。

（2）"有限效果论"注意到了以上问题，因此，极其慎重地谈论传播效果，并且发现，在一定条件下，大众传播的信息侧重于麻痹而不是激发普通的受众，造成他们对知识的一知半解和缺乏行动，大众媒体是最有效的"麻醉剂"。在这里，拉扎斯菲尔德和默顿虽然注意到了传播效果的条件性和有限性，但仍然从传播者的角度把受众置于被动地位。克拉珀夫妇在《大众传播的效力》一文中，修正了有限效果论，强调大众传播是参与双方的互动行为，承认传播媒体并不是对传播对象产生效果的一种必要和充分的因素，传播效果也决定于中介因素的影响。

经过修正的有限效果论发现了影响传播效果的众多因素，最重要的是发现了受众在对传播效果的影响中并不总处于被动地位。

（3）此后，创新扩散论、使用与满足论、议程确定论、文化规范论的研究继续剖析着传播者和受众，从双方的角度寻求真实的传播效果。在此基础上，沃纳·赛弗林和小詹姆斯·坦卡特在 20 世纪 70 年代提出了适度效果论，把关于传播效果的研究从大众传播对受众的影响引向受众对传播者的需求。

从大众传播学理论发展脉络中可以发现，关于传播效果的争论实际上是对受众状态及其与传播者关系的争论，传播效果理论发展的历史也是一个承认受众的过程。

2. 有关受众的主要传播理论的主要局限

由于对效果的关注而导致的对受众的关注，并没有把受众从被动的地位中解放出来，受众仍然在一定程度上受制于传播媒体，受众的主体意义并没有被承认。所以，建立在受众基础上的上述理论的局限就显而易见。主要表现包括，都是从传播者的立场审视受众，并由此假设了传播效果的有效性和受众的真实性，并没有真正确立受众与传播者在传播中的平等地位，因而忽视了这一群体在社会传播以及大众传播宏观过程中的主体地位和决定作用，结果使受众沉湎于传播者所设计的传播效果而难以自拔，在对传播者的迷恋中持续地失去自我，更使传播者在自恋中走向僵化，失去公众的信赖，进而在有关新闻精确度和新闻信誉度的苦恼和困惑中体验失落的滋味。

3. "接受"研究与后受众时代

由于对传播效果的重视，传播学者不断深入进行对"接受"的研究。英国大众传播学者费斯克认为，大众传播主要有两个学派，包括研究信息传播效果的"过程学派"与研究意义产生和交换的"符号学派"。"过程学派"侧重于研究传播者。"符号学派"则侧重于研究信息的"读者"。大众传播学的发展正经历着从"过程"向"意义"的转变。关于"接受"的研究也从传播者移向受众。"过程学派"重视传播的"意图"，强调信息传递效果的有效性和准确性，但是，由于摆脱不了"受众"概念的束缚和传播者的中心思想，"接受"只有机械性的假设意义。在"符号学派"那里，"接受"成为"解读者"对于意义的寻求，因此，该派不使用"受众"的名词。

这样，"接受"才突破了传播者的局限和困惑，有了全新的意义。至此，西方传播学理论走到了"后受众时代"。

但是，中国的传播学不仅没有摆脱"过程学派"的束缚，而且正在紧追该派。受众概念的引进与流行强化着传统的"政治为体、新闻为用"的研究模式。传播研究仍然局限在更好地为受众服务的圈子中，研究的原点和重点仍然是以传播者为中心，以及由此带来的思维模式和行为方式，受众的公众被动化实质十分明显，因此产生了诸多理论困惑，例如，指导与服务问题、舆论导向和正面宣传问题、受众中心与传者中心问题、教育和迎合问题等。这些理论上的困惑无不包含着对受众群体的猜疑。受众中心论贬低了传者的传统地位，认识到受众群体的重要性。但是，这种认识更多的是对绝对化的传者中心论的反思，并没有从社会学、传播学和哲学的意义上肯定这一群体的主体意义。当然，中国的传播学理论有其时代性和实践意义，但是，受众概念困扰下的争论阻碍了传播理论与实践的发展。因此，摒弃受众概念，发现公众的意义，在新的基础上建构有中国特色和时代特色的传播学理论是大众传播事业进一步发展的要求与必然。

三、主体的生成：传播理论与实践的双重超越

西方的传播理论一直关注着传播链条中的终端，无论如何称呼，这一群体在传播中的作用、功能与力量早已不是魔弹论所能概括和解释的，它影响、撬动，最后决定着传播过程、传播效果，甚至传播主体、传播环境。

（一）解读者与消费者：传播学中主体的生成

传播理论与实践的发展表明了"受众"群体"意义"的不断凸现。20世纪50年代，传播学的创始人美国学者威尔伯·施拉姆提出传播活动的"双向传播"理论，认为传播活动是一种互动现象，传、受两方是一种双向传递和相互作用关系。1967年，美国学者J. A.巴伦在《对报纸的参与权利》一文中提出了"社会参与论"。20世纪70年代后，"社会参与论"在日本得到了初步实践，并一度强调受者有权直接参加传播活动。"双向传播"理论从传播学的角度肯定受众的作用，"社会参与论"则主要从政治学的角度赋予受众以参与权。在符号学派那里，"受众"已经难以概括一个新的群体，因而被"解读者"所取代。"解读"是具有经验、态度和情感的解读者的一种积极的接收行为。可见，西方传播学在符号学派那里被扬弃后进而"走出了受众"。而在商业媒体成熟的西方，传播学中的受众、解读者、意义生成者等，在市场中完全被表述为消费者、用户等，在媒体公司和营销专家看来，迎合、满足才能服务好市场中的消费者，这又在商业上完全确立了"受众"的地位，一般来说，消费者是上帝。而面对新世纪、新媒体的快速发展，人们几乎忘记了受众，把他们统称为用户。

（二）参与者与决定者：实践中主体的崛起

中国的传播理论研究起步不久，在还来不及形成自己的流派时，就深受西方各种理论的影响。因此，中国传播学"走出受众"并不是理论发展的逻辑过程，而是大众传播在改革开放背景下，人、技术与市场三重解放带来的实践的发现。

1. 实践中主体的崛起

第一，肇始于20世纪90年代初的广播电视直播热，开启并真正持续地架起了大众传播意

义上传者与受众的平等沟通的桥梁,引发了广播电视从传播目的、传播过程到传播功能、传播意义的一系列变化。在这里,直播热实质上并不热在传者,而是热在"受者"。"受者"的自我认识和寻求意义,"传者"的自我认识与调整,以及传、受两者关系的变化是直播热的深层原因。因此,直播热绝不仅仅是表面的技术层面的进步及其结果。事实上,在20世纪50年代中国广播电视伊始,直播是一种技术上的常态,而经过数十年的发展,广播电视"重回"直播,并不仅仅是技术的回归。更重要的是,它是中国改革开放与全球化潮流中多重社会和时代背景下人的解放的直接结果,从这个意义上说,受众已经失去了原来的意义,成为一个新的意义群体。

第二,透过"直播热"现象,人们还同时发现了传播媒体的"纪实热"倾向。从报刊到广播电视,从《望长城》到《东方时空》,探索和表现生活真实的纪实已经得到了承认,纪录片正在成为电视传播时代文明和文化的记录。纪实不仅是一种方法和风格、一种表达方式,更是一种内容与这种内容的需要。用《生活空间》的话说,这种内容就是"讲述老百姓自己的故事"。在这里,电视内外的老百姓并不是传统意义上的受众,而是一个个在新的时代和背景中充满人本精神的活生生的人,是一个新的"意义群体"。这是电视对人的发现。

因此,"直播热"和"纪实热"昭示并宣告了这样一个事实,关于受众的概念已经过时,关于谁是中心的争论已经没有太多的意义。取代受众与传者的应该是传播过程的主体,我们可以称之为接收主体和传播主体。传播活动就是主体之间的关系。

第三,在21世纪,技术引领又彻底改变、改写了全世界的传播思维、传播工具、传播版图、传播环境,大众媒体与社交媒体的交织、交叉、交换、交流、交易,正在整合、融合、竞合,甚至替代。在读者、听众、观众的基础上,网民、粉丝、用户又不断显现。然而,无论如何,接收主体的主导力量日益壮大。

2. 主体崛起的时代背景

主体在传播过程中的出现,在中国有着深刻的背景。

第一,在以阶级斗争为纲的年代,传播媒体成为纯粹的政治工具,传播过程中的主体被异化成政治工具。改革开放以来,中国人的主体意识高涨,人的主体意义、主体精神得到承认与尊重,人的自我认识不断深化,人的主体作用不断强化,人的主体需求得以张扬与满足。从人的角度来说,改革开放的进程也是人的解放不断深化的过程,是人不断主体化的过程。总之,主体渗透在每个领域的改革与发展中。

第二,大众传播领域也不可避免地与人的主体化过程同向发展、互相影响。一方面,传播者不断恢复其传播主体的本质,千方百计地深化对自身的认识,强调自己,使自己从单纯的政治工具中逐渐摆脱出来,更多地关注所谓"受众",从更多更好、千方百计地为受众服务开始,塑造媒体与人的新的主体形象。另一方面,公众主体意识的高涨使公众用新的眼光对待大众传媒,传者的权威性、神秘性逐渐消失。公众的自我认识、自我发现、自我张扬、自我表达赋予了大众传媒以新的意义。无论是直播、纪实、谈话、娱乐、选秀,还是电话、短信、网络投票和点赞等,这些传播者的诱人创意与花样,如果没有公众对自我主体化认识的不断深化,没有公众的时代热情,不仅是做不到的,更是传播者想不到的。因此,在这样的时代背景下,传播过程中的传统受者与传者的概念已经难以概括新的时代内容与需求。虽然传播主体与接收主体的发展变化还在继续,但是它们在理论上的成熟与实践中的存在是毋庸置疑的。

3. 主体的出现对传播活动的启示

传播主体与接收主体的出现给传播活动带来一些主体意义上的新的启示：

第一，在主体的意义上，传播过程是传播主体与接收主体自我认识和相互认识的过程。

第二，传播效果是接收主体对其在传播主体中自我状态的认识程度。

第三，各种传播模式是对传播主体与接收主体不同关系的描述。

第四，大众传播时代在技术上进入了电子传播时代，在内涵上则进入了主体传播时代。

第五，传播主体和接收主体不断深化的相互认识与需求，意义的交流、寻找与张扬成为主体传播时代的主要特征。上述这些特点要求以主体为基础建构新的大众传播学理论。

当然，新的群体带来新的问题，新的时代有新的矛盾，关于传播主体和接收主体的本质、构成、机制、需求，关于新的传播过程，关于模式，关于受众质变带来的媒体危机，关于深化传媒改革等一系列问题都有待于进一步探索，更有待于实践的回答。

第二节　受众质变的数据影像

思想解放、市场经济与技术革命共同推动着改革开放以来中国主流媒体的一次又一次跨越式的变革与发展。特别是 20 世纪 90 年代以来，党报改版与都市报兴起，专业频率与广播热线电话直播，电视"东方时空"效应与民生新闻崛起，有线电视的数字化、高清化改造与频道频率的几何式增长等，不断标示着主流媒体在传播理念、传播方式、传播手段上的进步，以及由此带来的强势优质的传播效果。

在这一时期，判断受众习惯特点与变化的两大最基本指标持续快速增长：一是受众的媒体接触度，包括报纸的阅读率与发行量、广播的覆盖率与收听率、电视的收视率和占有率；二是媒体的广告增长率，它反映了市场对受众的大众媒体接触度、认同度和忠诚度的价值认可。

一、数字变局：主流媒体面临的挑战

1997 年，中国互联网的诞生成为中国媒体环境和受众习惯变化的分水岭。此后，以互联网及其持续快速的技术创新为基础的新媒体的层出不穷，上述两大指标均出现了波动、分流、减速甚至下降的现象与趋势。相关的各种数据喜忧参半，呈现出受众习惯由量变引发质变的端倪与现实。

1. 报纸方面：读者去哪儿了

2010 年，1851 年创立的美国《纽约时报》停发纸版。这是震动全球报业的重大事件，但又似乎波澜不惊，因为人们早有心理准备。早在 2004 年，"报纸消亡论"的提出者——美国北卡罗来纳大学教授菲利普·迈耶(Philip Meye)在《正在消失的报纸：如何拯救信息时代的报业》一书中，运用美国"全国民意研究中心"(NORC)的综合社会调查(GSS)数据，制作了两个"线性拟合"分析图，结论是，到 2015 年，读者对报纸的信心趋势线将触到零点，预言到 2043 年第一季度末，日报的读者也将归于零。近年来，美国报业的实践似乎印证着这种预言。

2012年也被称为中国报业最困难的一年,报纸读者大规模迁移到新媒体,全国大部分报纸的经营指标出现负增长,有的地区甚至下滑30%。报纸的发行量与广告量下滑已经不可逆转。

2.广播方面:收听碎片化意味什么

一方面,我国广播有效接触率达50%以上,人口结构无明显变化,城市听众达4亿多,农村听众达2亿多,中青年听众逐渐成为主体,移动听众不断壮大。

但另一方面,听众收听广播的频次呈下降趋势,而且一周内听众收听广播的时间相对不固定,听众收听时间呈现"碎片化"倾向。

3.电视方面:收视总量在下降

电视观众收视总量呈下降趋势。2009年以来,每日收看电视的人数逐年减少。同时,电视观众老化十分明显,平均年龄在45岁以上,多数观众年龄在50岁以上。

在电视业内,呈现出中央电视台和少数卫视强势发展的趋势,收视率、收入较好,而省级地面频道与市县收视份额呈现出持续萎缩、低迷不振的态势。同时,电视广告总投放呈现出持续下滑的趋势。

二、变局背后:网络颠覆一切

上述数据所显示的受众习惯的变化,原因何在,或者说,受众减少的阅读、收听、收视以及由此带来的媒体收入的减少和减速,到底减到了哪里,答案已经再明显不过。

1.网络改变传播格局

统计数据表明,2012年,互联网超越了报纸,2014年,互联网超越了电视,成为实实在在的第一大媒体。在CNNIC发布的第48次《中国互联网络发展状况统计报告》中,截至2021年6月,我国网民规模为10.11亿,互联网普及率达71.6%,庞大的网民构成了中国蓬勃发展的消费市场,也为数字经济发展打下了坚实的用户基础。

同时,互联网不仅融合了一切传播媒体,也融入了工业、医疗、日常生活等的方方面面。网络在改变传播格局的同时,也改变了传播与各个领域的关系,这又反过来,对传播格局产生了持续冲击。

2.网络颠覆传播模式

1997年以来,互联网对传统媒体发起了四波颠覆式冲击。

(1)第一波是渠道冲击,个人电脑普遍应用、门户网络兴起,传统媒体等失去渠道发布优势。

(2)第二波是内容冲击,社会化、社交化媒体出现,UGC(用户供应内容)普及,传统媒体失去内容优势。

(3)第三波是传播模式冲击,移动互联网大规模应用,传统媒体失去主导传播规律的优势。

(4)第四波是市场冲击,大数据背景下的精准营销将使传统媒体失去广告市场主体份额。而这些冲击的背后是互联网和移动互联网通过对受众习惯的颠覆,并以此实现对受众的精准分析,增强黏性。

3. 网络冲击宣传效果

网络冲击的基本结果是,据统计,在2013年前100大热点事件的传播中,由网络大V等首发或主导的占了近一半,传统平面媒体首发或主导的不足三成,七成多为新媒体首发。《2014年受众媒介接触习惯调查报告》进一步指出,当前的媒体大环境已经使媒体接触从分散走向聚合,移动社交成宠儿。可以说,在一定阶段和部分事件中,是网络舆论进行了议题设置,使新闻宣传产生了一定的被动性。新兴媒体的裂变式发展,改变了传统的舆论引导和传播格局与模式,舆论生态更加复杂,给新闻宣传工作带来全方位、深层次的影响。传统媒体被边缘化,主流媒体难以真正掌控主流舆论,主流舆论难以有效传播主流声音的问题已经出现。这是必须面对并需要认真解决的重大问题。

三、受众内涵：量变引发质变

表面上看,标示受众习惯变化的两大指标只是此消彼长,受众只是减少了对某些媒体的关注时长、黏度和价值投放,而增加了对另一些媒体的关注时长、黏度和价值投放,但经过深入考察会发现,在量变的背后,受众已经发生了质变。我们在新的时代和语境中再次提及的受众,已经不是昨天的受众了。

1. 在受众行为方式上,由被动转变为主动

受众在整个传播过程中的主体性重建,使受众成为传播过程中主动的决定性力量,表现在受众选择媒体、受众设置议题、受众决定舆论走向等,由此,所有媒体必须找到单向传播与直接灌输乃至传统互动以外的全新的与受众交流、沟通、互动、交互的模式、方式和方法。

2. 在受众选择方式上,由封闭转变为开放

由多版面、多频率、多频道的传统媒体主导的封闭式选择转为网络时代开放无界的链接式选择。选择行为也由一元变为多元,单点变为多维,期待变为发布。选择位置上也由固定场所转变为移动选择。

3. 在受众反馈模式上,由大众传播模式转变为人际传播模式

由传统的传播→反馈模式转变为多媒体、多平台的即时互动,互动形式由过去传播者主导的媒体调查、电话、留言等转变为新媒体时代公共平台上交互式、社交式的人际互动。

4. 在受众使用模式上,由公益转变为购买

受众使用媒体由公益供给转变为主动购买,因而,传播学中的受众转变为市场中的消费者,而在市场中,消费者是更加直接的决定性力量,生产商和供应商只是力图满足消费者的服务员。

5. 在受众接触方式上,由等待转变为选择

由对传统媒体的时段式接触转变为网络平台上对多种介质的全天候选择,而这正是快速增长的移动用户的基本行为习惯。在这里,传统媒体的所谓黄金时间被消解,点击量、兴趣点等新数据的统计分析替代了阅读率、视听率等传统指标,大数据将呈现出精细到个体的受众习惯,媒体也将按照个体受众习惯的变化,实现提供与推送。

6. 在受众参与方式上,由接收转变为发布

社交媒体的广泛使用,使人人都是报道者,人人都是"麦克风",人人都是摄像员,受众参

与传播再也不用在大众传播媒体的主导和封闭中与传播者进行刻板的"游戏"了,而是在新的互联网和移动互联网的多种社交平台上,随意发布着他们定义的新闻与信息,然后在自己的几何式圈子中传播、互动。此刻的受众到底是传播者还是接受者? 可以说,在理论上,他们想是什么就是什么。

实际上,受众习惯的质变并未结束,因为在全新的媒体环境中,网络媒体不断加速提供着新的可能、新的服务,让受众相对于媒体更主动、更自觉、更便利,乃至更多的制造、更大的权力,这既是媒体大发展的时代机遇,也是对主流媒体提出的真正的挑战。

第三节 坚守与求新: 塑造新型主流媒体

根据受众规模、影响程度、接触黏度等指标进行综合判断,到 2013 年,电视、互联网、广播、报纸依次排列,可以概括为,电视暂居第一,互联网后来居上,增长迅猛,广播类型制胜,报纸承压日重,分化严重。传统主流媒体的出路何在? 运用互联网思维,积极推进媒介融合,加快塑造新型主流媒体是基本的方向与出路。

一、阵地与引导:新型主流媒体的基本意识

受众习惯的质变、媒体格局的重塑,其根本原因在于以全新的通信技术为依托的互联网的迅猛发展。互联网不仅改变了媒体格局、内容生产、渠道分发与传播规律,更改变了全球的舆论环境和人类的社会环境,在这样的视角和高度上观察主流媒体的发展方向,我们会真切地感受并发现,改变甫一开始,就跌宕起伏、聚合发散。此时,我们或许并不十分清楚路径,却必须明确方向,因为性质决定方位,责任决定未来,理想昭示方向,媒体相对于人的工具实质理应让人时刻警惕自我异化,让媒体为人服务,让主流媒体为党、国家和人民利益服务,这相对于技术变革,更本质地规定了主流媒体和新型主流媒体的发展方向。

由此,在指导思想上,在网络时代,新型主流媒体的发展必须强化两个意识。

1. 强化阵地意识

包括电视、广播、报纸、主流网站在内的主流媒体是党、人民和政府的喉舌,是党领导的意识形态、社会舆论和思想领域的主阵地,必须宣传党的主张,服务人民群众,不断提高群众对媒体的满意度、信任度。同时,有阵地就有争夺,在国际国内舆论斗争此起彼伏的过程中,阵地必须充分发挥好巩固、出击、坚守、合围、拓展等作用,为党和政府的中心工作服务。

2. 强化引导意识

主流媒体宛如长江、黄河,是宏观舆论格局与态势的塑造者、引导者,而不是柳叶、飞花,随风摇摆。这种引导是把党和政府的路线、方针、政策与群众的意愿贴近、结合的结果,是"走、转、改"中的引导,而不是脱离群众的自说自话,或者群众反感的生拉硬拽。

强化两个意识提出的如何坚守并扩大阵地与如何入心、有效地引导,都需要我们通过深入研究受众习惯变化,加强新型主流媒体建设,加快新型主流媒体发展,实施有效传播来实现。

二、新型与主流：新型主流媒体的基本要求

新型主流媒体，新型是形式与手段，主流是核心与目标。2014年8月18日，《关于推动传统媒体和新兴媒体融合发展的指导意见》审议通过，习近平总书记强调，推动传统媒体和新兴媒体融合发展，要遵循新闻传播规律和新兴媒体发展规律，强化互联网思维，坚持传统媒体和新兴媒体优势互补、一体发展，坚持以先进技术为支撑、以内容建设为根本，推动传统媒体和新兴媒体在内容、渠道、平台、经营、管理等方面的深度融合，着力打造一批形态多样、手段先进、具有竞争力的新型主流媒体，建成几家拥有强大实力和传播力、公信力、影响力的新型媒体集团，形成立体多样、融合发展的现代传播体系。要一手抓融合，一手抓管理，确保融合发展沿着正确方向推进。在这样的总要求指引下，具体的传统主流媒体要向新型主流媒体迈进，就要突出重点，把握基点，保持主流，在内容、渠道、平台、经营、管理等方面与新媒体融合，而在具体的路径选择上要慎重考虑，认真研究，科学决策，充分考虑成本效益比，量力而行。

1. 主流媒体要强主业，立专业

广播、电视、报纸各具传播优势，各有受众伴随，预言某类媒体消亡，均属言之过早。同时，在技术层面，电视的形态可能改变，无论是看电视，还是用电视，但摄影会更加普及；纸质报纸可能消亡，报道却长盛不衰。无论媒体形态和手段如何变化，宣传和报道却只能日益加强。强主业、强专业，需要主流媒体坚定地把提高质量列为第一要务。

(1)提升主流宣传报道质量，成为最具权威、质量最好的广播、电视、报纸，乃至音频、视频和文字报道的发布者。

(2)提升表现形式的专业水准，使主流媒体成为最具专业性的媒体竞争者。

2. 主流媒体要坚持新闻立业、强化新闻

新闻不仅是媒体的核心功能、舆论阵地的主要焦点、舆论引导的核心资源，更是受众的基本需要，报纸、广播、电视和互联网无不以新闻而起，因新闻而兴。在网络横扫一切的竞争中，主流媒体也将因新闻而在，因新闻制胜。强化新闻、做好新闻仍然是主流媒体的核心要务，也是立业之本、发展之源，更是决定主流媒体发展方向的主线。

3. 主流媒体要强化品牌建设，实施品牌延伸战略

媒体、版面、频道、频率、栏目、评论员、主持人、记者、编辑都可能而且可以成为具有不同影响力和价值量的媒体品牌，而媒体品牌在一定程度上会超越具体媒体，成为舆论场中的意见领袖。主流意见领袖的放大、扩大和多媒体、多平台的延伸，将极大提高主流媒体的影响力和引导力。品牌延伸相对于自建平台来说，正如品牌连锁店相对于自营百货店，效果更明显，发展更快，风险更小，核心竞争力更优，应该成为主流媒体，特别是区域主流媒体的基本战略。

4. 主流媒体要精心实施新媒体融合战略

将新媒体的基因与"酵母"置入传统媒体，用新媒体的传播方式与模式再造传统媒体，使主流媒体升级转型为具有全新平台、专业内容、多重渠道、技术丰富、受众参与、市场广阔的全新媒体。这是一个慎重而积极的过程，不同的媒体都将主动或被动地从自己最熟悉的角度和领域切入，建构具有自身媒体特色的新平台、新渠道。在这方面，主流媒体的体制变革远快于内部技术整合，报业集团、广播电视总台等多角度助推，"云"报纸、报网一体、台网一体、高清互动、网络电视、社交媒体、客户终端等技术概念与形态日新月异，传统媒体与新媒体的边界日

益模糊,三网融合、媒介融合成为主导和方向。

尽管如此,中央在媒介融合发展的指导意见中要求,在具体的路径选择上要慎重考虑、认真研究、科学决策,充分考虑成本效益比,量力而行。因而,每个具体媒体都要脚踏实地,从细节开始,量力而行,精心制定并实施自身的新媒体战略,在技术共性中突出媒体个性,融合而不趋同,神融而非形并,逐步进行,渐次展开,在被动的重新定义中主动选择,成为网络时代的内容提供商、渠道控制商、品牌运营商和媒体投资商。2013 年,上海广播电视台确立了建设国际一流的文化传媒产业集团的目标,确定了国际化、证券化、开放化三大路径,在播、在线、在场和在商四大战略,清晰地规划了上海广播电视台的理想和未来。

三、方位与定位:塑造新型主流媒体的基本考量

在日新月异的媒体竞争和千变万化的受众质变中,把握好上述主业与专业、新闻与品牌,以及新媒体再造,也就基本勾勒出新型主流媒体发展方向的宏观线条,基本理清了新型主流媒体改革创新的主攻方向,基本保证了新型主流媒体的影响力和引导力,基本实现了新型主流媒体在塑造主导舆论格局中的骨干作用,也将更好地满足受众的全天候、全领域的需求与服务。

在具体实施过程中,还要充分考虑媒体所在的地区、实力、基础等,充分考虑媒体的方位与定位,既不能无所作为,更不能好高骛远,要处理好四个关系。

1. 现实与趋势的关系

既要把握跟踪趋势,同时立足现实,脚踏实地,避免技术、模式选择的方向性失误。

2. 实力与目标的关系

网络新媒体的发展具有无限可能性,远景和目标十分宏大,但对于具体媒体而言,必须量力而行,既要顺势而为,又要在缝隙中生长,在最佳方位上确定自身的阶段性目标,并精心实施。

3. 能力与任务的关系

区域性主流媒体,能力在区域,任务也在区域,最根本的是服务好区域内的受众,在此基础上,才可能在新媒体平台上谋求更大区域和更宽领域的传播力与影响力。

4. 新、老媒体形态的关系

既然广播、电视和报纸不会消亡,工作的重点就首先是做强主业与专业,强化新闻与品牌,也只有自身做强,才会凝聚最大数量与最优质量的受众,以最强、最佳的姿态去融合和再造,才能实现凤凰涅槃。同时,按照移动优先的趋势与要求,大力发展新技术支撑下的新媒体,要以新媒体的理念、基因和机制改造、创造主流媒体主导的新媒体平台、渠道和终端,避免简单移植、网络翻版与转载式的所谓新媒体,谨防"概念误区"和"转型陷阱"。2011 年,新闻集团满怀信心地高调宣布投资 3 000 万美元,推出媒介融合的 iPad 报纸《每日》(the Daily),认为会创造新的阅读视听和赢新模式,但不到两年,于 2012 年 12 月,亏损数百万美元之后宣布关闭,成为媒体"转型陷阱"的著名案例。

同时,所有的媒体人都应当十分慎重地思考所谓全媒体的概念和操作,在媒体史上,从来没有一家媒体集团和公司能够掌握媒体的所有技术形态,并在报道和节目质量上都做到最好。而当前的所谓全媒体,最基本的概念只是平台性的视频、音频和文字加上互动的发布与推送,这在技术上十分简单,也是媒介融合的基础性工作。在乱花渐欲迷人眼的新媒体概念、技术层

出不穷的当下，对媒体而言，最关键的还是要定位精准，专业专攻，在报道、节目质量品质和品牌等的建设与提升上下大功夫，以期保持优势，提升优势，创新优势。至少现在还难以想象，报纸能建设涵盖优质电视广播的全媒体，电视广播能建设涵盖报纸报道的全媒体。归根到底，以全媒体形式呈现是基础，专业品质是核心。媒体工作的重点显然是专业水准的报道和较高的节目质量。

在更宏观的社会和时代背景下，传播学中的受众正是无所不在的公众，传播意义中受众习惯的变迁只是公众思想和行为变化的一角，社会进步、技术革命和公众行为习惯的变化（经济行为习惯、政治行为习惯、文化行为习惯、消费行为习惯、风俗习惯等）将在更广阔、更深刻的背景下改变媒体，改变媒体的生存发展环境、功能作用与效果、形态模式及模型，改变所有媒体的发展方向。这里，当然有我们的未觉与已知、恍惚与觉醒，更有我们的责任与担当、理想与信念、应对与主导，如此，主流媒体一定会有更加辉煌的未来，在实现中国梦的宏伟事业中高歌猛进。

第十章

产业强台：

市场再造的战略起点

市场经济的繁荣与广播电视产业的喧嚣使每一个广播电视台都受到产业强台的诱惑。在三级办台、区域覆盖的广播电视宏观体制架构中，在资源有限、优势分化的广播电视历史沿革与继承中，在科技创新、媒介融合、遐想无限的产业机遇与突破中，中国的每一个广播电视台都有着相对的区域优势、专业优势与相对的传播劣势、资源短板。在产业共性和发展个性的起承转合中需要解决产业强台的模式、体制与战略问题。

第一节　模式论：
内容生产主导下的广播电视产业新架构

经历了广播电视具有政治属性与经济属性的争议与讨论，政策层面对于广播电视台这种广播电视组织形式的本质已经有了清晰的界定，即所谓的具有经营行为的事业单位。简言之，广播电视台是借助广播电视技术进行信息传播的一种组织形态。在国家公布的产业目录中，自 20 世纪 80 年代开始，广播电视业已经被列入第三产业之中。可以说，以传播为手段和目的的广播电视这种组织形式天然地具有产业功能和职能。在英美有关广播电视产业和组织形态的描述中，广播电视被称为"新闻产业""广播产业""电视工业"等。

一、广播电视传统产业模式走到尽头

改革开放以来，伴随着传播形态的创新与变革，广播电视产业也在突飞猛进地发展。一个最基本、最鲜明的标志就是广告收入的连年增长。但是，这种增长的拐点早已出现。

1. 传统广播电视产业模式的特点与优势

从产业视角分析，这形成了现有的广播电视台的产业模式，可以概括为，播出导向、广告支撑，以内容换时间、以时间换广告的"播出→内容→时间→广告"模式。

这种模式的优势显而易见，即资源集中于同一个播出平台，内容生产与广告经营密切关联，特别适合于一个封闭的传播区域。在竞争不足的区域，依托区域经济的快速增长和居民消费能力的大幅提高，广告收入在一定区间会有大幅度增长。

2. 传统广播电视产业模式的劣势

同样，这种模式的劣势也显而易见。

(1) 主业单一，广告业对宏观经济增长的依赖性强，利润容易波动，这增加了广播电视台经营与发展的风险。

(2) 播出导向下的内容生产除了使频道、频率的时间一次性增值外，难以形成商品、权利并进行多次售卖，投入产出的效益比偏低。

(3) 竞争日益激烈，特别是泛新媒体的介入，一方面增加了各种传播要素与资源，另一方面消除了这种模式存在的理想环境。

因此，"播出→内容→时间→广告"模式更多地呈现出广播电视台的经营特点而非产业本质，已经到了必须变革的悬崖边缘。

二、广播电视产业环境发生了双重变化

实际上，围绕广播电视产业发展的宏观与微观形势都发生了重大变化，需要我们从产业的视角重新认识与规划广播电视台的产业定位。

1. 宏观形势的变化

所谓宏观形势的变化，体现在以下几个方面：

(1) 从政策层面上，国家和各级人民政府陆续出台了一系列支持包括广播电视产业在内的文化产业发展政策，形成了更好的产业发展政策环境和机遇。

(2) 在法律层面上，关于保护广播电视版权和打击盗版的法律、法规不断完善，主要包括保护内容产品在内的广播影视相关产品的市场法治环境更趋于良性。

(3) 技术层面的变化更呈现出革命性、颠覆性的特点。以网络传播、无线传输和移动终端为基本特征的多媒体形态日新月异，呈现出公众记者化、媒体公众化、形态融合化、信源多样化、信息碎片化、终端多元化、选择个人化等诸多特点，构成了全新的传播图景与社会形态，也必然形成全新的产业形态。广播电视台原有的音、视频生产与传输垄断化、专业化的地位岌岌可危。

上述变化已经催生了市场主体和市场需求的空前繁荣，即广播电视生产和传输的市场主体呈现出多元化和多样化，国有、民营、外资纷至沓来，竞争日趋激烈。

2. 微观形势的变化

所谓微观形势的变化，主要体现在广播电视系统内部：

(1) 在体制层面上，全国范围的广播电台与电视台的合并已经完成。2015 年 4 月 16 日，湖南广播电视台又整体改革为湖南广电集团，向产业化方向再迈大步。

(2) 在技术层面上，以广播电视为基础的网络广播电视纷纷开播，台内的多媒体融合逐步

深化,媒体形态正在发生深刻变化。

(3)在管理层面上,频道制下的制播分离在犹豫中不断摸索。上海、湖南、江苏、浙江等都取得了成功经验。

(4)在产业层面上,受经济大环境的影响,广告主业的风险越来越大,既依赖广告又欲摆脱广告主业依赖的困境十分突出。

(5)在节目层面,收视率在波动中下滑,形式和模式创新不断,比拼激烈,节目的版权化特点日益突出。

三、实现以内容产品为核心的产业模式转变

宏观与微观形势的变化对广播电视台传统的以播出为核心的产业模式提出了严峻挑战,需要我们从政策、市场、技术与未来的多重视角和高度重新认识广播电视台产业发展的新模式,推进广播电视台从以内容播出为核心到以内容产品为核心的产业模式转变。

1. 广播电视产业的主业是内容产品的生产与销售

内容产品是广播电视产业的核心,应围绕内容生产实现广播电视台从事业体制向内容生产商的企业体制转变,实现广播电视台作为广播电视内容生产商的重新定位。

在传统的以播出为中心架构的广播电视台中,内容生产的终点是播出,目的是宣传,其经济价值体现在时段的增值与广告的销售中。内容生产的产业实质被模糊、淡化。但即便如此,广播电视台作为生产型组织的特征仍然十分鲜明,围绕节目的生产要素比较充分,形成了比较专业的采编制作队伍,在一定区域占有并开发了相关资源,与全国各地的广播电视台有着比较紧密的联系。这从人才、原料和渠道等角度形成了广播电视台的生产和销售的比较优势。

基于上述优势,实现广播电视台作为广播电视内容生产商的重新定位,工作的重点主要体现在以下几个方面:

(1)要依托覆盖区域生产节目,实现节目在本区域的强势占有率和品牌美誉度。在中国,除了中央电视台外,其他的所有省级台、城市台本质上都是区域性或具有区域特色的广播电视台,区域是其节目产品的首要市场,立足本区域、服务本区域、深入本区域生产节目是区域性广播电视台的基本任务。在这里,制播一体恰恰是区域广播电视台掌控本区域市场的优势。

(2)要根据贴近度、关注度和参与度,为本区域策划、制作、生产栏目节目。在传播学和经济学中都有相关"定位"的研究,其共同的要求是产品定位要符合目标受众和目标消费群的消费能力、习性、文化背景等。在广播电视文化产品日益丰富和新媒体产品日新月异的环境中,区域性广播电视台的节目产品只有从创意、内容、形式、制作等一系列的高贴近度、关注度和参与度入手,才能比较好地实现区域传播和销售。具体来说,新闻类产品和参与性娱乐类产品具有相对优势。

(3)要通过品牌化和版权化,使节目实现多渠道、多终端分发和区域外销售与合作。节目的区域外、多平台传播销售与合作是内容产业的终端市场,应该是广播电视内容产业的开拓重点。新闻素材的广泛交流,纪录片、电视剧和部分电视栏目的购销属内容产业中相对成熟的产品。除新闻素材外,其他各种产品都是优秀创意、较大投入、优秀团队三位一体的品牌化和版权化的结果,在这三种因素中,任何一项的缺乏,都不可能实现产品的跨区域分发销售与合作,即便是曾经流行的境外电视模式中国化的成功实践,也不例外。

2. 广播电视产业的主板是制作与播出

播出渠道是重要的产业资源,应围绕渠道建设,实现广播电视台从掌握单一渠道到掌控多种渠道的转变,进而成为广播电视产品的渠道控制商。

广播电视台区别于一般节目公司,根本就在于广播电视台拥有播出渠道,可以实现自产自销,他产我销。当然,由于产品质量与成本等因素,大量的自销形成亏损,这也是政策提倡制播分离的诱因之一。在节目产品和渠道日益丰富的双重环境中,渠道控制显得尤为重要,更重要的是要实现传播渠道的价值化和产业化。

(1)要提升传统渠道价值。主要指标,一是渠道覆盖区域,二是渠道的传播影响力。按照这样的指标,省级卫视、城市台的第一频道和频率具有较高的渠道价值,需要重点维护、投入和提升。同时,采取多种措施,提升其他频道、频率的渠道价值。渠道价值的提升能吸引优质内容产品,同时,为渠道产业链的增值赋能。

(2)多种方式控制、参与尽可能多的渠道。传统的广播电视台由于政策因素掌控广播电视无线传播渠道,同时,以直接或间接的方式掌控区域有线广播电视渠道。随着多媒体技术发展的大众化和便利化,以及媒介融合速度和深度的加快,广播电视台要从事业和产业的双重高度和视角,以直接投资、控股、参股、合作等多种方式参与多种新媒体传播渠道的搭建、占有和升级,首要的是确保本台内容产品的多渠道有效分发,同时,创造新的价值渠道。

(3)注重拓展各种节目的市场发行渠道,形成相对专业领域的发行渠道,以渠道赢得相关信息和利益。具有资源优势、区域优势和资金优势等条件的广播电视台可以探索组建专业市场,形成渠道枢纽。

3. 广播电视产业的主核是品牌的创造与运营

品牌是产业价值的凝聚,应围绕品牌的创造、创新、维护、运营、增值等推动广播电视台形成优势品牌和品牌链,成为广播电视产业的品牌运营商。

依照品牌发生、发展的一般规律,广播电视品牌大体可以分为三大类型:

(1)基础性品牌。它包括央级、省级、市级广播电视台,其自身即具有一定的品牌价值,凝聚着一定的市场价值,是广播电视产业的首要品牌。在品牌实验室每年公布的品牌价值排行榜上,中央电视台的品牌价值连年跻身于国内著名品牌前列。英美的 BBC、ABC、NBC、CBS、CNN、FOX 等都属著名的品牌。台属的频道、频率,因其长期、稳定凝聚着相对固定的收视、收听人群(有价值的消费者),也属于基础性品牌。

(2)创新性品牌。它主要是依托基础性品牌,创造的全新的频道、频率、栏目、节目等,主要体现在栏目、节目范畴。如卫视的崛起,主要是创新性品牌强烈牵动的结果。

(3)延伸性和衍生性品牌。在上述基础性品牌和创新性品牌的牵动和影响下,凡属频道、频率、节目、栏目以外的产品、项目和投资,可归为培育和发展产业的延伸性品牌。如广播电视台旗下的品牌性的节目和电视剧制作、发行公司、广播电视技术制作公司、节目、广告代理公司、购物公司、出版公司、演艺公司、经纪公司等,乃至迪士尼、梦工厂的主题乐园等。国内外均有成功的范例。

系统有序、重点突出、可持续地创造、维护、运营好广播电视品牌,既是媒体产业作为文化产业一部分的本质要求,符合广播电视产业发展规律,也应当成为壮大广播电视产业,加速产业发展,提升产业品质,形成强势产业的工作重点。

4. 广播电视产业的主脉是投资与收益

资本是产业最敏锐的基因,应围绕产业投资的实力、重点、领域、节奏、收益等进行深入研究,拓展媒体投资领域,培育专业化的媒体投资商。

在文化产业大发展和技术进步大飞跃的时代背景下,媒体投资必然成为发展广播电视产业的重点。实际上,业外资金早已通过多种渠道进军广播电视产业,在包括产业、项目、股权、证券、债券等媒体投资市场动作频仍,既介入了相关领域,推动了产业发展,又取得了多种收益。对于实力一般的广播电视台来说,媒体投资要遵循以下几个基本原则:

(1)变投入为投资原则。从投资的角度审视自身业务的盈亏发展,除公益性频道、频率和节目外,可市场化的业务版块要全部改为效益导向的投资管理。

(2)专业化领域原则。投资的重点是媒体产业领域,主要是内容产业、渠道建设和品牌运营,谨慎或避免投资非媒体领域。

(3)职业化操作原则。投资的领域、重点、数量、周期、利益、风险等的评估都需要专业团队的职业化运作。

广播电视产业的主业、主板、主核、主脉建构了广播电视产业新模式,其主要特点是内容衍生、品牌主导、渠道控制、投资拓展。与传统广播电视台以广告为主业相比,广播电视产业新模式具有产业的开放性和发展的无限性。该模式可以表示为图 10-1。

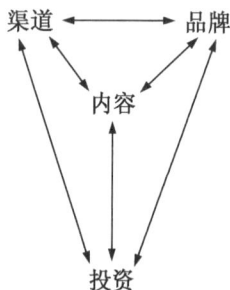

图 10-1 广播电视产业新模式

从图 10-1 中可见,新的产业模式以内容产业为核心,与渠道、品牌和投资形成关联密切、相互促进、共同发展壮大的新产业格局。

第二节 体制论:
文化产品基础上的广播电视产业新组织

媒体组织的演进与发展历来循着两种思路和两条线索:一是所谓的新闻事业,从党派报刊到社会公器,无不强调媒体的社会责任和公益担当,强调报道的客观、公正,强调阶级、团体、族群等立场;二是所谓的新闻产业,从报刊托拉斯到广播电视集团,在强调一般新闻价值的基础上追逐利润,肆意扩张,形成跨媒体、跨行业、跨国/跨地区的媒体产业集团。

一、 体制矛盾制约广播电视产业发展

1.广播电视体制改革的主要特点

改革开放以前,中国的各种各级媒体按照典型的新闻事业建构组织形式,称为事业单位。改革开放以后,在强调导向正确的大前提下,媒体宏观与微观体制改革双重推进。

(1)从宏观层面看,从三级办台到四级办台,再回到三级办台,从一台一频道到一台多频道,从广播、电视分立到两台合并,从全额拨款事业单位到自收自支事业单位,从台办企业到台与广电集团并行,从台做节目到社会做节目等。

(2)从微观层面看,从中心制到频道制,从干部任命到管理人员聘任,从栏目组制到制片人制,从自制自播到引进购买、售卖,从平均分配到绩效考核,从工资制到年薪制,从职工事业身份到企业聘任,从主持人事业身份,到企业身份,再到签约制。

从这些纷繁的体制改革变化中,我们会发现广播电视体制改革的基本思路:一是广播电视台的事业性质轻易不变;二是市场化改革方向逐步推进;三是内部微观机制各有千秋。总的方向是调动人的积极性,搭建有利于创新的体制、机制。

2.体制改革滞后制约广播电视产业的发展

但是,从广播电视产业发展的实践效果观察,体制仍然是束缚发展的重要原因,主要表现在以下几个方面:

(1)事业与产业难舍难分,纠缠一体,表面上看互相支撑,本质上其实也有互相束缚的一面,导致事业版块和产业版块都难以按照各自的规律加速发展。无论是合并后的广播电视台,还是合并前的广电集团,在实际操作中仍然是事业与产业一体的事企不分的复合型组织。

(2)由上述问题产生了台内诸多制约发展的矛盾,如频道、频率的资源属性、职能、责任的归属与定位的矛盾,人员事业身份与企业身份的混杂与矛盾,以及各种人、财、物、资源分配的非市场化的矛盾等。

(3)台的事业属性与台属企业的体制性矛盾。事业性质的台自有其自身的公益性质和社会责任,而企业的本质则是通过创造价值获取利润,又自有其公司法框架下的法律规范。两者的追求不同,管理方式不同,乃至环境、轨迹均有不小差异。但是,台管企业的体制架构又近距离地把事业台与企业人融入一个复杂的现实框架中,在一个复合的框架内,两者互相参照、互相干扰,因而产生了诸多问题。

(4)由此,台属企业的公司法人治理结构均不同程度地存在名实难副的问题,事企关系与公司管理的顶层设计、治理结构、内生动力等问题都难以彻底解决。

二、广播电视体制改革的基本支点与借鉴

上述矛盾和问题的产生表面上看是由于广播电视体制改革的不彻底造成的,而其之所以不断凸显则是中国市场经济不断发展完善的大环境衬托出来的。这涉及进一步深化广播电视体制改革必须依托的两个支点。

1.广播电视体制改革的背景

(1)日益完善的市场经济体制。它既是广播电视体制改革的制度环境,也是广播电视产业大繁荣、大发展的制度环境,是广播电视体制改革的方向性追求。

（2）广播电视产品具有文化产品的独特产品属性，是广播电视台及其企业的最终产品。产品的独特属性、形态决定了企业组织的独特性。

因此，广播电视体制改革只有在市场经济与产业特性的双重互动中才可能走出自己的通途。

2. 美英发达国家广播电视产业体制的基本特点与变化

实际上，在这两大背景的支撑下，不妨简单参照一下美英发达国家的广播电视产业体制特点与变化。

（1）就宏观体制而言，英美均存在商业、公共等法律规范的广播电视体制架构。在美国以商业为主的广播电视体制中，各大广播公司完全作为一般企业而存在，在此基础上，形成了以新闻产业和娱乐产业为核心的内部体制机制。而广泛存在的公共电视和社区电视则完全不以营利为目的。

（2）英国以BBC为标志的公营电视体制近年来发生了诸多变化。一方面，BBC资金来源的公共性质遭到了社会民众和议会的严格监督；另一方面，BBC之外的新频道、新的节目公司日益增加，这源于英国政府对于促进节目多元化和鼓励中小节目公司的立法支持。1982年依法设立的英国四频道，首开全球节目委托制度，完全购买社会节目，由此催生了一批独立的节目公司，这成为英国广播电视节目创新的强大动力。而这些节目公司大多是人数不多，产量有限，勇于尝试新形态、新领域的中小节目公司。

由此，美英广播电视体制给我们最基本、最初步的启示是，宏观推动立法清晰，微观培育生产企业。

三、广播电视产业体制改革的基本措施

建构有中国特色文化产品基础上的广播电视产业新组织仍然要从宏观和微观两个方面着手：宏观方面，仍然应是市场经济环境中的制播分离，逐步压缩广播电视台自制自播节目比例，适度扩大社会公司制作节目量；微观方面，则需要在实践中不断探索构架广播电视媒体组织的新特点，形成新组织运行呈现出的新体制。综合而言，需要实现以下三个方面的突破。

1. 形成事企分离的媒体组织新体制

政企分开、政事分开、事企分开是行政管理体制和社会管理体制改革的基本内容，在各个领域都取得了很大进展。但是在广播电视领域，随着地方广播电视局与文化局的合并，政事分开迈出了关键步伐，但事企分开仍然黏着不清，总台制、集团化都没有彻底理清事企关系。从市场经济和产业发展的角度分析，广播电视领域的事企分离应当按照职责清楚、主体清晰的原则实现事业主体和企业主体的分离。这首先涉及广播电视现有业务版块的事企定位，一般认为，新闻、播出、编排应属事业性质，是构成广播电视台这一事业主体的基本内容。由这些业务组成的事业主体不以营利为目的，资金来源可以是广告经营，也可以是政府拨款等。除此之外的其他业务均可实现公司化经营，是无异于其他社会公司的公司法意义上的企业。实现分离后，两大主体既可以互不隶属，类似英国四频道与节目公司的关系，也可以有资本纽带上的连接，事业主体可以通过控股、投资等方式参与管理企业主体，并在收视和内容制作等方面正常合作竞争，共同繁荣广播电视事业和产业。这既有利于事业主体的安分守己，着力做好新闻报道、技术升级、内容创意和市场引导与掌控，更有利于广播电视产业的繁荣发展。在现行体制

下,频道和频率的所有权、播出权、编排权仍属事业主体,需要事业主体按照宣传要求和群众需求对市场提出播出需求,以此引导广播电视内容产业的健康发展。

2. 规范事业法人的公益本质

事业法人,其本质是具有公共服务职能的公益或半公益组织。广播电视机构可以把以新闻、编排和播出业务为核心的部分剥离出来,形成相对单纯的事业法人。

（1）可以加强新闻报道,增强报道的客观性、公正性,提升广播电视台的舆论引导能力和权威性。

（2）可以通过对频道频率定位的规范,对播出内容的类型、形式、模式等的研发,开展广泛的市场合作,激活广播电视内容的生产,提供持续多元的创新能量。

（3）广播电视台作为事业法人的公共组织,不以单纯的盈利、增长为唯一目标,排除了其多样化的产业冲动。

（4）广播电视台可以以设立集团公司或媒体投资公司的形式介入广播电视产业。随着改革的持续推进,具有生产职能的事业单位的企业化管理和企业化已是大势所趋,广播电视台也应做好这方面的思想和机制准备。事业法人的广播电视台也需要尽快完善内部的公司化治理与管理,扎实推进全成本核算,实现以成本效益为中心的管理转型。

3. 建构面向市场的媒体产业新组织

重点是培养形成以广播电视媒体文化产品的创意、生产、制作、传输、销售、投资等为业务内容的新型企业组织。所谓新型,是强调媒体企业的文化属性和智慧本质,其主要特点体现在以下几个方面：

（1）强调创意价值,是激发创意、生产创意并把创意转化为内容、形式和模式的企业。

（2）与最新制作、传输、互动技术互相促进、互相融合,形成创意催生技术,技术激发创意,创意实现技术,技术实现创意,软件与硬件互相依赖、互相支撑、互相促进的技术创意型企业。

（3）由上述因素决定的公司架构的灵活性,包括股权构成的灵活性,可以是资本入股、资金入股、资源入股,也可以是智慧入股、创意入股、版权入股等多种要素同构文化企业股权;也包括公司治理结构的灵活性、组织架构的灵活性、渠道延伸的灵活性和终端拓展的灵活性等。灵活性符合智慧企业的本质要求,可以增强市场的适应性,有利于根据多种需求,采用多种形式,整合多种要素,生产创新产品。

创意、技术与结构构成了新型媒体文化企业的基本要素,再加上不断完善的金融支持和市场环境,就有可能在宏观与微观两个层面架构广播电视产业新体制,特别是在微观层面明确了媒体文化企业的主要特点,以创意为导向,以创意实现为目标的多种资源融合的新型文化产业组织,必将为广播电视产业体制创新、内容创新、模式创新和渠道创新等各个方面带来源源不断的动力,成为媒体文化产业繁荣发展的基本的活跃单元。

第三节 战略论：
核心竞争力再造中的广播电视产业新选择

在产业模式和组织体制相对稳定清晰的情况下，战略显得尤为重要。简言之，战略是组织根据环境的变化、本身的资源和实力，选择适合的领域和产品，形成自身核心竞争力，并在竞争中取胜的总体性、指导性的谋划。

一、核心竞争力再造要求解决的基本问题

在广播电视产业大发展的背景下，大多数广播电视台和集团已经充分认识到制定发展战略的重要性。其中的典型案例是江苏广播电视总台。

江苏广播电视总台成立于 2001 年，由 22 个单位组成，刚成立时年经营收入 4.5 亿元，到 2011 年，年经营收入为 100.3 亿元，十年增长 22 倍。其中重要的经验之一就是通过战略规划，形成价值认同并付诸实践。2004 年、2007 年和 2010 年，江苏广播电视总台与专业咨询公司合作，进行了三次战略规划。在明确战略愿景、路径和重点业务的基础上，逐步确立了事业和产业专项规划，使全台内部有了价值共识，对外形象更加明朗，事业产业长足发展。

江苏广播电视总台战略规划的成功案例为全国广播电视行业提供了可资借鉴的相关经验。在理论和实践中，战略规划的核心是组织的核心竞争力的再造与提升。围绕这一核心，结合广播电视台的特点与江苏广播电视总台的成功经验，在制定和实施战略规划时，要重点解决好以下问题。

1. 梳理自身具备的战略资源

理清战略资源，立足现实谋战略，是做好战略规划的基础。

中国的三级广播电视机构，由于经济实力、区域环境、覆盖范围、目标任务、人才实力、文化背景等千差万别，虽同为广播电视台，实际上可资利用的发展资源却千差万别。就城市广播电视台而言，其优势资源在于其地域覆盖，本土生长，这构成了其在本地天然的传播贴近性和产业垄断性。但与中央和省级台的资源相比，城市广播电视台的资源又十分匮乏。而同为省级卫视，在政策资源相近的条件下，又因经济实力、覆盖范围、人才实力而差别巨大，这是做战略规划时需要认真考虑的前提。

理清战略资源，还要综合分析，突出重点资源：

（1）理清现实资源，这是战略规划与发展的现实基础。

（2）明确可能资源，这是经过努力或争取可以获得的发展资源，是发展的资源变量，往往也是促进发展的重要基础与动力。

（3）突出重点资源，主要是区别于其他竞争对手的突出的、独具优势的资源，这是需要重点发展、利用以形成核心竞争力的资源。

明确了上述三种资源，战略规划与发展就有了最坚实的基础；缺乏或错误判断了上述三种资源，就可能出现战略偏差，乃至战略失误。

2. 分析好战略环境和背景

认清战略环境与背景，根据条件谋战略，是做好战略规划的前提。

所谓战略环境或背景，是组织赖以生存的社会、经济、文化等综合因素构成的生存条件。在大环境基本一致的条件下，各地方、各行业又会有不尽相同的发展条件，都是战略规划时需要考虑的因素。党管媒体、市场经济、新媒体、跨国传播、三网融合等构成了当今中国广播电视产业发展的最基本环境。在不同地区，因不同的发展情况又会增加一些关键词。了解、分析、把握现实环境及其发展趋势，才能抓住发展机遇，主动跟上乃至引领行业的发展。误判环境，或者脱离环境，都不可能做出正确的战略选择。江苏广播电视总台在多次深入分析战略环境的基础上，逐渐提出并确立了"幸福"的特色定位，在同质的战略环境中做出了不同的战略定位，其中的一个重要原因是抓住了战略环境中文化环境的民意要素，做到了既整合又超越，既遵从又引领，贴近了21世纪国家和人民的对于"幸福"的追求。

3. 科学树立好战略目标

明确战略愿景与目标，以目标引领全局，是战略规划的核心内容。

战略规划的目的，是组织的核心竞争力再造，也可以说是发展目标的重塑。因此，战略愿景的确立，一则可以使组织的全体人员明确共同奋斗的目标，起到精神激励的作用，更重要的是，可以以战略愿景与目标为引领，反观战略规划的所有方面，比如，以战略愿景反观战略阶段的设计，对照战略布局的摆布，对比管理流程的优劣，提出资源条件的要求等，使一切资源要素向实现组织愿景与目标汇聚集合，最大限度地激活各方面的生命力，使组织成为一个具有生命活力的生机勃勃的有机体。

对广播电视台来说，战略愿景的确立不仅要有宏观的价值性目标，也要有微观的指标性目标；既要重视事业功能的升级，也要重视产业目标的实现；既要重视产业硬指标的达成，也要重视文化与管理等软实力与软环境的目标的达成；既要重视全台目标的整体性达成，更要重视员工个体职业目标的价值化提升。战略愿景的设立，既要现实，又不能保守，既要适度超前，又不能盲目超越，它应该是在战略规划研究时的逻辑结果。同时，在不同的阶段，我们还应根据市场内外因素的变化对战略进行适时地调整，使之适应形势的变化，持续发挥其引领作用。

4. 主攻好重点战略

确定重点战略，明确突破重点，是战略规划的主要内容。

广播电视产业的发展是全方位的系统工程，对系统具有支撑、牵动、推动作用的产业和项目是其中的重点，要在战略规划时高度重视，并确立为重点战略，提出具体的发展目标、推进办法、支持条件等，有点有面、有重有轻地分类发展。一般来说，有三个方面可以因地制宜地确定为具体的重点战略：

（1）重点内容产品战略。要结合各台实际，确定内容领域的某方面的产品为发展的重点。集中优势资源，形成这一内容产品领域的核心竞争力。内容产品可以是新闻，也可以是某类节目。

（2）人才战略。广播电视产业的核心是创意产业，归根结底其发展人才。无论经济实力如何，广播电视机构都应该制定自己的人才战略，形成具有本台和本企业优势的核心人才和人才培养体系，这也是核心竞争力再造的根本所在。

（3）创新战略。它是指整体性的节目、技术、管理等方面的创新的能力、动力和系统，保证全台事业和产业整体性提升。

二、统筹处理好各种战略关系

明确了上述战略资源、战略环境、战略愿景与目标以及重点战略,也就初步形成了整体性的战略规划,在此基础上,还要格外注意处理好三个方面的关系。

1. 处理好传播战略与产业战略的关系

形成两者相互促进、相互提升、相互支撑的有机联系。在制定战略时,要吸纳宣传部门和产业部门的人员共同参加、共同制定,战略制定后也要共同实施。江苏广播电视总台的基本经验是"以事办企,以企壮事"。

2. 处理好传统媒体发展与新媒体发展的关系

按照"移动优先"的趋势和要求,逐步形成以品牌性内容生产为基础,壮大传统媒体,以推进新媒体;发展新媒体,以融合传统媒体,形成新型媒体传播格局与产业格局的兼容、融合、创新的媒体形态和产业形态;以新媒体思维和规则为导向,在传统媒体与新媒体之间做好加减乘除,形成品牌性内容生产主导下的媒体产业新架构。对于省市级广播电视台来说,如果没有品牌性的内容生产,其拥有的传统媒体与新媒体就只能成为市场上的他人嫁衣,不可能建立坚实的产业基础,最终会被更强大的媒体内容提供商和运营商替代或兼并。

3. 处理好架构与管理的关系

架构是管理的基础,没有科学的内部架构,不可能有良好的管理。江苏广播电视总台在成立事业总台的同时,就成立了企业性质的集团,同时借鉴韦尔奇在通用公司创立的事业部制度,总台(集团)设事业性、综合性、产业性和服务性四类九个事业部,各部门业务定位和岗位职责清楚了然,为进一步实行项目管理和绩效考评打下良好基础。设计架构本身就是战略规划的重要内容,也是实现战略规划的保证。同时,架构的设计不是一劳永逸的,只有加强管理才能保证架构的正常运行和发挥作用,再好的架构,如果没有科学的管理,也只能形同虚设,只是纸上谈兵。

三、关键在于战略实施

战略的目的在于实施,再好的战略,如果没有落地实施,只是头脑中的设想,不可能带来实践的收益。一个行动胜过十打纲领。要避免重规划、轻实施,用实事求是的精神、深入求实的作风和扎实细致的工作,充分落实来之不易的战略规划,用不懈的实践落实、检验、推动战略规划转化为发展成果。

(1)领导核心发力是战略落实并实施的基本前提。战略制定之后,最重要的是落实,其中的核心推动力就是领导层的计划、督促、督查、反馈、修正、再推进等。

(2)全员动员、责任清晰是战略落实并实施的主要内容。战略是全员性、总体性的,部分参与的结果既不准确,又容易影响全员效率,导致计划甚至战略变更或者终止。

(3)及时修正是战略落实并实施的必要过程。战略要与实际相符合,就要在实践中接受检验,在全员参与中集思广益,在落实流程中及时修正,以便于战略更好地服务于产业发展。

市场、技术与政策的三维驱动,使广播电视产业不断面临新的形势与机遇。坚守本位、抓住机遇、谋划新局、突出创新、突出人才、实事求是、科学管理,才能坚实地走好产业强台的每一步。

第十一章

直面市场：

电视栏目发展的新趋势

20 世纪 80 年代，中国电视进入了"栏目化"阶段；20 世纪 90 年代，中国电视则掀起了栏目的"改版热"；21 世纪的头十年，"频道制"又成了电视改革的一个关键词；2014 年以来，包括电视在内的媒介融合成为电视改革的主题词之一。这种电视改革主题的转换，是寻阶而上，还是对以栏目为基础和标志的电视生产内容与方式的放弃，这些固然需要实践的回答，但从理论层面看，还十分缺乏对栏目从市场角度的理性关照和深入思考，对电视栏目"是什么"，在市场中"能干什么""该干什么"等问题还需要进行认真的反思。

第一节　电视改革：
直面栏目的商品属性

肇始于 20 世纪 90 年代的电视栏目改版热，发端于理性——中央电视台《东方时空》的推出，带动了电视新闻杂志栏目的出现，《焦点访谈》的热播，又使新闻舆论监督类节目滥觞于一时，而《综艺大观》的寿终正寝，又成为传统电视文艺形态终结的标志，娱乐栏目随后兴起。然而，这些中央电视台理性改版的结果，却引发了中国电视界的全员改版冲动，一改就灵，改版就是创新，成为电视界的流行感觉。在这样的"流感"状态中，不少地方的电视"改版"从真诚的创新冲动出发，却往往走向了"改版秀"，反倒成了电视圈内外引人发笑的现象。今天，在媒介融合发展的背景下，单纯的电视改版之路实际上已经走到了尽头。但是，今天仍然有电视机构在梦想着以改版启动新时代的电视改革。那么，到底什么是曾经和现存的"改版热"的伪原因和真背景呢？

一、电视改版的动因分析

一般而言,现实中,改版的动因有以下四个类型。

1. 行政主导型

用电视人的话说,就是领导不满意。领导大多是从政治导向、经营效益、风格格调等角度提出问题,其满意或不满意的重点一般涉及导向、格调、主持人或某些节目的具体内容。如果一个栏目涉及上述问题,就不是一个单纯改版的问题,而是改正,甚至改掉的问题。另外,形势、任务的变化也会提出改版的要求。这是中国电视改版的最直接、最表面的原因。一般来说,借助自上而下的合力推进改版,以促进栏目提升,有利于栏目的快速成长,也是中国电视改版的思维定式和一般操作方式。但是,起始于 20 世纪 90 年代,延续至今的改版浪潮中,在实践操作时不免搭上盲目、盲从的"快车"。在这里,如果缺乏结合认真的收视分析、市场分析、观众分析的前馈分析和体现收视效果与经营效果的反馈分析,单纯的行政主导型改版的结果往往是电视人患上了"改版疲劳症",观众也得了"收视疲劳症",使电视创新陷入了"一年一调整,两年一改版,三年再重来"的怪圈。

2. 自我主导型

这种类型的动因是栏目团队自己不满意。这在电视界是一种普遍的现象。原因有三个:其一是栏目操作与栏目定位出现偏差,需要进行调整定位或者回归定位。其二是在新的形势下,原有定位与栏目团队的理念发生冲突,需要调整或者创新。其三是栏目团队对栏目的细节和由诸多细节构成的栏目要素不满意,提出了改版的需要。

总的来说,这三种原因都是由于团队追求与栏目现状出现了冲突而引发的改版主张。这些主张既有其合理性,又有其局限性。合理性表现在,栏目团队深谙栏目的定位、模式、对象、观众,因而其调整建议大多合乎栏目及观众的实际。局限性表现在,栏目团队改版思维立足点大多基于现有栏目、同类栏目或相似栏目,或者说,栏目团队思维先天被限定在既有栏目的"类"框架中。另外,在现行栏目团队体制中,尽管许多电视台有了名义上的制片人,但栏目团队思考的方向大多是提高节目质量和节约成本,很少考虑栏目的市场经营,而这正是问题的关键。

3. 观众主导型

这种类型的动因是观众不满意。这是栏目改版的最大借口,也是一个似乎最毋庸置疑的理由。从正面分析,电视节目实现栏目化,实际上是通过各种栏目的编排及每个栏目中的节目构成、顺序安排来组织观众收视。也就是说,栏目是为观众服务的,观众不满意这种服务,栏目自然要改版。从社会变革的角度观察,20 世纪 90 年代的中国正处于改革攻坚的巨大转型期,公众的社会认知、审美取向、价值观念、生活方式等的变化如浪相逐,媒体竞争日益激烈,导致电视收视率下降,满意度也随之下降。而从一般的社会学角度评价,公众对电视栏目的满意度随着《焦点访谈》的出现而升至最高点,又随着《焦点访谈》现象的式微而下降。随之而起的大量真伪民生新闻类栏目,大多是有收视率而满意度不高。在这样的社会大背景下,观众的不满意显然随时可以成为栏目改版的超级而正当的理由。然而,进一步分析,就会发现,所谓观众,在传播学中,具有众多、差异、分散、流动、隐匿等基本特点,在统计学中,也不过是一堆有限的抽样样本,哪些观众不满意,为什么不满意,不满意栏目的哪些要素,这些问题并没有获得统计学的支持,电视人其实也并不需要这样具体、翔实而有针对性的研究和分析。因此,观众不满意往往有其永恒的真理性,因而成为改版的永恒借口。理应以满足群众精神文化需求而生存发展的电视栏目在实际中大多并非完全按照公众的所思、所想、所求、所要而设计、制作。在这里,群众不满意并没有成为观众主导型的内在动因。因为,在现有的事业体制框架下的栏目组织具有行政建制的意味,可以称之为准行政建制机制,在这样的机制里,缺乏量化分析的群众的不满意很难转化为栏目改版的致命动因。

4. 市场主导型

它的主要表现就是广告主不满意。在中国电视迅速发展的产业化浪潮中,许多电视台标榜没有广告赞助的栏目不上马,失去广告赞助的栏目要下马,广告商成了主宰栏目生死存亡的关键因素。广告商的赞助意味着栏目有了风险投资或者利润,而这些利润又可以成为栏目继续创新进步的有力支撑。问题是,不同的广告商会有不同的不满意点。成熟的广告商需要的是高的收视点和低的千人成本,这是一种电视广告市场成长进而成熟的趋势。但还有大量小的广告商,更希望的是低廉的广告价格和更好的影响力,这对栏目来说,要计算出投入产出比,至少在国内,还没有一种模型或者模式能够解决这个问题。因此,由以广告为主的市场主导,未必能够改版出更好的栏目。特别是在一些稳定的收视市场,时段的收视惯性往往大于栏目对收视的影响,一些大的广告商更看重的是相对稳定的收视率高的黄金时段。

从上述四种改版动因中,可以发现以下四个特点。

一是电视改版仍然陷入栏目评判标准的困惑之中。行政主导的背后是权力对栏目的评判,自我主导的背后大多是业务式的评判,观众主导的背后又是公众兴趣的评判,而市场主导的背后则是金钱的评判。评判标准的混乱导致栏目改版动因的复杂和改版后栏目走向的多元。而这里边的根本原因是对栏目商品本性的认知不清,以及栏目生存环境的非市场化。

二是呈现出了一种历史递进性,也就是说,改版动因由行政主导型、自我主导型,日益进化为观众主导型和市场主导型。其暗合了中国市场经济不断成熟的进程。

三是显性动因背后的隐性动因的作用越来越大。行政主导型动因和自我主导型动因可以称之为显性动因,而观众主导型动因和市场主导型动因可以称之为隐性动因。显性动因借助隐性动因发挥作用,隐性动因通过显性动因实现改版。这也内在地证明了市场经济中栏目的商品属性,商品要通过一切手段,借助一切能量或者摧毁一切障碍来证明其本性或者本能——通过交换实现其价值。

四是四种动因的综合作用是实现改版的一般动因。其实,一种动因的凸显必然有其他三种动因的作用,特别是当广告主不满意而影响了栏目,进而频道,进而电视台的收入时,其他三个不满意必然爆发。

马克思在阐述历史唯物主义基本原理时说,在统治阶级再也统治不下去,而被统治阶级再也生活不下去时,革命就会爆发。套用这句话,我们也可以说,中国电视栏目改版的真正原因是,当栏目再也办不下去了,观众再也看不下去时,电视革命——栏目改版也必然爆发。这算是对1993年以来中国电视栏目改版热的一种另类解读。

实际上,在中国数百家电视台的1 279个频道中的上万个栏目中,为数众多的“办不下去”和“看不下去”的栏目,每天还在占有着电视资源和观众时间,总体收视率的下降表明观众正在选择逃离,广告投放的增势趋缓也证明着广告商的态度。形势不可谓不严峻,每个业内人士都应该自问,电视栏目和节目的出路到底何在?

二、电视栏目的"三基"定性

栏目改版热显露出中国电视人感觉到了栏目在电视业发展中的特殊重要作用,在改版过程中不乏睿智的判断、合理的抉择和成功的实践,更多的则是盲动和盲从。看到中央电视台改版,自己也要改版;听说中央电视台出了一个新栏目,本台也要克隆。盲动和盲从的结果是观众的流失,观众日益向中央电视台等超级大台和强台集中,广告也向这些台集中,形成了中国电视一超几强多弱的竞争格局。因此,大多数卫视和城市电视台改版的结果是改一次,收视下降一次,再改再降,因而陷入盲动→盲从→再盲动→再盲从的怪圈。除了改版的动机与目的背离了观众和市场之外,最根本的是没有弄清电视栏目的性质,没有真正问一问,电视栏目到底是什么? 只有解决了这个最基本的问题,才能使改版的外因与栏目本质的内因相契合,双轨并一轨,让栏目按自己的运动规律发生和发展。

那么,栏目的本性到底为何? 不妨一层一层地推演。

(一)栏目是电视频道的基本单元

2000 年,中央电视台在英语频道开始试行频道制,从中央电视台的角度改变了电视改版的主题词,即由栏目改版跃进为频道改版,频道制因而成为 21 世纪初中国电视的重要主题。有关频道制的问题我们另有讨论。这里的问题是无论频道和频道制走向何方,栏目依然是频道的基本单元。

1. 栏目是频道的基本传播单元

无论是综合性频道,还是专业化频道,都是由具有专业性色彩的栏目构成,频道的总体价值也要通过专业栏目承载和体现。即使是影视剧类、纪实类频道,其中不仅有相关栏目,而且经常把某一时段播出的同类剧冠以"某某剧场"等栏目化操作的名称。

2. 栏目是频道的基本经营单元

频道的价值不取决于其名称和定位,而是依托其中的主打栏目和品牌栏目,这构成了频道的稳定、长期的收视来源和利润来源。正是栏目的科学设计、精良制作和合理配置,才构成、强化、提升了频道的价值。一个经典的案例是,一个《东方时空》,不仅改变了中国人早间不看电视的习惯,也改变了中国广告主不投早间广告的习惯。累计下来,《东方时空》开播以来已为中央电视台带来了十亿元人民币以上的收入。

3. 栏目是频道的结构单元

在频道的日常运作中,根据不同时段,设定不同的栏目,在时段上以栏目的形式完成了频道的结构,表明了频道的定位。这是电视操作的一般常识。

(二)栏目是电视宣传的基本载体

经过 20 世纪 80 年代的电视栏目化改造,电视台实际上找到了一条电视宣传的有效途径,即通过栏目实现电视宣传的基本功能。

1. 栏目定位体现了宣传定位和取向

在传统的电视台栏目分类中,一般包括新闻栏目、社教栏目、文艺栏目、青少栏目等,由此又不断衍生出新闻评论栏目、法治栏目、农业栏目、经济栏目、娱乐栏目等。在各级广播电视协会的评奖中,大多也依此分类,由此规范。

这客观上形成了中国电视的日常宣传结构。由于新闻传播的特殊重要性,1980年世界第一个新闻频道——美国有线新闻网(CNN)开播,这又在客观上促进中国电视新闻类栏目的发展。新闻栏目的重要性、观众的需求和外部的刺激,综合推进了中国电视新闻栏目热的此起彼伏,在客观上大大加强了新闻宣传,也体现了在社会转型和媒体竞争的背景下,强化新闻宣传的意识和取向日益增强。

2. 栏目结构和比例表明了宣传意图和目的

对一个频道而言,有异类栏目组合编排的综合类频道,有同种栏目编排而成的专业化频道。栏目异类结构编排体现了宣传泛众化的诉求和大覆盖的追求,是传统的"最少反感节目理论"的实践。同种栏目编排则体现了宣传对象化、影响深刻化的动机和目的。对一个电视媒体而言,它表达了这个媒体的宣传重点、目标。例如,观察一个台的自制栏目比例,可以了解这个台的宣传关注重点;观察一个台的自制栏目中的新闻栏目或其他类栏目比例,则可以看出这个台的宣传重点。各类栏目的比例一般性地表明了一个台的日常宣传重点,这样的比例大多是区域传播环境、媒体传统、媒体人与时代需要等综合因素影响的结果。

3. 栏目调整影响宣传效果

经过改版热之后的中国电视,除新闻类栏目外,大多数传统类型栏目逐渐式微。在一些电视台,少儿类栏目、农业类栏目、科技类栏目等已经空白,而娱乐类栏目大量兴起。我们姑且排除这种调整的政治、经济、文化、时尚等因素,只从宣传效果的角度评估,不能不说传统类型栏目的遗失令人遗憾,而娱乐类栏目的鱼龙混杂又十分令人担忧。就中国电视的公益性质而言,国家的有关管理机构似乎应该以法规的形式规定某些类栏目应占的结构性比例,以确保媒体宣传功能的完整实现。

(三)电视栏目是电视经营的基本单位

在市场经济的背景和趋势下,栏目是电视传媒经营的基本单位。就媒体内部而言,其最小单位是栏目,基本产品是栏目;就媒体市场而言,其基本的交换单元也是栏目,因而电视栏目构成了电视经营的基本单位。

1. 栏目经营决定频道经营

在理论上,频道可以作为一个独立的经营单位进入市场,而栏目仍然是频道的基本产品,栏目的价值含量决定频道的价值。在实践中,一个名牌栏目托起一个知名频道的例子一再出现,证明了频道命运决定于其中的栏目品牌的影响力这一基本道理。在中国1 279个电视频道中,大量频道存在无名牌栏目的伪经营、真亏损现象。因此,没有成功的栏目经营,不可能有成功的频道经营。从这个角度看,栏目经营更是电视媒体经营的基点。

2. 栏目市场是电视市场的基本构成

中国电视节目市场大体由四部分构成:一是电视剧市场;二是纪录片市场;三是栏目市场;四是电视素材、节目市场。为什么栏目能够形成市场? 一则是因为栏目的商品属性,这是最根本的因素;二则是因为栏目有着相对固定的形态和标准,是电视产品中最具进入市场的一般商品形态。与电视剧和纪录片的一次性消费不同,栏目具有日播、周播等产品特点和长度、标识等标准,因而具有消费的连续性。特别需要指出的是,中国电视栏目市场的主力是民营传媒公司,如民营传媒公司制作的娱乐类栏目销售到了几百家电视台,而国有电视媒体的栏目生产大多满足于自产自销,或者主打本地广告市场,这也是阻碍地方媒体做强的原因之一。

3.栏目产业是电视产业的基础

中国目前有三种样态的电视产业:

一是电视台系统的电视产业,主要是节目生产、播出、销售。在这里,栏目产业是其骨干、核心,巨量的人、财、物、智投在日常的栏目生产中。电视台系统的总的投入、产出中,除电视剧和重大节目之外,都为栏目所吸纳、吐出,或产生利润,或形成亏损。因此,电视台系统的所谓电视产业兴旺的关键是栏目产业的兴旺发达。

二是电视台系统以外的电视产业,主要指民营电视产业,其主营项目是电视剧、电视栏目,也可包括与电视广告相关的代理、制作等。在这里,电视栏目的生产、销售也是其经营的基本内容。

三是进口电视节目形成的输华电视产业。这一部分由于法律和政策限制,目前规模不大,但潜力极大,主要是电视剧、纪录片和电视栏目。

在上述三部分构成的中国电视产业中,栏目生产、销售、播出等形成了颇为壮观的电视栏目产业,成为中国电视产业的常态。

电视栏目的"三基"定位,从不同角度透视了栏目的本性,表明栏目是频道经营的基础、电视宣传的载体和电视产业的基点。这就涉及电视栏目本性的二元属性:一是宣传本性,二是经营本性。在市场经济中,栏目的宣传本性要通过经营本性实现,因为,无论栏目的生成动机来自宣传或者来自经营,都要通过市场手段实现资源配置,完成制作过程进入宣传指向中的收视市场和经营取向中的营销市场,这一过程充分体现了栏目的商品属性。因此,在市场经济条件下,栏目的二元属性归为一元,即商品属性,其他的属性、功能均要通过商品属性所要求的市场规律反映出来,因此,栏目改版热只有回归栏目的商品属性,才可能找到一条可持续发展的正常途径,只有按市场规律创意、启动、改革,才会有品牌栏目的诞生、壮大,才会有电视栏目产业的兴盛。反观十多年前的改版热,没有多少电视台按栏目的商品属性行事,所以,才会有"你方唱罢我登场"式的改版热,看似热热闹闹,实则鱼龙混杂,根本上源自许多改版脱离栏目的商品属性,不按商品运行规律和机制运行,这也是中国电视业发展和电视市场繁荣的基本障碍。伴随着市场经济的发展与成熟,电视栏目的商品化生存环境会日益成熟。

第二节　电视生产融合发展呼唤内容商品化新模式

起点决定终点。电视栏目的商品属性加上市场经济的不断完善,预示着电视栏目生存发展的新模式,这种模式从取向到架构、从规则到运行都决定于栏目的商品属性,可以称为栏目的商品化新模式。以下从宏观层面和微观层面,解析商品化新模式及其对栏目发展的重要意义。

一、宏观"四多"模式激活栏目市场

实际上,改版热无论其初始动机如何,在客观效果上,从两个方面改变了中国电视栏目的生存状态,可以视为中国电视栏目的"生存变态",而且一发不可收。

(一)两个方面改变生存状态

1. 电视栏目由静态生存到动态生存

始于 1978 年的中央电视台的《新闻联播》栏目大概是中国最长寿的电视栏目,这既是由新闻节目的特性决定的,也是由《新闻联播》栏目的特殊地位决定的,也与中国的传播环境有关,它属于特例。除此之外,中国电视栏目史上基本没有生存到"而立之年"的栏目,大都在不满"十岁"时就随"风"而去。动态生存的另一层含义是栏目内容结构的不断调整,从积极方面看,这似乎与十多年前的改版无关,而与近年来提倡的栏目、节目不断创新有关。

2. 电视栏目由内力支撑到外力影响

所谓内力,主要是电视台内部的观念、理念、人力、财力和管理,栏目生产主要由这些内部要素完成,这是以前,包括当前绝大多数电视台栏目生产的基本做法。而所谓外力,主要是电视台以外的因素,包括政策因素和市场因素。

称上述两种基本现象为中国电视栏目的"生存变态",有着特别的含义。从积极的方面看,动态生存与外力影响意味着栏目的生存更加走近市场,更加符合其商品本性,更能够吸纳社会资源,有利于栏目在市场中的创意、制作、传播。就栏目的传播功能而言,动态生存也符合传播规律和公众的接受心理。而外力影响也意味着栏目传播时形成的舆论场更加强势地对栏目的发展产生影响,有利于栏目与公众之间的互动。但是从另一个角度看,所谓"生存变态",也意味着有可能偏离生存常态,动态生存变成了无视栏目本性和规律的行政主导式改版,外力影响演变为栏目正向公益传播功能的流失、社会意义承载与传承功能的丧失,以市场的名义制造文化垃圾而放弃电视台和栏目所应有的社会责任。特别是,当这种"变态"的动态生存和外力影响结为一体、互相作用时,改版的创新实质就会被扭曲变形,使电视栏目这个栏目市场中的主体变为广告市场中的"乞丐"。

当然,无论如何,中国电视栏目的"生存变态"直接撬动了电视栏目市场,使栏目进入了市场,形成了市场,从而出现了四大转变,包括:

(1)栏目生产由内部一元向社会多元转变。

(2)栏目合作由宣传纽带联结的节目交流向市场供需关联的购买为主的转变。

(3)栏目投资由单一主体向多元主体转变。

(4)栏目经营由本体经营向多种经营转变。

(二)"四多"的商品化模式

"生存变态"及其带动的栏目市场四大转变,创造了宏观层面的栏目"四多"的商品化模式。

1. 多主体生产

中国的电视市场中已经形成了从国有到民营、从国内到国外、从团体到个体的多个电视栏目的生产主体。国有主要是指中央电视台、省级卫视和城市电视台等电视台和国有电视制作单位,这是多主体中的强主体,构成了中国电视栏目市场中的主干。民营主要指私营电视制作公司。而国外的电视栏目也正在成为中国电视栏目市场的有生力量,其数量不多,但影响不小。随着网络电视等新媒体的兴起,个人视频提供者也有可能转化为个人视频栏目提供商,首先事实上进入电视栏目的生产领域,而后则自然地分得市场利润。

即使国有媒体作为一枝独大的超强栏目生产主体,在其内部,也存在众多的生产子系统,其中也有民间策划人、投资人、赞助商的不同角度和程度的介入,导致国有生产主体中杂合着众多非国有的因素。因此,多主体生产的局面和结构也在发生变化,表现为国有主要生产主体一枝独秀,但内部成分复杂;民营主体和国外主体已成两翼,又正在积蓄力量,寻找创造发展的机会;个体尚显零星,但潜力不小。

多主体生产的首要意义在于,打破了过去电视栏目生产的垄断性,开启了栏目生产领域的竞争意识,同时激起了多种资源进入市场,有利于加速栏目市场的形成和完善。

2. 多元化投资

多主体生产必然导致多元化投资,也决定了多元化投资的基本来源。与多主体生产相对应,多元化投资分为国有投资、民营投资和境外投资。从栏目生产的角度讲,当前的投资政策是允许、鼓励而不是限制国有以外资金的进入。现在的问题是,由于播出垄断形成的封闭的买方市场,从根本上限制了各种投资方式,在这种环境和背景下,国有投资体现为相对封闭式地对自身播出主体的投资,民营和境外投资难以进入终端播出市场。因此,理论和政策上的鼓励投资因市场整体配套问题而实施艰难,这又在客观上制约了栏目创新。

多元化投资也表现为多种投资方式并行,主要包括直接投资和间接投资。直接投资是指各种投资主体直接对栏目的生产进行投资。间接投资是指对栏目提供全部或部分赞助、广告支持和其他有形与无形资产的合作。

3. 多渠道销售

栏目作为商品是用来销售的。媒体产品具有二次销售的特点:第一次销售表现为播出时的广告等各种赞助投入;第二次销售表现为相关版权转让。与二次销售相对应,中国电视节目从意识到栏目化开始,就十分注重第一次销售,即建立第一销售渠道——广告投放与广告商购买。伴随着民营媒体公司的出现和媒体市场开放的进程,栏目的二次销售开始出现,即第二销售渠道,栏目版权销售也开始兴起。特别值得注意的是,境外媒体产品的进入大多是借助其第二销售渠道。另外,各生产主体的联合制作、各投资主体的共同投资也在开辟着联合播出、联合销售等多种新的销售渠道。

多渠道销售的直接意义是增加了栏目的多种收益,有利于促进媒体市场的竞争和发展;其间接意义是对栏目的创意、生产提出了更高、更新的要求,直接冲击着传统电视媒体一直坚守的本土化策略。事实上,大量各种形式的境内外娱乐节目、栏目的风行,尤其是大型娱乐节目,直接蚕食进而吞食了地方娱乐栏目市场,使本土化被全球化冲击和替代。而从商品营销和市场流通的角度看,这又是不可阻挡的趋势。

4. 多产业发展

栏目实体的经营可以生发大量与文化传媒产业相关的产业。作为传媒的基本产品,栏目凝聚着一个传媒的价值、理念、精神、品牌等有形和无形资产,因此栏目经营也是一个传媒在市场中运作其有形和无形资产的过程。

许多国内外知名传媒的成功经验证明,媒体名牌栏目不仅会带来丰厚的广告收入,同时也会使从主持人到品牌等一系列无形资产迅速增值,牵动着大型媒体、图书、音乐、出版、发行和相关品牌产业的发展。

宏观"四多"栏目商品化模式,既是中国电视栏目市场的现实,更是其完善发展的方向。"四多"少"一多",就难以构成完善的栏目市场,因而也会从不同的角度制约中国电视栏目市场的形成。

二、微观"三化"注入栏目新生命

在中国电视栏目"生存变态"和宏观"四多"的栏目生存模式中,作为微观的个体栏目如何在新的环境中寻求成长,是媒体发展面临的基本问题。实际上,微观层面的栏目改版,其动机就是不断为栏目发展注入新的因素,规划新的方向和发展轨道。而宏观层面的市场形成与变化又不断在适应并推动着微观栏目的商品化个性、品格的形成和发展,在宏观和微观的双重变奏中演绎新的环境和新的产品。而栏目作为具有时代性要求的新产品,又不断适应着新的市场环境,日益体现并发展着其作为媒体基本产品的"三化"特性,即品牌化、版权化、衍生化。也可以说,中国电视栏目的商品化过程,也应当是"三化"的过程。"三化"的因素变多,栏目的市场周期就延长,市场价值就增加。这也是栏目不断发展壮大的追求目标。

(一)品牌化

品牌的一般概念是指用于识别产品(或服务)的名称、术语符号、象征式设计,或者是它们的组合。电视栏目品牌作为媒体产品,由于其消费使用过程与一般商品不同,除具有品牌的一般特性外,在上述硬标志的基础上,更强调和突出品牌的公共品质、价值取向和文化含量,并贯穿于品牌使用(传播)的全过程。品牌资产的优势之所以益处较多,是因为成功的品牌更容易保持成功。

所谓栏目品牌的公共品质,源于栏目生产前端——媒体所依托的资源的性质,也就是说,媒体的公共服务性使其产品——栏目,不同于一般商品而天然地具有公信力和权威性,而这也正是栏目存在和发展的基础和前提。因此,对于品牌栏目而言,其内在的公共品质,要求栏目依托于其生产单位的公信力,代表、表达、延伸媒体的公信力和权威性。栏目品牌的内容构成又来源于公共资源,而其归结点是服务于公共需求。

品牌栏目强调的价值取向,也是由媒体产品的性质和功能的特殊性决定的,它不同于一般商品所具有的界定或隐含的自身价值取向,要求显性地表达其自身的价值取向。一般来说,其价值取向是媒体共性与栏目个性的结合,既要体现媒体共性的价值取向,更要形成栏目自身个性的价值取向,而且这种特性的价值取向要与其消费者,即对象化的公众的价值取向相适应。

所谓品牌栏目的文化含量,也是由媒体产品的特殊性决定的。媒体产品首先是文化产品,其价值和使用价值也因其文化含量的大小、深浅、广窄而不同。文化含量的基本含义是栏目的文化品格、文化精神、文化追求及其投射在栏目整体设计上的各个方面、环节中的表现。许多中国电视栏目既不乏天然的公共品质,更不缺直白的价值表达,但与品牌栏目概念相去甚远,根本上是因为其文化含量的苍白造成的,想要解决这一问题根本上又有赖于一群,甚至一代有文化品格的电视人的成长。

走品牌化之路已经成为中国所有电视栏目生产商的共同追求。现在需要解决的问题是,品牌策略的选择、创新与实施。在理论和实践中有这样几种方式可供选择：

1. 媒体公共资源的独特提炼

在一般的品牌策略中，有一种统一品牌策略，即公司所有产品均采用一个品牌。美国通用电气公司即采用此种策略，产品统一使用"GE"品牌，新产品可借助这一成熟品牌赢得市场和已有及潜在消费者。这启示着传媒工业和栏目生产者。

一是依托中国媒体的性质创制品牌栏目，即围绕阐扬、开掘、体现党性和人民性的资源，创造标志性的品牌栏目，可以简单地称之为立场类品牌栏目。以中央电视台《新闻联播》为代表的中国电视主新闻类栏目的成功可为明证。

二是充分整合媒体涵盖的公共资源，从时代性、地域性、对象性乃至全球化等不同视角对其加以提炼，形成独具特色的品牌栏目。公共资源一般指新闻资源，国内外许多名牌电视新闻栏目的成功是以独特视角、手段整合公共资源寻求突破，最终成功的。例如，以《南京零距离》为代表的民生类新闻栏目，就是从民生的视角对所有的零散的社会类新闻重新整合的结果。这也是全球电视媒体品牌栏目的一般支点。

2. 品牌媒体的系列创新

省级电视台的卫视化丰富了全国电视市场，同时，又暴露了中国电视"千人一面"的同质化现实。而在湖南卫视走娱乐化之路的带动下，省级卫视乃至城市电视台又纷纷开始或自觉或被动地从一般的频道产业化，开始了电视台特质化的道路，这实质上开启了媒体品牌化之路。

实际上，中国电视媒体的分级体制决定了两条电视媒体品牌化之路。

一条是中央电视台的品牌化之路，可以视为自上而下、由分而总的媒体品牌策略。所谓自上而下，是指中央电视台依托国家电视台的定位，最充分地利用具有国家意义的权威性、影响力，通过直接参与宣传国家，或以国家视角参与宣传全球重大事务而形成中国超强的媒体品牌；所谓由分而总，是指中央电视台通过创立品牌栏目和品牌频道而形成总的央视媒体品牌。

在由上述两方面形成的央视媒体品牌基础上，中央电视台就可以相对从容地引申新的品牌栏目、频道和活动。从 1993 年新闻改革中《东方时空》开播始，至新闻频道开播中系列品牌栏目的推出，中央电视台从品牌媒体到品牌栏目的品牌路径十分清晰。

另一条是以省级卫视为代表的地方电视媒体的品牌化之路，主要路径是区域媒体—区域品牌媒体—全国品牌媒体。当前大部分省级、市级媒体依然徘徊在由区域媒体向区域品牌媒体的过渡阶段，而只有湖南卫视、东方卫视等极少数卫视处于由区域媒体向全国品牌媒体突破的阶段。与中央电视台不同，地方媒体要跃升为全国品牌媒体，只能走单点突围—单点突破—特色品牌之路，湖南卫视依靠娱乐栏目树媒体品牌的成功之路可为例证。

对于包括省级卫视和城市电视台在内的大多数电视台来说，创建区域品牌媒体具有现实性和可能性。这要求地方电视台尽快从一般的事业性单位转变成为区域市场的主体，从一般的宣传单位跃升为品牌媒体，进而成为系列品牌的创意生产机构。否则，不注重品牌媒体的整体建构，个体品牌栏目的突破也终会成为空中楼阁，这并不是媒体建设的根本长久之道。

3. 成熟品牌的本土创新

无论国际还是国内，每一类栏目都有品牌栏目的范例可供借鉴。这涉及栏目品牌创建的两种形式。

一是原创式品牌，指栏目的内容和形式具有独创性。这类栏目品牌的创建需要各种社会条件的支持，是媒体竞争在特定阶段的结果，其出现具有一定的规律性，对内外条件要求极高。

二是借鉴式品牌。电视栏目可以借鉴品牌栏目的内容和形式，注入本土要素，成为本土品牌栏目。所谓本土要素，是指本土文化、价值观及人物、事件，通过营造本土亲和力，使通行的内容和形式有新的依托，成为新的品牌栏目的构成要素。这正如不同品牌的汽车、电脑，在相同、相近的功能和形式的基础上，各企业为其注入新的理念和设计，创造了不同的著名品牌。从类的角度看，当前流行的娱乐类节目几乎全部来自日本、我国台湾地区，而实际上源自欧美的知名品牌栏目。正在风行的各种选秀节目也是欧美同类知名节目的本土化。

湖南卫视《超级女声》在形式和内容结构方面，与美国广播公司（ABC）的《美国偶像》十分相似。之前，也有不少模仿国外真人秀或者其他选秀节目的栏目，但都没有掀起全国的热议，而《超级女声》则产生了巨大影响力，其背后的秘密正是本土化的成功应用。国内有的资料在介绍《美国偶像》时，简单地称之为美国歌手大赛，而看过同类的《超级女声》，我们可能会清楚，从《美国偶像》到《超级女声》，从内容、过程到结果都不仅仅是一个简单的歌手大赛，而是挖掘、迎合、创造了中国新一代年轻人对成功的梦想，这就是《超级女声》本土化的实质，即价值观的本土化处理。而这绝不单单是一个歌手电视大赛那么简单。

4. 品牌人物的植入转化

品牌人物包括策划人、经营者、制片人、主持人在内的人的因素是栏目品牌的核心所在，也是一个栏目品牌生成、发展的关键。传统的栏目创制过程，大多是立足本媒体的人的要素的聚合过程。许多电视媒体已经意识到借助社会力量策划办栏目的重要性，在一些栏目总体和单期策划中整合社会意见，这有力地推动并提升了栏目的总体品质和分期质量。在栏目品牌创建过程中，电视媒体还要进一步清晰地借助社会力量与品牌建设的内在联系，即明确哪一部分社会力量、什么样的社会力量有助于品牌建设。当一个栏目的所有硬要素，即外观设计中的名称、标识、色彩，内容中的定位、结构，条件中的资金、设备样样具备时，最关键的还要看两个核心人物的介入：一个是制片人，作为生产要素的组织者、市场营销的管理人，要把已有资源盘活、运作起来；另一个是主持人，作为栏目走入市场的灵魂标志，将决定市场对栏目的接受程度，决定一个栏目的品牌化程度。在传统的栏目创制中，一般强调的是培养人才，而在市场竞争时代，培养又被所谓的包装替代。过分强调培养，在市场中难以抢得先机、争取主动；过分强调包装，又失之于浅，重形而轻质，实际上难以长久。就电视传播的特点而言，最直接的办法是相关品牌人物的植入，即在创制栏目过程中，首先考虑已有的台内外的品牌人物，以品牌人物为核心，创意、策划、运作栏目，通过品牌人物的带动，加速品牌栏目的发展。这方面不乏成功范例。

（二）版权化

电视栏目一经完成，即天然地具有版权，而依法受到保护。但是，栏目不进入市场，版权的意义则仅限于被动、封闭、静态的自行保护，而难以实现栏目制作者、传播者所应有的经济和精神双重权利。只有在构建栏目商品化新模式的命题中，栏目版权乃至版权化才具有新的意义和作用。

所谓版权，与著作权同义，是作品的作者所应享有的精神权利和经济权利。电视栏目的版权指栏目作者所应享有的精神权利和经济权利。在电视栏目天然地具有版权的基础上，提出版权化的概念,就是强调栏目制作者、传播者所应享有的版权权利和邻接权权利。因此,版权化是指栏目在制作、传播中应受到法律保护的各种精神和经济权利,这包括栏目制作者的版权权利,也包含栏目传播者在其传播栏目过程所付出的创造性劳动和投资所享有的权利,称为邻接权。在栏目制作者和传播者一体的情况下,版权和邻接权为同一主体拥有。

在推进和适应栏目商品化的进程中,强调栏目的版权化,具有重要意义。

(1)强调栏目一经产生,就具有了法律意义上的各种权利,同时,这些权利必然依法受到保护。

(2)认清栏目的各种权利,从版权的角度看,包括精神权利和经济权利,其中精神权利包括发表权、署名权、保护作品完整和修改权、收回作品权和精神权利的保护期限;其中经济权利包括复制权、演绎权、传播权、公共借阅权和追续权。从邻接权的角度看,包含表演者权、录制者权和广播组织权。在表演者权中,包含栏目主持人的权利和采访对象权利;在录制者权中,包括复制权、发行权、出租权和通过信息网络向公众传播权;而广播组织权利主要包含两项权利,一个是传播权,另一个是将其播放的广播电视录制在音像载体上以及复制音像载体的权利。

(3)突出与栏目有关的各种权利的应用与开发,使之成为栏目增值的增长点和标识点。

(4)强调栏目商品化和市场化中的依法运行。对照栏目版权化的内容,我们会发现,在栏目生产、制作、传播的整个链条中,都存在十分严重的问题。主要表现是,版权意识淡薄,大多数自产自销、自给自足的国有电视台较少从版权的角度考虑栏目的侵权与维权,导致栏目及其要素的行政权力化和职业权力化的滥用;版权标识不突出,大多数栏目没有像影视作品一样拥有版权登记和标识;版权的权利归属不明,制片人、主持人、投资人、表演者等权利内容模糊,导致栏目组更像一个行政单位,而不是一个创作集体;版权的各种权利人的权益难以得到依法保护等。这些问题从根本上阻碍了版权的实现,满足不了版权化的要求,使栏目应有的权利难以得到保障,客观地造成栏目权利的流失,这与栏目商品化的潮流和趋势背道而驰。

实现版权化,还要明确三个重点。

(1)明确栏目的版权化内容,并对栏目版权、媒体邻接权的各项权利依法保护。

(2)明确栏目的各种权利主体。其中,有两个主要问题需要明确:一个是电视栏目作为一种由各个权利主体共同完成的演绎作品,其著作权由制片者享有,一般为投资方,即电视台和制作公司享有,但是栏目的编导、摄像、主持人、作曲等相关作者享有署名权和相关权利;另一个是栏目作为媒体组织工作任务而创作的作品,属职务作品,也称雇佣作品,是指雇员在雇佣关系下所创作的作品。中国著作权法依据作品创作完成的不同情形规定如下:第一,职务作品,著作权在一般情况下不归创作作品的作者所有,但法人或者其他组织有权在其业务范围内优先使用;第二,特殊职务作品,创作作品的作者享有署名权,除此之外的其他权利由法人或者其他组织享有。明确了权利主体,也就明确了保护和实现权利的对象,也赋予了主体权利基础上的责任,有利于从版权的角度推进栏目的商品化。

(3)依法规范、保护和限制演播人员、主持人、演职人员的使用权。

所谓规范,就是依法、依约要求上述栏目构成的各种人员的行为。所谓保护,就是依法、依约保障和支持上述人员的合法行为。所谓限制,就是依法、依约约束这些人员的行为,使他们的权利在法定和约定的时间和环境中行使。这也是保障电视媒体的合法权利,从法制上澄清了因电视栏目而成为明星的人员的行为,明确这些人员的使用权在约定期限和约定合同关系中与媒体的权利关系,保证栏目各种权利的完整实现。

当然,栏目品牌的价值决定版权的价值,要实现版权的最大价值化,其基础还是栏目的质量及其品牌的价值,在电视供应链频道环节的上游,成功的商业模式是拥有轰动节目或重大事件的版权。一个《谁想成为百万富翁》的版权已经卖到了60多个国家。可悲的是,中国电视品牌栏目如此之少,能够受到市场热捧,因而"值得"被侵权的案例少之又少;可喜的是,众多的电视台意识到版权的重要性,有线电视数字化改造后带来的巨量频道对电视节目、栏目的巨量需求中,版权转让成为电视台又一大利润增长点,版权的价值日益显现。

(三)衍生化

在传统的栏目产业链中,有两次销售时机:第一次是栏目播出时向广告客户售出的观众群,以广告的实现数量为毛收入;第二次是版权转让。过去大多数栏目只有第一次销售,在栏目多元化生产中,许多栏目,特别是民营公司的栏目更加注重第二次销售。但是,在栏目商品化模式中,栏目的销售并未到此为止,版权的转让并不是栏目产业链的终止,栏目还有第三次销售,表现为栏目产品的衍生化。

所谓衍生化,是指依托栏目品牌而形成的品牌产品链。在理论上,栏目和节目作为传媒产品,其传播的过程也就是品牌的营销过程,因而,具有衍生相关产品的可能和能力。但是在实践中,成功的电视栏目和节目的衍生化案例并不丰富,这一方面说明中国电视栏目、节目市场化程度还不高,另一方面也证明了只有品牌栏目、节目才有可能化理论为实际,创品牌而育衍生,即品牌是栏目衍生化的前提,也就是说,在栏目商品化中,媒体的第一着力点仍然是栏目自身的品牌建设。同时,也要明确品牌栏目不是必然会带来产品衍生。要实现栏目、节目的衍生化,要有自栏目创意、制作、传播,直到形成衍生产品的一套完整的栏目、节目产业化策略。

1. 消费对象化

明确栏目的收视对象,从传播的角度,解决谁来看,进而解决为谁制作、制作什么等栏目内容、风格、形式、标识等与品牌形成相关的问题。在这里,对象化不仅是量的问题,更是质的问题,即要明确收视对象的构成、背景、兴趣等,包括性别、民族、年龄、收入、学历、消费能力、倾向等细节。从而,在栏目的创意伊始,就以十分明确的观众定位规范栏目的市场定位,从培养观众入手,培育潜在的消费群体,通过大众传媒过程中的品牌植入,形成相对忠诚的品牌消费群体。这样,对象化含义就从传播领域进入了品牌营销领域,进而进入一般的商品市场中,实现了栏目对象—品牌对象—产品对象的推进,培养了相当收视规模的潜在市场。

2. 产业关联性

衍生化是品牌链接中的规律式演变,而不仅是人为的设计,说到底是市场对品牌需求的结果。那么,哪些产业、产品可能成为栏目品牌衍生的路径和终端呢?这要从栏目品牌的产业关联性中去寻找。

如果以栏目品牌为圆心,勾画出栏目品牌关联产业图,大致可以画出一个同心圆,如图11-1所示。

同心圆图的圆心是栏目品牌,即A点,是整个关联产业的原点和起点,只有做强这个原点,才有可能像产业心脏一样,更有力带动关联产业的发展。而栏目作为媒体产业的基点,与之最相近的产业就是相关媒体产业,即要做好栏目品牌的媒体增值业务,从一个品牌栏目延伸到多个品牌栏目,如辽宁卫视曾经把早间《第一时间》品牌延伸到午间新闻,北京电视台用《第

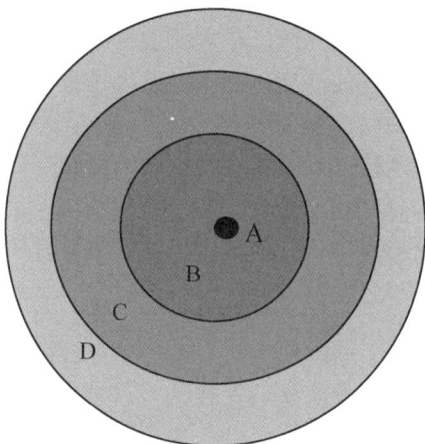

A—栏目品牌(核心点);B—媒体产业(核心区);C—文化产业(关联区);D—相关产业(放射区)

图 11-1　栏目品牌关联产业图

七日》带动《七日七频道》等栏目;用一个品牌栏目带动一个品牌频道,如江苏电视总台的城市频道以《南京零距离》为品牌,实现了频道整体的价值化;用一个品牌栏目和频道带动相关大型媒体、社会和商业活动,如南京电视台科教频道用活动反哺节目的思路和做法。上述这些做法都是利用栏目、节目品牌扩充媒体产业,因此,称这一圆周内为栏目品牌关联产业的核心区。核心区外围的圆周区称为产业关联区,属于与媒体产业相近的文化产业,可以衍生出图书、音乐、演出、创意、策划等产品和服务,带动出版、发行、制作、表演、娱乐等行业的发展。最外围的区域称为品牌放射区,指媒体和文化产业以外的关联产业。可以根据栏目定位指向的消费群体,进入这个消费群体的目标市场和相关产品。在这方面,迪士尼标识在商业领域中的广泛应用是最为成功的案例,迄今为止,迪士尼的各种卡通人物标识和名称广泛应用在玩具、文具、服装、饮料、运动、餐饮等多种行业,是媒体品牌深入人心,进而衍生出无数品牌产品的典范。但在国内还缺乏这方面的成功实践。

3. 运营专业化

成功的栏目品牌一定会成为成功的关联产品品牌吗?答案是否定的。栏目品牌只是关联产品品牌的必要条件,要使栏目品牌衍生为关联产品品牌,需要专业化的品牌管理和营销,而要使栏目品牌关联产品在自己的市场上取得成功,更需要专业化的品牌管理和营销,即运营专业化。

栏目品牌的培育有自己的规律,同样,即使在媒体领域内,用栏目品牌衍生频道品牌、媒体品牌或者活动品牌,其过程有自己的内在规律,这些品牌也有自己的成长、运行规律。栏目品牌和频道品牌的内在结构和外在标识都有显著的差异,而媒体品牌的长久可能更依赖其文化品格的定位和组织结构的支撑。这些都是传媒产业中不同主体品牌建设中应注意的问题。

而在栏目品牌衍生产业的关联区和放射区,无论是衍生的文化产品,还是如服装、玩具等一般的商业产品和服务,更有其自身的品牌形成、发展规律,栏目品牌只不过是给了其衍生产品以品牌为内容和形式的第一推动力。如何有效运行,还需要这些产品在自己的产业领域和市场中,按产业政策、竞争环境、资源条件、消费群体等因素,按自己的品牌规律运行,这离不开品牌运营的专业化。

国内电视业之所以缺乏著名品牌的衍生产品，其根源固然在于缺乏长期持久的栏目品牌，缺乏衍生产品的"第一推动力"，但更重要的是缺乏品牌运营的专业化，缺乏这个中介环节，就阻碍了栏目品牌向一般商品的衍生。因此，市场呼唤组建有形或虚拟的媒体品牌交易所和媒体品牌的孵化中心和产业化基地，呼唤类似专业化的中介机构，如此，会激活不可估量的媒体品牌的衍生化和市场化。

根据栏目对象化、产业关联化和运营专业化的栏目品牌衍生原则，比较成熟的衍生方式有以下三种：

第一种是自我衍生。拥有栏目品牌的媒体或公司直接研发、生产关联产品，推向市场。其优点是可以直接实现栏目品牌和衍生产品的营销互动、市场推广和促销，问题是需要大量投资和相对薄弱的专业化运营带来的投资、生产、销售风险。

第二种是授权衍生。拥有栏目品牌的媒体或公司授权关联产业进行品牌植入和使用，形成新的品牌产品。

第三种是特许衍生。拥有栏目品牌的媒体或公司特许某个企业、产品使用品牌。

后两种方式的优点是通过品牌的专业化运营保证授权和特许的成功，这也是迪士尼公司品牌营销的成功经验。从这个意义上说，国内大的电视媒体要有品牌管理营销部门来推进品牌衍生。授权和特许方式的风险是如果对象的选择和经营出现问题，则会反过来影响栏目的品牌价值。

第三节　栏目商品化提出栏目发展新取向

把栏目作为商品并不否认其具有的精神文化产品特质，相反，处理好商品共性与精神文化产品特性的关系会启发人们思考栏目商品化过程中栏目发展的新取向。

一、导向基础上的效益取向

电视栏目作为一种通过传播获取利润的特殊商品，必然承担一定的社会功能，其中本质和首要的是导向功能。无论中国电视管理和经营体制如何改革，坚持正确的舆论导向，包括政治、经济、生活、娱乐、文化、价值等导向，永远是电视栏目生存的第一前提和第一取向。在此基础上，电视媒体的产业本性强烈凸显栏目生存的效益取向。在这里，导向和效益的关系显然尤为重要，实践证明，正确导向为零的栏目，价值效益也一定为零，承担最大正确导向功能的栏目，往往也凝聚着最大的栏目效益。

1. 应当树立向导向要效益的原则

挖掘栏目导向功能中的最大效益，细分栏目导向功能的观众指向、内容指向、心理深度指向，进而通过适度的市场营销使之效益化。

2. 应当树立向市场要效益的原则

在操作中还应当树立导向为本、效益先行的原则，向市场要效益。在这方面，广告类、生活类、娱乐类栏目都有着成功的实践。

3.应当树立向融合要效益的原则

电视台拥有内容生产的天然优势和权威性,要把这种优势通过以栏目、人物、节目、项目等为形态的内容创建、分发、重新定义到多平台的新媒体上,从传统的变内容为收视,到网络时代的变内容为流量,在不断融合中形成新的内容、新的效益。如芒果超媒就是成功的案例。

二、大众前提下的市场追求

中国电视栏目生存存在三次递进式的变化:一是传统的宣传取向;二是20世纪90年代初中期受众中心理论的确立带来的明确的大众取向;三是电视产业大发展中栏目的市场化和商品化取向。市场竞争要求栏目最大限度地占有对象化受众,在这一点上,与从传播或宣传角度要求栏目最大限度地满足群众的精神文化需求并没有根本区别。根本的区别在于,市场经济和电视产业竞争发展的趋势,要求栏目把观众转化为市场上的消费者,在满足观众明确需求的基础上,进一步开发他们的消费潜能。在这里,观众向消费者的转化是否成功是栏目市场化过程是否成功的重要一环。

因此,栏目商品化要求变传统的收视观为现代的消费观,树立观众收视即顾客消费的观念。在实践中,必须把观众收视调查与市场消费调查结合起来,把分析观众诉求与对象化营销结合起来,把观众的意见反馈与广告商、投资商的意见反馈结合起来,在此过程中最根本的是在满足观众收视需要的前提下,满足栏目市场化生存的必要条件。

三、传播过程中的品牌运作

从传播学的角度看,电视栏目在传播过程中实现了传播者意图,即为成功。但从市场营销的实践看,完成了传播意图只是经营的基础,栏目还要完成经营意图。因此,必须从市场营销学的角度,把栏目的传播过程与品牌的营销过程有机结合起来。这就要求,电视栏目从策划、播出到推广,都按照品牌的营销过程来操作,最大限度地赋予栏目的品牌内涵,开发栏目的品牌内涵。

上述栏目取向的变化,实际上对现行的栏目评价体系提出了挑战。现行的栏目评价体系一般有两个标准:一是收视率标准;二是专家评奖标准。收视率标准只注重多少人(包括构成)在看,而难以表明这些人现在和即将为此直接或间接投入多少。专家评奖则更多地注重学术规范,根本忽略了收视率、回报率等栏目的生存问题,导致评出的获奖栏目有可能根本不是实际播出的内容。因此,在电视产业化和栏目商品化的大势中,要求确立新的栏目评判视角,也就是市场占有和投入产出的视角。牢固树立市场占有率大、投入产出率高的栏目就是好栏目的观念,当然,其前提是必须坚守精神产品特殊性决定的社会责任第一的原则。

四、全流程的精品化生存和个性化发展

栏目的精品化和个性化是电视人追求的永恒目标。栏目的商品化则对精品化和个性化提出了新的要求。

(一)好栏目是电视核心竞争力的起点

栏目生存的商品化新取向,归结为一点,仍然是栏目的精品化生存,在这里,精品的定义除

了导向正确、思想精深、艺术精湛、制作精良等标准外，还应具有市场认可的成分。栏目的个性化则进一步要求栏目在观念、对象、制作、主持等各方面都具有独特的差异性。从市场消费的角度看，一个栏目也只有具有独特的差异性，才会拥有特定的消费群体。因此，个性化基础上的精品化，以个性凸显栏目特色，以精品提升栏目品质，是增强电视栏目竞争力的必由之路。

（二）好栏目是频道可持续发展的内在动力

这里首先是栏目的可持续发展问题，持续不断的电视改版热，一方面暴露了电视人急于发展的浮躁心态，另一方面也反映了栏目设计之初和传播之中，对可持续发展问题的忽视。从中外电视栏目实践看，一些新闻节目及其主播的数年不衰，证明了只有保持精品化生存和个性化发展，栏目才能可持续发展。或者说，栏目可持续发展的过程就是不断精品化和个性化的过程，这个过程作为一种内驱力推进着电视台的可持续发展。当然，栏目的可持续发展不等同于栏目的可持续播出，而是在持续播出基础上的不断丰富、扩充，增加品牌及其关联产品无形和有形资产的过程。

（三）商品化要为好栏目的发展提供更充分的条件

栏目商品化的目的是壮大栏目实力，提高栏目质量，实现栏目公益属性和商品属性的双重进步。所以，栏目商品化必须为栏目的精品化生存和个性化发展提供更充分的条件。

1. 按投入产出比向精品化和个性化栏目投入

在栏目创意策划时，要充分考虑栏目的精品化生存条件和个性化发展空间，按投入产出比向精品化和个性化栏目投入。在中国 1 279 个电视频道中，许多小规模频道根本不拥有实现栏目精品化的人、财、物条件。在栏目商品市场发展还不充分时，这些频道大多盲目上马栏目，结果只能是背上财物包袱，失去传播信誉，导致年年创新年年改，造成有形资产的浪费、无形资产的流失。

2. 与栏目运行过程同步，开展市场营销

在成本核算中计入营销成本，在栏目队伍中增加营销人员，在栏目宣传中介入营销策略，按市场规则增加栏目的品牌含金量。通过品牌体现栏目的精品化和个性化的融会贯通。

3. 不断策划栏目、衍生产品

不断策划栏目、衍生产品，进而创意策划新的电视栏目或者行动及相关产品。不断地实现栏目的商品化并以栏目商品化带动电视产品的商品化，推进电视产业的市场化，进而使电视产业市场成为不断产生优秀电视栏目的深厚土壤和最佳环境。如此，中国的电视栏目才会持久地呈现出精品迭出、群星争辉的景象，也才可能最大限度地满足群众日益增长的精神文化需要。

第十二章

时空拓展：

时间战略的市场操盘

对有关时间概念与运营的研究在传播领域和广播电视实践中具有基础性的意义,而黄金时间的概念则是其中的核心概念之一。不断创造黄金时间,开拓黄金时季,拓展新平台上的黄金时点是电视媒体实现社会效益和市场效益的重要途径,也是电视媒体在融合发展中赢得市场的关键。

第一节 多媒体时代对黄金时间的重新解读

"早晨听广播,白天看报纸,晚上看电视"这一习惯性说法,从一个侧面反映了公众在不同时段对不同媒体的选择偏好,表明了不同类别媒体的最佳传播时间。在实践中,早晨和晚上也被广播电视视为自身的黄金时间而倾注了较多的人力、物力。在有关广告播出比例等规定中也把每天 18:00—22:00 视为电视黄金时间而做出了特殊要求。有关广播电视收视率、占有率和到达率的调查分析表明,不同时间确实凝聚着数量和结构不同的收听(视)群体,也必然带来不同的宣传效果和经营效果。

一、黄金时间的概念

在上述事实中,如果我们抛开黄金时间的具体指向,抽象地概括,所谓黄金时间就是凝聚着最佳传播价值和效果的时间。

黄金时间的基本概念包含至少三个构成要素:

（1）媒体。不同媒体因为不同的传播特点而产生不同的黄金时间。

（2）凝聚最佳传播价值。媒体主动在这一时间段内传播最具价值的内容,这一时间段也应该是媒体最充分运用的时间。

（3）最佳传播效果。它意味着凝聚主体、主流受众或最大量的受众资源,产生最大的影响力。

二、黄金时间的基本特点

进一步深入分析黄金时间的概念,探寻其运行及背后的规律,会发现黄金时间的以下基本特点。

1. 黄金时间是由社会作息规律决定的

社会作息规律是一个比较复杂的社会学概念,从根本上取决于社会生产和生活方式,受经济发展水平、社会工作制度、地理环境、人口结构、季节、民俗乃至宗教信仰等因素影响。改革开放以来,中国人的社会作息规律发生了巨大变化,一个显著的特点就是所谓夜生活的出现,实行双休日及增加节假日后,又导致了工作时间的缩短和休闲时间的出现和延长。广播电视顺应不同时期社会的作息规律的变化特点,在不同时期开发延长晚间时段、开辟周末版、开发白天版等,都收到了较好效果,实质是社会作息规律的变化决定了新的黄金时间的出现。

2. 绝对黄金时间和相对黄金时间的区别

黄金时间具有绝对性和相对性,对应时间分别称为绝对黄金时间和相对黄金时间。

绝对黄金时间是由社会总的作息规律决定的,凝聚着最佳社会传播价值和效果的时间,一般意义上的黄金时间,如早晨之于广播、18:00—22:00 之于电视都是收听(视)率最高的时间,即为绝对黄金时间。

相对黄金时间则是由传播对象作息规律决定的,是凝聚着最佳对象传播价值和效果的时间。一个显著的例证是由于老龄化社会的到来,白天某些时段如中央电视台一套早间的《夕阳红》时间成为相对黄金时间。

3. 黄金时间具有纵向阶段性和横向连续性

所谓纵向阶段性,是指在一天 24 小时中的某一个时段为黄金时间;而横向连续性,一般指在一周(月、年)内,每天的黄金时间大致在同一时段出现。

4. 黄金时间具有依赖性

黄金时间依赖于传播内容及其质量、传播形式。单位时间内能否凝聚最佳传播价值和传播效果,归根结底取决于传播内容。在多频道竞争的电视实践中,同样是 18:00—22:00,各频道由收视率、占有率和到达率反映出来的传播价值和效果大相径庭,这根本上是由节目质量,即传播内容及其质量、传播形式决定的。

三、多媒体时代黄金时间的新特点

除了具备以上特点外,新媒体的用户主导、移动在线、融合传播等规制了新媒体的时间特性。

1. 黄金时间具有群体偏好性

从传播的角度看,黄金时间既依赖于传播主体的传播内容,也依赖于传播客体的行为模式和接受偏好。特别是在新媒体平台,垂直型媒体具有自己鲜明的传播与接受模式,黄金时间呈现出自己的群体活动规律与偏好。时间峰值取决于垂直类客户的作息规律。

2. 黄金时间在新媒体传播中呈现出"单位时间"的特征

在新媒体平台,时间呈现出碎片化特征,受众也不受传统媒体的黄金时间制约,因此,碎片时间在单位时间内呈现的峰值即新媒体的黄金时间。这个"单位时间"可以是两次推送间的时间长度,也可以是自然周期的时、日、周等。

第二节　开辟黄金时间的思路与策略

不断开辟黄金时间是媒体发展的基本需求,也是市场竞争的必然要求。考察中央电视台近年的发展轨迹,从时间的角度分析,就是一个不断开辟黄金时间的过程,如1992年整点新闻的推出,树立并强化了整点概念,1993年《东方时空》的推出开辟了早间时段,1997年开始的大型直播活动的显著增加,导致阶段性的绝对黄金时间的出现,而这些黄金时间的拓展极大地提升了中央电视台的宣传效果,扩大了经营领域,使中央电视台不断向国际大台迈进。

根据黄金时间的基本特点和中央电视台开辟黄金时间的实践,可以发现,开辟黄金时间有四大依托点和五大操盘策略。

一、开辟黄金时间的四大依托点

1. 依托于对社会作息规律的调查分析和把握

一些电视台成功开辟早间、午间、周末和白天时段都是对全国或地区性社会作息规律把握的结果。目前,满足个人生存的社会必需时间已经缩短,为提高工作质量付出的社会必要时间和提高生存质量的社会休闲时间正在延长,而且随着信息社会和知识经济的来临,这三种时间之间的界限日益模糊,要求广播电视在强化休闲战略、占领社会休闲时间的基础上,争夺社会必要时间,渗入社会必需时间,实现时间战略的转移和贯通。在这一方面,互联网络由于技术的先天优势,已经率先实现了全天候渗入个人工作和生活之中。

2. 依托对象性优秀传播内容

从传播角度看,是一个节目开辟了一个黄金时间。在多频道竞争的时代,无论电视台每天播出多少小时,观众一天只有24小时,在各个收视时间段内,只能选择一个频道,在单位时间内,只能被一个节目吸引,这就要求广播电视媒体必须依据社会现实情况和观众作息规律,有针对性地制作或播出优秀节目。

3. 依托针对性的编排策略

任何电视频道都是众多竞争对手中的一员,要稳定、强化、开拓频道的黄金时间,还要研究把握观众的流动规律,把吸引特定观众的节目放在这群观众可能收看电视的时间播出。综合运用反向性、挑战性的节目编排等多种编排策略。

4.依托精准的推送策略

借助大数据与云计算,新媒体已经基本实现了用户的精准画像,因而可以精准推送用户需要或感兴趣的内容,进而形成个体或群体特征的单位黄金时间。

二、开辟黄金时间的五大操盘策略

在四大依托点的基础上,开辟黄金时间还需要解决一些观众和策略上的问题,具体有五大操盘策略。

1.强化相对黄金时间概念

树立对象性传播的宣传观和对象性到达的广告经营观,通过分析对象作息规律确定相对黄金时间,研究对象收视需求以确定节目的内容、形式和风格,大力开辟相对黄金时间。事实上,国内许多广播电视媒体已经意识到这个问题并通过周末节目和白天时段的开播开辟了一些成功的相对黄金时间。

2.推进绝对黄金时间的边缘性延伸

从中央电视台-索福瑞媒介研究有限公司等一些调查公司提供的数据看,在18:00—22:00这段绝对黄金时间中,总有一个最高收视点。集中强势节目,编排得当,这个最高点就会相对稳定并向前后延伸,保持较长时间的高收视率。同样,在18:00前后做类似的安排,也会得到绝对黄金时间的边缘性延伸的结果。中央电视台《晚间新闻》时段的开辟取得了类似的效果。

3.加快绝对黄金节目的对象性转移

这是由黄金时间对节目的依赖性决定的,对象性极强的节目一般应在对象休闲时间中播出,但是,如果安排在对象必要时间中甚至对象必需时间中播出,也会培育出新的相对黄金时间。同样,绝对黄金时间中已播黄金节目的重播时间可以安排在非黄金时间,这样会起到引导部分对象随节目转移,进而出现新的相对黄金时间的作用。

4.优秀节目或对象性节目的连续性播出形成新的黄金时间

以优秀节目或对象性节目的连续性播出,培育形成新的收视习惯,进而形成新的黄金时间。这一点已经为所有广播电视媒体经常性运用,并取得了较好的成果。

5.多频道、多媒体时间的互补形成整体传播优势

目前,大部分广播电视机构拥有多个频率或频道,但是,在编排上往往多冲突、少协作,形成收视上的硬分流,合理的设计应当是在频道专业的基础上,把满足同一对象不同需求的节目纵向连续在一个或多个频道中播出,或者把满足不同对象不同需求的节目在不同频道中播出,避免把相同群体需求的不同节目同时在不同频道中播出,以形成多频道的时间互补,达到媒体的整体传播效果。

对上述五个问题的通盘分析和协调操作,会形成更多的黄金时间,实现更好的宣传效果和经营效果。

第三节 从黄金时间到黄金时季

从商业的角度看,电视实质上是销售时间的产业。因此,千方百计使时间保值、增值就成为电视竞争的基本战略,而在有关时间竞争的实践中,战场已经从黄金时间燃烧到了黄金时季。

长期以来,每天18:00—22:00被视为电视黄金时间而成为诸多电视频道竞争的主战场。在这一时段,新闻、电视剧这两大类电视节目的主打产品占据主导地位,各个电视台都在集中优势人、财、物打造自己的品牌节目,以提高收视率份额和扩充赢利空间,各个电视台的最佳收视效益和利润收益都在黄金时间中得以体现,因而,黄金时间也成为各台创新节目、科学编排、比拼收视、抢夺市场的重地。沿着黄金时间竞争战略的方向思考,电视竞争的着力点就要放在做强传统黄金时间、开拓新的黄金时间、培养对象性黄金时间等方面。然而,这样的思考还局限在按一天24小时的时段进行划分的基础上。如何突破日的限制,在更广阔的时间视野中谋划电视时间竞争战略,黄金时季的概念就呼之欲出,应势而生。

一、黄金时季现象及其特点

(一)中国电视黄金时季的产生

2005年,湖南卫视《超级女声》的巨大影响事实上创造了湖南卫视的一个黄金时季,这也是中国电视"黄金时季"时代出现的标志性事件。从时间角度分析,《超级女声》成功的重要原因就是按"时季"运作,而非按"栏目"播出。实际上,诸如电视剧、栏目等电视产品按"时季"播出是美国电视业的一种通行做法。从历史渊源看,这是对英国等欧洲传统戏剧上演季的一种习惯传承。在当代美国电视业中,一般来说,电视系列剧的播出时季大多为每年的9月上旬到翌年的4月下旬,真人秀等节目大多从每年的三四月份开始,延续一段时间结束,收视和市场表现好的电视剧和节目还将有下一个播出周期,即第二季,甚至更多的播出时季,收视和市场表现差而难以形成黄金时季的,大多一个时季就宣布结束,而能够延续下去的大多开创并形成了一个又一个的黄金时季。美国电视业中播出时季的做法、黄金时季的辉煌和《超级女声》的巨大影响给我们提出了几个问题,即,到底什么是黄金时季? 黄金时季的奥秘到底何在? 黄金时季与黄金时间有什么异同?

(二)黄金时季的主要特点

透过《超级女声》的现象和国外电视的成功实践,我们可以发现,黄金时季有六个基本特点。

1. 项目特点

项目特点即以项目为基础,确定一个由电视台主导的电视节目或电视行动。

2. 周期特点

周期特点即明确播出周期,确定一个周期中播出的起止时间,并在该周期中设定节目的内容、分项目等的逻辑进展阶段。

3. 同步调整特点

在播出周期内可以根据市场、观众等社会各方面的反映,调整节目内容、进程、规则等构成要素。

4. 营销特点

用多种手段营销项目,把项目明确为市场产品,以实现品牌、影响力和利润为目标。

5. 超值特点

创造了超出日常栏目、节目正常社会影响和市场收益的超额市场价值。

6. 复制特点

可能演化复制为多个播出周期,主要取决于第一个播出周期的影响力和市场反应。

二、黄金时季的真正内涵

在上述关于黄金时季特点的经验性总结的基础上,将黄金时季与黄金时间比较,会从新的角度抽象出黄金时季的一般性规律。

(一) 黄金时季的一般性规律

1. 从时间的角度观察

黄金时间作为以日为单位的时段划分,具有长期性和均衡性,即一天中某个时段为黄金时间,该时段将可能日复一日连续地长期保持较高的收视状态,具有一定的收视惯性。例如18:00—22:00 时段为公认的电视黄金时段。

黄金时季则具有周期性和峰值性。所谓周期性,是指在节目或项目播出的周期内,才构成播出时季。所谓峰值性,是指在一年中该周期出现了收视高峰、投资高峰、收益高峰和影响力与注意力高峰,呈现出了各方面的综合性高潮。

2. 从时间所承载的内容观察

黄金时间具有日常性和常规性,基本上是以栏目、电视剧为载体,在日常播出中创造和保持较高的收视,是基于时段定位、栏目定位的常规性采制播出。

黄金时季则具有活动性和特殊性,大多是以项目或项目式运作的重大策划节目和电视系列剧为载体,通过阶段性的集中市场营销和推广播出创造了高于日常的、特殊的收视率和收益。

3. 从支配时间的规律性因素的角度观察

黄金时间是由社会作息规律决定的,具有社会性。只有媒体的传播优势适应了社会作息规律,才可能构成该媒体的黄金时间。

黄金时季则是由市场特别是文化市场、传媒市场及其营销规律决定的,具有鲜明的商业性。只有媒体的策划、创意、项目、营销等符合了商业市场的规律,才有可能创造出辉煌的黄金时季。

由此,我们发现了黄金时季与黄金时间的根本区别,黄金时季本质上是一种商业模式,而黄金时间则仅仅是一个时间概念。这样,我们就可以把黄金时季定义为:在市场经济中,在竞争中周期性的创意、营销电视项目及其产品以获取超额影响力和利润的商业模式。

(二)黄金时季的基本要点

我们可以进一步从以下几方面理解其基本要点：

(1)以市场经济为背景。没有竞争激烈的媒体及其产品市场，就不会出现黄金时季现象。

(2)制作播出的周期性质。时季是周而复始的。

(3)强调营销与市场手段的应用。

(4)以电视项目及其产品为载体。

(5)以获取和实现超额影响力和利润为目标。如果没有实现这样的目标则不能称之为形成了黄金时季。

(6)其本质上是一种商业模式。这是黄金时间与黄金时季最根本的区别。可以说，黄金时间是社会时间的传媒化，是传媒对已有时间的价值化，还是宏观的时间领域里的概念。而黄金时季是市场规律对社会时间的运用和创造，是商业规律对社会时间的营销，是市场经济中人类对时间和季节的创造，因而其跃出了时间的范畴，成为一种商业概念。

当然，黄金时间与黄金时季也有着内在的天然联系。两者的基本共性，一是都以社会黄金时间为基础，二是都以品牌栏目为基石。在实际运作中，黄金时季以黄金时间为基础，黄金时间因黄金时季而提升。

三、开创黄金时季，赢得至尊地位

开拓黄金时间、创造黄金时季已经成为当今中国电视竞争的新特点，把握创造黄金时季的一般性规律，创新性地加以运用，就可能取得竞争的制高点，赢得收视和收益的双赢，在一定阶段中，取得市场至尊的地位。而时季周转，轮回无限，只要把握得当，在一个又一个黄金时季的成功运作中，电视媒体的影响力和实力就会不断壮大。

根据美国电视黄金时季的实践和《超级女声》的成功运作，结合上述归纳的黄金时季的一般定义，创造黄金时季的一般性规律可以概括为"时季为本，项目为核，营销推进，提升战略"。

(一)时季为本

时季作为一个时间周期概念，有三个基本含义。

1. 自然时季

它表现为一年分为春、夏、秋、冬四季，地球的不同区域因经纬度的不同又有不同于四季的自然时季。自然时季对于区域和时域内人们的生活方式、习惯、消费、兴趣等都有决定性的影响。

2. 社会时季

它是由社会制度、习惯、习俗、宗教、传统等非自然因素决定的时间周期。在农业社会，基本表现为所谓的春耕、夏耘、秋收、冬藏等不同季节的社会性活动；在当代，除政治性、宗教性、传统性节日形成长短不同的时季外，更多地表现为政府、社会组织、时尚等在一段时期内倡导的社会行动、趋势等。这些阶段性的行为构成了不同时间周期的主题，因而形成社会时季。

3. 商业时季

它主要是由社会风尚、消费、企业等主导，根据社会商业主题划分的时间周期，例如春、夏、秋、冬有不同的生产、消费、流行主题,形成了与自然时季相呼应的商业时季,又比如与节假日、开学、重大事件等社会时季主题相应,也会形成不同的商业热点及周期。

由于黄金时季在本质上是一种商业模式,在以时季为本的实践中,就要依托自然时季,把握社会时季,运作商业时季。美国电视剧播出时季一般从9月上旬持续到翌年的4月。从自然时季看,这个周期横跨秋、冬、早春,夜长昼短,人们夜晚在家的时间相对延长,户外活动相对减少,有利于电视收视。从社会时季看,这个周期重大的节日如感恩节、圣诞节、新年等比较集中,人们的假期延长,以家庭为主的活动较多。从商业时季看,这是人们的传统购物季节,广告投放时间相对增加,因而形成了这样相对固定的电视黄金时季。而《超级女声》的时季起自3月份,从社会时季看,正值中国传统的两会时事报道高峰,湖南卫视巧妙把握了该社会时季的特点,以差异化竞争策略,赢得了自身的黄金时季。

(二) 项目为核

何为项目?从最广泛的含义来说,项目是与日常性工作相对应的、特殊的将被完成的有限任务。它是在一定时间内,满足一系列特定目标的多项相关工作的总称,具有一次性、目标的明确性、整体性等特征。在电视业中,项目是与日常性播出的栏目对应的特别节目、媒体行动、重大活动等体现为周期性播出的重大策划节目。但是,在实践中,并不是所有的项目都必然演化出黄金时季。在《超级女声》出现以前,中国电视界虽不乏优秀的电视剧、特别节目、系列片等,但并没有典型意义上的黄金时季。由此可以看出,构成黄金时季的项目至少有三层基本含义:

1. 项目牵动

它是指按照项目而非栏目模式运作管理,所有的相关工作围绕项目展开,根据形势需要和媒体定位确定项目的概念、开发、实施和收尾四个阶段的目标、资源、管理等工作。

2. 产品主导

产品是项目的核心目标,电视产品则是项目中推向市场和观众的部分,具有概念和实体两重属性。

从概念的角度看,需要明确项目中产品的含义、理念、指向、诉求、品牌等影响力、注意力因素,最终形成产品的文化意蕴,以及由此带来的持久影响力和品牌力。

从实体的角度观察,需要明确产品的内容与形式、人物与故事、开始、过程和结局。

从表面上看,电视产品由节目以及其中的人物构成;实际上,构成品牌的要素还包括创意、风格、情节、主题、明星、服务、衍生品以及管理团队、市场客户、观众期待、观众满意、参与者获益等从虚到实、从高端理念、文化到低端有形产品的整个链条。

3. 市场导向

要求项目及其产品由市场目标牵引,为市场目标服务,按市场规则运作,由市场成败抉择。这是项目能否构成黄金时季的关键,也是以往众多优秀作品、活动难以打造成黄金时季的根本原因,更是黄金时季作为一种商业模式的奥秘。在实践中,市场导向造就了美国不同电视频道一个又一个黄金时季,一个又一个电视神话,形成了电视剧、真人秀等一个又一个电视现象的奇观。

(三)营销推进

营销是市场经济发展到一定阶段的产物。在当今电视竞争中,由于频道和节目的增多,电视产品也由卖方市场进入买方市场。因而,传统的以企业为出发点,以产品为中心,通过扩大销售额获得利润的传统营销理念与手段显然不合时宜。各媒体需要深入分析全国、区域、行业的竞争态势和趋势,应用以目标市场为出发点,以顾客需要为中心,以营销组合为手段,以通过顾客满意获得利润为目的新的营销理念,特别是要研究应用以行业和市场环境为出发点,以竞争优势为中心和重点,以战略管理为手段,以参与者共赢为目的的战略营销理念。

在创造黄金时季的营销实战中,要注意下述五个方面。

1.对象化创意

它包括产品的内容、形式、风格、观众等。就观众对象而言,要明确观众对象的文化背景、年龄、学历、收入等综合指标。《超级女声》的成功就在于其围绕年轻观众这一明确的观众对象展开创意与实施。

2.差异化竞争

用不同于其他同类或异类节目的内容、形式、风格、主持、观众、手段等要素,创意营销新的项目与产品,这是一般市场竞争的共同规律。在美国电视市场中,相似的真人秀节目层出不穷,而成功的只有《幸存者》《美国偶像》《谁想成为百万富翁》等对象、内容、诉求差异明显的几个代表项目,这实质上是差异化的成功。

3.悬念式递进

这是开发注意力经济的重要规律。在美国,无论是真人秀还是电视剧,都以不断推进的合乎逻辑或违反逻辑的悬念取胜,形成一波未平、一波又起、欲说还休、欲罢不能的播出和收视效果,形成了一个又一个黄金时季,有的节目连续播出了十几季,依然长盛不衰,原因之一是故事悬念未解,观众放心不下。

4.组合式推广

它主要利用多种单向传输的方式推介项目,塑造明星,引发议论,引起关注,掀起舆论,利用多种双向交流、互动、反馈等方式聚集关注,造成影响,掀起声势;利用多种环境、场所、专家、权威等不断发布更新的相关消息,刺激人们的知情欲,利用大奖等激发人们的参与感等。美国的真人秀节目一旦明确播出季,就开始推出多种多样的广告、消息和多种个人网站,不断引起人们的关注。在节目播出过程中,电视台不断释放网上投票、节目花絮、节目内幕、新人故事等信息,形成了持续高涨的社会关注度。

5.参与者共赢

它主要是社会、媒体、项目、观众(收视观众和参与观众)、赞助商等都能有所收益,感到满意,这是黄金时季得以继续的前提。如果项目或其体现的价值观、导向、内容、人物言行等对社会有所损害,则必然遭到反对而终结,这是一些看似势头强劲的节目、项目难以为继的重要原因。

(四)提升战略

战略是企业为之奋斗的一些目标与企业为达到目标而寻求的方法(政策)的结合物。电视竞争具有不同的战略层次。它主要包括下面四个战略层次。

1. 企业发展战略

它是指由电视台发展目标、途径、手段构成的宏观发展战略。

2. 频道发展战略

它是指由为电视台发展战略服务的频道发展的目标、途径、手段构成的频道发展战略。在真正的频道制中，即把频道作为独立法人时，频道战略是第一层次的企业战略。

3. 栏目发展战略

它是指由为电视台和频道战略服务的栏目发展目标、途径、手段构成的栏目发展战略。

4. 项目发展战略

它是指围绕台、频道、栏目等不同战略层次展开的项目目标、途径和手段的综合。

众多项目居于何种战略层次要视其对不同层次发展的不同意义而定。

在任何电视台中，栏目和电视剧都构成了黄金时间的内容，由于黄金时间具有相对稳定性，是栏目和频道发展的基础和目标，因而，保持和开拓黄金时间就成为栏目和频道战略的核心诉求之一。而要开创黄金时季，则必然提升战略层次，使相关项目由一般的项目层次提升到企业即电视台层次，综合运用全台的各种资源为项目服务，这是由中国电视竞争的阶段和现状决定的。就阶段而言，中国不同于美国，电视的商业竞争和黄金时季初露端倪；就现状而言，一超（中央电视台）多强（几个省级卫视）、地方割据（城市台）的局面还将持续。除中央电视台外，省级卫视和城市台要想在竞争中取胜，必须在台的战略层次上重视开拓黄金时季，形成新的收视和收益增长点。否则，在竞争日趋激烈，新媒体日趋增多，黄金时间必然会日益式微的大势中，电视台可能日益萎缩。

值得注意的是，在网络电视中，已经无所谓黄金时间或黄金时季，传统的电视时间流变成了与节目一体的视频时间块，对传统电视台而言，最紧迫的是树立媒体品牌，以便在网络电视时代用品牌和服务赢得传播对象的追随，这可能已经超出了时间战略的研究，也更需要立足于网络时代的全新的时间战略研究。

从黄金时间到黄金时季是电视竞争的结果，是电视市场发育的必然，是全球化视野下的一种借鉴式模仿，也是中国电视从业人主动觉醒、积极探索的结果。这也启示我们，电视的未来充满了新的可能，前方还有更多的创意、生产、营销和发展的方式、方法、模式和取向，需要我们比别人更快地感悟、触摸、理解和应用，去开创一个又一个新的前进方向。

第十三章

技术颠覆：

有线电视网络发展趋势

有线电视网络曾经是电视传输的新形态。当前，通过网络持续的技术升级与改造，有线电视网络已经成为三网合一中的重要一员。特别是5G时代的到来，又为有线电视网络注入了全新功能，为电视的融合发展提供了新的空间和可能。以下结合当前环境变化与新技术创新，通过对辽宁沿海经济带城市有线电视网络发展变化的分析，理清有线网络由传统单向视频传输，到双向互动数字电视，进而发展互联网电视，最终完成电视互联网化的发展演进思路，为电视事业与产业发展创造新的可能。

第一节　辽宁沿海经济带有线电视网络概况

2021年9月，国务院批复同意《辽宁沿海经济带高质量发展规划》，这是继2009年7月国务院原则通过《辽宁沿海经济带发展规划》之后，国家对辽宁沿海经济带更好、更快发展做出的最新部署和要求。该规划指出，包括大连、丹东、锦州、营口、盘锦、葫芦岛等沿海城市在内的辽宁沿海经济带，地处环渤海地区重要位置和东北亚经济圈关键地带，资源禀赋优良，工业实力较强，交通体系发达。加快辽宁沿海经济带发展，对于振兴东北老工业基地，完善我国沿海经济布局，促进区域协调发展和扩大对外开放，具有重要战略意义。这两个关于辽宁沿海经济带的国家层面的发展规划给区域广播电视事业和产业发展带来了新机遇，通过有线电视加速区域融合，把老工业基地打造成新媒体产业基地有了新条件和可能性。

一、沿海六城市有线电视概况

1. 大连市有线电视概况

大连天途有线电视网络股份有限公司（以下简称大连天途有线）拥有城乡一体化有线电视网络，覆盖市内4区及7个县市区，为城乡数字电视用户提供141套电视节目，其中，为城区数字电视用户提供82套视频节目，为农村用户提供可实现视频点播和时移电视功能的双向文化信息资源共享服务，同时还提供48套付费电视节目、25套境外电视节目、有线宽带上网、手机电视等增值业务和服务。大连天途有线服务用户已超过210万户，大连市是全国首批三网融合试点城市。

除了直播电视外，大连天途有线于2012年建设高清互动系统平台，向大连用户提供高级视听享受的高清电视以及3D电视信号，同时可对节目进行时移、回看和点播互动；可向用户提供50多项互动业务应用，最大25M的宽带接入；可利用机顶盒玩大型体感游戏。大连天途有线可向家庭用户提供智能家居、安防、健康管理等智慧家庭业务。

2. 丹东市有线电视概况

北方联合广播电视网络股份有限公司（以下简称北方联合）丹东分公司有线电视网络覆盖用户为31.5万户，除金山镇和汤山城镇个别村组共计5 000户农村网络为单向网络覆盖，其余31万户均为双向网络覆盖，其中（LAN）+EOC双向网络覆盖为10万户，HFC双向网络覆盖为21万户。

3. 锦州市有线电视概况

北方联合锦州分公司实现了全市有线电视信号大联网，有城区数字电视用户30万户，网络规模居全省同等规模城市前列。全网采用A、B两个平台：A平台为采用HFC技术的有线电视传输网，网络带宽862 MHz，全网基本实现光纤到小区，桥南新城区实现光纤到楼；B平台即宽带数据网，采用IP架构LAN入户的方式，桥南采用EPON+LAN方式入户。有线宽带累计用户4万余户。

4. 营口市有线电视概况

北方联合营口分公司面向用户主要有三项业务：数字电视业务、宽带上网业务、视频点播和时移回看业务。有电视用户15万户，已发放20多万台机顶盒，其中高清盒占30%。宽带用户3.8万户，高峰时，实时在线用户为1.7万户。

营口有线网络采用双线入户接入方式，已经实现部分区域的双向网络，即有线电视网络采用HFC方式，宽带数据网采用LAN方式。宽带网络采用IP网络架构，千兆到楼，百兆到单元，网线入户。

5. 盘锦市有线电视概况

北方联合盘锦分公司将数字化整转的6.05万户（网络覆盖户）全部转为单向网络，其中80%为光纤到楼。新建小区IP网络覆盖的5.8万户采用EPON+LAN方式入户，大部分小区完成光纤到户改造，并开通信号。

6. 葫芦岛市有线电视概况

北方联合葫芦岛分公司采用模拟和数字并行的传输方式，共传输51套模拟电视节目、

127 套标清电视节目、21 套高清电视节目和 12 套广播节目,同时还传输实时股票信息和葫芦岛信息港等信息服务节目,为全市有线电视用户提供丰富多彩的电视节目。

北方联合葫芦岛分公司完成了双向互动电视的建设工作、IP 直播平台和互动平台的搭建,21 套高清节目已经落地。城域网建设工作已启动,可以为大客户提供专线服务,已完成 BOSS 系统升级工作、呼叫系统升级工作、UPS 系统升级工作。北方联合葫芦岛分公司全面推出高清互动、VOD 点播等增值业务,丰富业务种类。

2018 年,上述六城市均已通过北方联合以投资形式成为中国广播电视的间接股东,因此纳入全国有线网一体化的建设中,拥有广播电视 5G 等技术资源,为区域融合发展奠定了更加坚实的基础。

二、传统有线数字电视网络架构

有线电视网络主要采用 DVB-C 传输。DVB-C 即数字有线视频广播,由前端系统、网络系统、用户终端三大部分组成。其中,前端系统是整个数字有线电视系统的核心,网络系统是基础平台,用户终端是实现最终的结果。

单向有线电视网络系统由四部分组成:信号源系统、前端系统、传输系统和用户分配系统。传统有线电视系统的基本组成如图 13-1 所示。

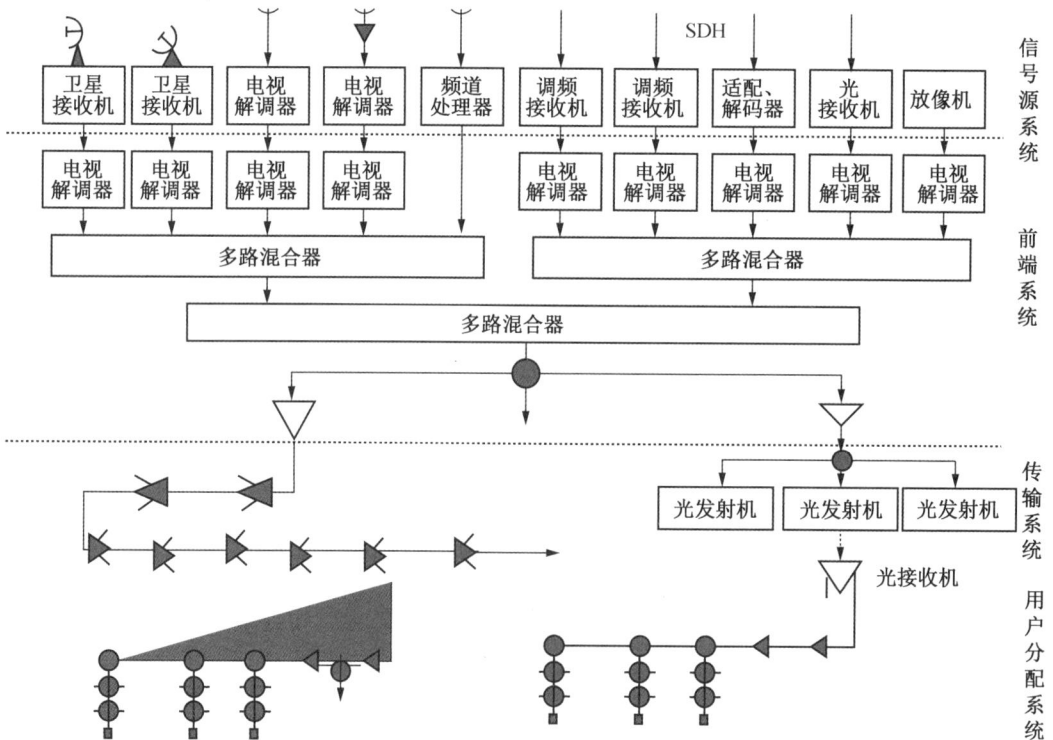

图 13-1　传统有线电视系统的基本组成

1.前端系统

数字电视的前端系统一般由数字卫星接收机、视频服务器、编解码器、复用器、QAM 调制器、各种管理服务器以及控制网络部分等设备组成。

　　数字电视的前端系统一般可分为四个主要部分，即信号输入部分、信号处理部分、信号输出部分和系统管理部分。每一个部分都有其特定的功能，最终组成完整的数字电视前端。

2. 传输系统

传统单向数字电视广播网络如图 13-2 所示。

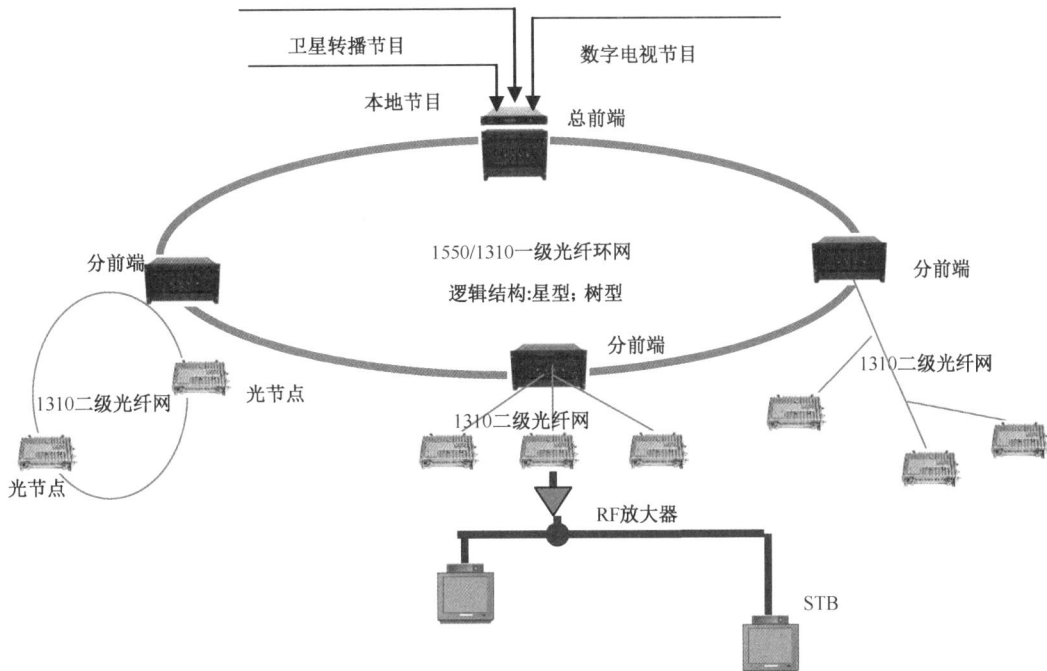

图 13-2　传统单向数字电视广播网络

　　有线电视 HFC（光纤同轴电缆混合网）网络的拓扑结构一般有星型结构、树型结构和星树型混合结构以及双星型结构。

　　光纤同轴混合网是这样一个网络：在局端有前端设备进行有线电视信号处理，把信号调制到指定的载波上，主干线路使用光纤或低损耗同轴电缆传输载波信号，在用户小区使用同轴分配网络下行载波信号。

三、传统有线电视网络面临的问题

　　随着信息技术的不断发展，人们对于交互式需求的不断增加，传统有线网络仍旧为单向网络，不能满足信息交互的功能。

　　另外，互联网在持续推进，有线网络具备进入千家万户的优势，却不能满足人们在宽带接入技术上的需求；电脑以及智能手机的普及使人们在互联网数据与视频上的需求越来越大，有线网络缺乏在数据上的发展。虽然在部分地区已经实施了双向网改，但技术陈旧，网络带宽仍然较小，不能满足视频传送需求。

　　因自身无线网络的缺失，有线固定运营商不能满足移动终端的需求。

　　因此，以有线网络为依托，逐步发展以视频为主的互动电视，以宽带服务为主的互联网增值业务服务，实现有线电视网络 IP 化，成为有线电视企业越来越迫切的需求。

第二节　互动数字电视的发展

一、互动数字电视的发展背景

1. 国家广播电视总局启动 NGB 建设

2009 年 7 月 31 日,中国下一代广播电视网(NGB)启动仪式暨科技部、国家广播电视总局、上海市下一代广播电视网建设示范合作协议签字仪式在上海举行,正式启动"中国下一代广播电视网"示范网建设,并于 2010 年年底前在上海地区率先完成 50 万户 NGB 示范网络建设。以此为标志,中国下一代广播电视网进入实质性推进阶段。

中国下一代广播电视网提供以高清、互动、宽带和推送播存为特征的丰富类型业务,业务形态包括音视频业务、信息类业务、娱乐类业务、应用类业务、休闲类业务、教育类业务等。

(1)自主创新的网络架构。NGB 的网络架构分为核心网、城域网、接入网和家庭网四个网络层次。核心网采用成熟先进的技术体制和相应的传输与交换设备,以自主创新的大规模接入汇聚路由器(ACR)作为城域网边缘接入节点,构建由独特的业务质量保障机制和安全访问模式支撑的高性能接入网,可实现对用户业务、流量等进行精细化管控与结算,支持全域性、一体化的网络与业务管理要求。NGB 的边缘接入网络,也支持无线宽带或超宽带接入方式。

(2)开放的业务平台。自主创新的 NGB 开放业务平台是提供全业务融合服务的基础性业务平台,能为有线运营商提供面向三网融合业务的全业务管理、运行以及对等互联互通功能,可对业务质量保障、管理与可信服务等提供环境支撑。

(3)综合的网络与业务管理技术。NGB 管理体系一方面根据全程全网安全可靠运行的管理要求,进一步加强和完善传统的网络管理和业务可信手段;另一方面从全局的角度,综合各类信息,完成全局资源的协调与调度。

(4)内容安全。NGB 内容集成播控系统包括对数字内容的加工,版权的植入,各级审核版本的提供,离线、近线、在线播出内容的准备,能够对所有 NGB 上的包括个人上传在内的多种发布内容进行预先的审核,并具备对播出内容的完整性监测,保证内容的不被篡改和防止不良、非法内容的侵入。

(5)支持"智慧家庭"和智能办公的 NGB 家庭信息与物联网络。NGB 家庭信息与物联网络是在家庭内部通过自主创新的有线与超宽带无线组网技术,将家庭网关与其他信息设备或智能电器组成可以进行信息交换的物联网络,并通过家庭网关与 NGB 外部网络相连,向家庭用户提供各种现代服务的系统。

2. 国家广播电视总局启动三网融合试点建设

2010 年 1 月,国务院下发《推进三网融合总体方案》,首次明确提出了组建国家级有线电视网络公司的目标。国家级有线电视网络公司主业为负责全国范围内有线电视网络有关业务,并开展三网融合业务。

在辽宁地区，大连天途有线作为三网融合第一批试点，率先启动了三网融合、高清互动电视平台及网络的建设。

对于有线电视网络来说，视频业务仍然是核心业务，视频编码、压缩等技术的发展带来更高的视频质量以及海量丰富的视频内容。传统的广播视频业务不能满足日益增长的消费需求，集数字电视直播频道、回看、时移、VOD 点播、高清频道和宽带上网等功能为一体的广播电视全业务发展战略要求广播电视运营商拥有更大覆盖、更大容量的传输管道，原有广播电视光传输网络面临升级换代。

基于以上背景，新一代的互动数字电视系统开始逐步建立。

二、互动数字电视系统

1. 互动数字电视平台系统

互动电视前端是交互式数字电视平台系统的核心部分，主要由媒体资源管理系统、视频点播系统、业务系统、网络交换系统等组成。

（1）媒体资源管理系统。媒体资源管理系统负责对几十万小时的媒体资源进行编排和管理，对需要在交互式数字电视平台上片的节目进行转码和资产注入。

（2）视频点播系统。它由视频点播服务器及其存储和后台管理系统共同组成。视频点播服务器的性能可以通过同时支持的节目流播出并发数来衡量。一般来说，视频点播服务器支持 1 万并发流，可以带 10 万互动电视用户。后台管理系统分为业务管理系统和会话资源管理系统两部分。业务管理系统负责在线节目管理、时移电视管理、提供计费接口。会话资源管理系统负责 IPQAM 资源管理、配置信息流发送，这两个系统共同负责机顶盒点播会话管理。

（3）业务系统。它主要由在线内容管理系统、门户页面系统以及核心数据库组成。在线内容管理系统提供对在线节目内容导入、定价、分类、发布、审核、下片管理。门户页面系统为互动机顶盒提供导航页面，展现节目信息，供用户进行浏览和选择。

（4）网络交换系统。核心视频流交换机与视频点播服务器相连，同时采用多个万兆接口与汇聚层视频交换机相连，保证视频点播服务器发出的点播节目流可以到达分前端的 IPQAM 设备。信令交换机与后台管理系统以及业务系统服务器相连，同时采用多个千兆接口与城域网相连，保证互动机顶盒可以通过宽带接入网访问门户页面系统，与后台管理系统服务器进行点播信令交互。

前端互动点播系统如图 13-3 所示。

互动平台应满足以下要求：

（1）支持基础数字电视及单向增值业务，如高、标清直播，OCG（如阳光政务、天气预报等），EPG 广告，NVOD 虚拟频道和股票等。

（2）支持基本及增强型交互式电视（VOD 系统）。

（3）支持高清交互式增值业务，如视频点播、时移电视、精彩回放、精彩荟萃、双向广告、智慧社区、电视支付、行业大客户等。

（4）能够最大限度利用现有资源（包括现网节目内容、网络资源设备及终端资源 STB 等）。

（5）系统支持主流媒体格式 MPEG2 及 H. 264 格式，并且可以顺利引入及转换第三方内容格式，以符合支持主流媒体格式和多格式媒体内容的要求。

（6）系统能够方便第三方系统/业务集成，如媒资 AMS、SMS 及第三方 CP/SP。

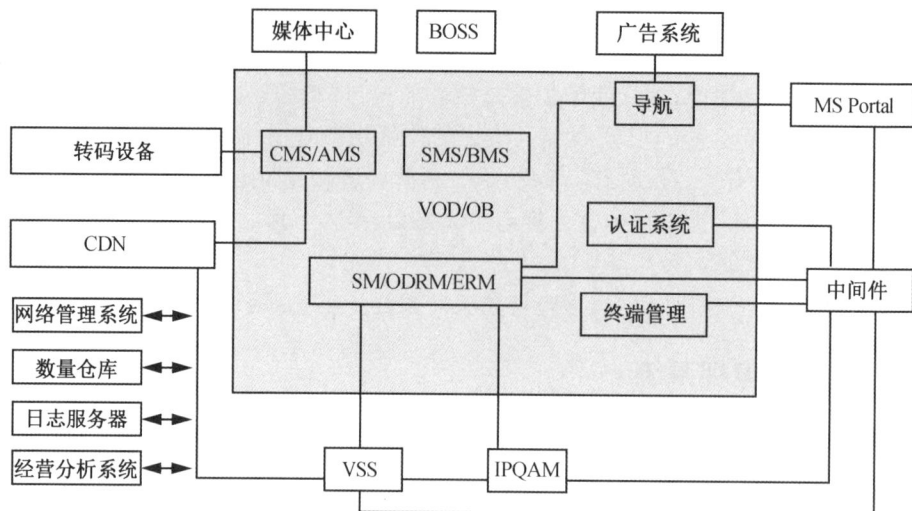

图 13-3 前端互动点播系统

（7）系统能够支持未来三网融合类业务的扩展，实现互联互通。

2. 互动电视数据传输系统

骨干传输网络由大容量的密集波分复用系统 OTN 网络和高性能交换机组成。

大连天途有线数据传输系统如图 13-4 所示。

视频流传输由核心视频流交换机通过万兆端口与地市视频流交换机互联，地市视频流交换机通过万兆端口与分前端视频流交换机互联。

点播信令由核心交换机通过千兆端口与分前端交换机相连。

有线电视分前端由 IPQAM 设备和汇聚层交换机或光接入头端设备 PON-OLT 设备组成，分别负责视频流传输和宽带信号接入。

IPQAM 设备接收由视频点播服务器播出的节目流，经过 UDP 数据解封，TS 流复用，QAM 调制，最后转化为射频信号输出至用户接入网络。

3. 互动电视接入网络系统

用户接入网络主要负责 IPQAM 设备输出的节目流和 IP 宽带信号。

2012 年 8 月，国家广播电视总局相继发布三大有线双向网改标准，有线运营商在技术选择上有了依据。三个双向网改标准，第一个是 HINOC（High Performance Network over Coax，高性能同轴网络），第二个是 Home Plug AV，第三个是 C-DOCSIS（China DOCSIS），这三个方向上都有比较好的进展。

大连天途有线于 2012 年启动双向网络改造，采用了 GPON 技术，在同轴层，采用了国家广播电视总局三大标准之一的 Home Plug AV 技术，使得用户接入层最大带宽可达 300 M。目前已经基本完成整个大连地区的双向网络改造。

大连是辽宁地区沿海城市，同时又是三网融合试点城市，大连天途有线在 2012 年启动双向互动平台的建设，同时全力进行双向网络改造，已经实现了集有线高清互动视频服务、宽带互联网接入、IP 语音通信以及互联网增值业务服务、智慧家庭服务于一体的综合业务服务，初步实现三网融合建设目标，符合国家广播电视总局 NGB 的发展方向。大连天途有线具体开展

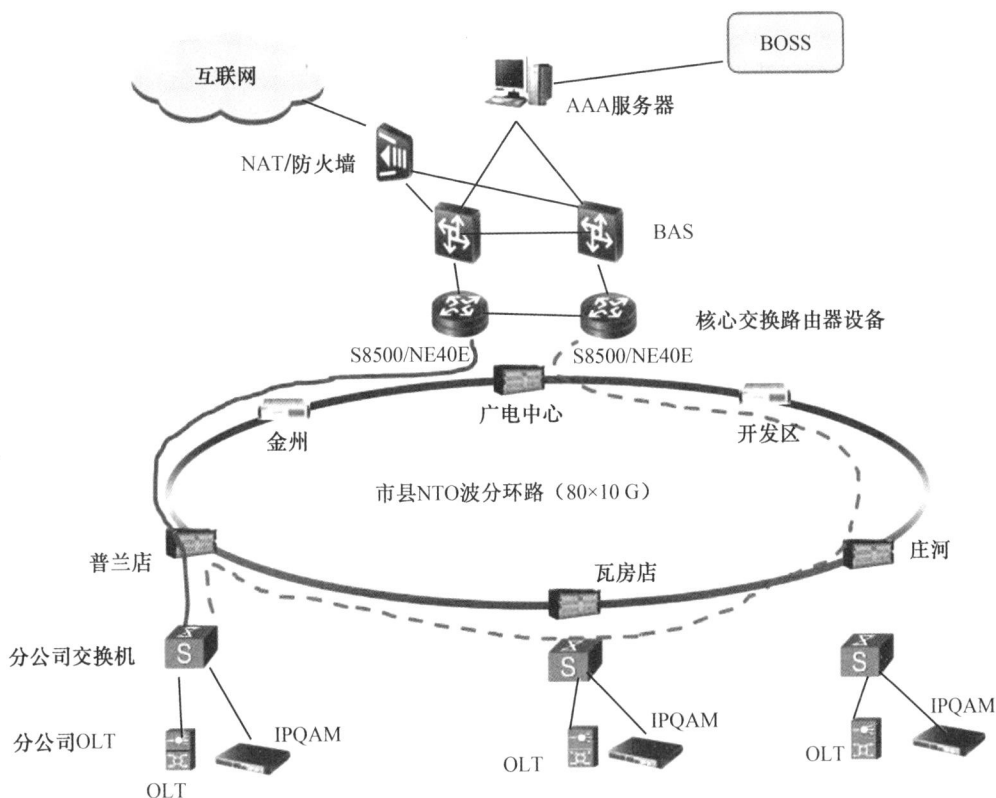

图 13-4　大连天途有线数据传输系统

了如下业务：

(1)直播类业务：标清、高清、4K 超高清、3D 直播业务。

(2)互动电视类业务：互动点播、时移电视、电视回看业务。

(3)宽带业务：可开通宽带，带宽为 5~25 M。

(4)智慧家庭业务：智能家居、家庭安防、健康管理。

(5)互动增值应用：云游戏、卡拉 OK、交通出行、学习平台、智慧西岗、电视购物等几十项应用。

(6)多屏互动业务：可利用移动终端看电视以及与电视进行互动。

(7)无线接入业务：公共场所的 Wi-Fi 覆盖和家庭 Wi-Fi。

(8)电话业务：基于 IP 的电话和可视通话业务。

三、双向互动电视系统的一些关键点

1.业务平台采用云计算技术

有线网络已经是基于视频直播和互联网应用的两张承载网。随着云计算技术的不断成熟，有线互动平台可以实现更多内容的适配，完成更丰富的业务。

云计算是基于互联网的相关服务的增加、使用和交付模式，通常涉及通过互联网来提供动态易扩展且经常是虚拟化的资源。云是网络、互联网的一种比喻说法。云计算甚至可以让人体验 10 万亿次/秒的运算能力,用户通过电脑、手机等方式接入数据中心,按自己的需求进行运算。

云计算关键技术包括虚拟化技术、海量数据存储技术、并行编程框架技术、分布式数据管理技术、分布式资源管理技术、安全技术等方面。

云计算包括以下几个层次的服务:基础设施即服务(IaaS),平台即服务(PaaS)和软件即服务(SaaS)。

IaaS:消费者通过互联网可以从完善的计算机基础设施获得服务。例如:硬件服务器租用。

PaaS:PaaS 实际上是指将软件研发的平台作为一种服务,以 SaaS 的模式提交给用户。例如:软件的个性化定制开发。

SaaS:它是一种通过互联网提供软件的模式,用户无须购买软件,而是向提供商租用基于 Web 的软件,来管理企业经营活动。例如:阳光云服务器。

云计算结合大数据分析,在广播电视有线网络中的应用可体现"平台普适、业务多样"的特点。简单来说,即通过云计算、大数据相关技术建设一个开放、统一、通用的技术平台,平台设计时采用分层、模块化思想,层次之间相对独立,通过标准接口向上支撑上层模块或向外部应用系统开放,以实现业务多样性原则。

2. 末端接入采用 Wi-Fi 无线技术

Wi-Fi 全称 Wireless Fidelity,是当今使用最广的一种无线网络传输技术,Wi-Fi 上网可以简单地理解为无线上网。智能手机与多数平板电脑基本都支持 Wi-Fi 上网,家庭用无线 Wi-Fi 可以实现 100 米范围内的宽带数据传送。Wi-Fi 信号采用有线网提供,只要接一个无线路由器,就可以把有线信号转换成 Wi-Fi 信号,供电脑、手机、平板等多种终端同时使用。

Wi-Fi 对于有线网络具有较大的现实意义。广大有线运营商业务均限定于有线同轴网络,随着宽带技术的不断发展,在有线同轴上实现 IP 大带宽接入已经非常成熟。有线运营正借助宽带技术,不断拓展新的市场空间。

随着 Wi-Fi 技术的成熟,无线带宽越来越大,当前的 Wi-Fi 技术基于 802.11N 标准,已经支持至少 150M 的带宽,这个速率完全支持高清视频业务的传送。

基于有线的 Wi-Fi 技术将有线视频与互联网应用结合起来,为移动终端用户提供了综合业务服务。用户利用有线同轴一根线入户,利用有线的多屏互动系统可以在有线网络上,实现高清、超高清视频在电视上观看的同时,也可以利用移动终端观看视频直播和点播。对于有线网络运营商来讲,将有限的有线用户扩大到无限的无线用户,具备较大的意义。

3. 智慧业务采用物联网技术

物联网是新一代信息技术的重要组成部分,其英文名称是"the Internet of Things"。顾名思义,物联网就是物物相连的互联网。这有两层意思:其一,物联网的核心和基础仍然是互联网,是在互联网基础上的延伸和扩展的网络;其二,其用户端延伸和扩展到了任何物品与物品之间,进行信息交换和通信。物联网通过智能感知、识别技术与普适计算广泛应用于网络的融合中,也因此被称为继计算机、互联网之后世界信息产业发展的第三次浪潮。物联网是互联网的应用拓展,与其说物联网是网络,不如说物联网是业务和应用。因此,应用创新是物联网发展的核心,用户体验是物联网发展的灵魂。

4.多屏互动技术促使有线电视向移动终端发展

随着智能终端的大规模普及，人们的生活习惯发生了天翻地覆的变化，电视节目也不再局限于在电视屏幕上观看，手机、平板电脑、电脑等终端设备也开始抢夺电视屏幕的受众，各种智能电视产品的出现丰富了电视机本身的应用方式，"看电视"将逐步向"用电视"演进。多屏互动，简单地说就是通过专门的连接设备，将几种设备的屏幕互相连接转换。比如手机上的电影可以在电视上播放，平板上的图片可以在电视上分享，电脑的内容可以投影到电视上。其实质是基于 DLNA 或闪联等协议，通过无线连接，在不同多媒体终端上，如常见的基于 IOS、Android、Windows 等不同操作系统的不同智能终端设备如手机、平板电脑、TV 等之间，进行多媒体（包括音频、视频、图片）内容的传输、解析、展示、控制等一系列操作，可以在不同平台设备上同时共享展示内容，丰富用户的多媒体生活。多屏互动技术的崛起成为未来发展的不可逆转之势。由于具有丰富的应用模式，越来越多的有线运营商将面向用户提供多屏互动服务，以争夺用户，抢占市场。随着智能终端产品技术的突飞猛进，未来将是全民"多屏互动"的时代。

5.丰富的互联网增值应用促进智能终端的发展

随着互联网视频与应用的冲击，提升"盒子"吸引力，保卫客厅，维护电视地位，成为互联网时代、三网融合的背景下，广播电视运营商的当务之急是加快终端的智能化。在终端市场，基本上销售的电视均为智能电视。同时，各种各样的智能机顶盒也在市场大规模销售，每年达到几百万台。随着互联网视频的快速发展，智能机顶盒正在大量蚕食传统机顶盒市场，同时新的智能机顶盒集成了大量互联网应用，正在吸引越来越多的人群。

因此，在业务模式上，信息泛在化趋势下，运营商迫切需要支撑多业务场景的智能终端，以保持竞争力；在此基础上，有线/电信等运营商开始了基于智能终端的业务场景搭建，而传统的面向运营商市场的机顶盒厂商也将依托运营商进行转型，以控制风险。

智能终端，让用户看到更多内容，让用户体验更多业务、服务，是广播电视业务发展的必然选择。

第三节 互联网电视 (OTT) 的迅速发展

OTT 为"Over the Top"的缩写。OTT 是最新的视频处理技术，指视频内容通过网络开放传输的一种方式。用户可以通过各种互联网设备，如台式机、笔记本电脑、平板电脑、智能手机、机顶盒等访问视频内容。

互联网电视开放式支撑平台（以下简称"互联网电视平台"）是在业务互联网化、终端智能化的背景下，为开展开放式电视屏业务提供的支撑平台，平台可满足采用传统流程开展业务的需求，又可为业务社会化发展提供服务。互联网电视平台可面向各地运营互联网电视的实际情况提供个性化部署，具备业务统一接入、集中运营的功能，为各地上线互联网电视业务提供一体化支撑服务。

一、OTT 平台基本结构

互联网电视开放式平台基本逻辑结构如图 13-5 所示：

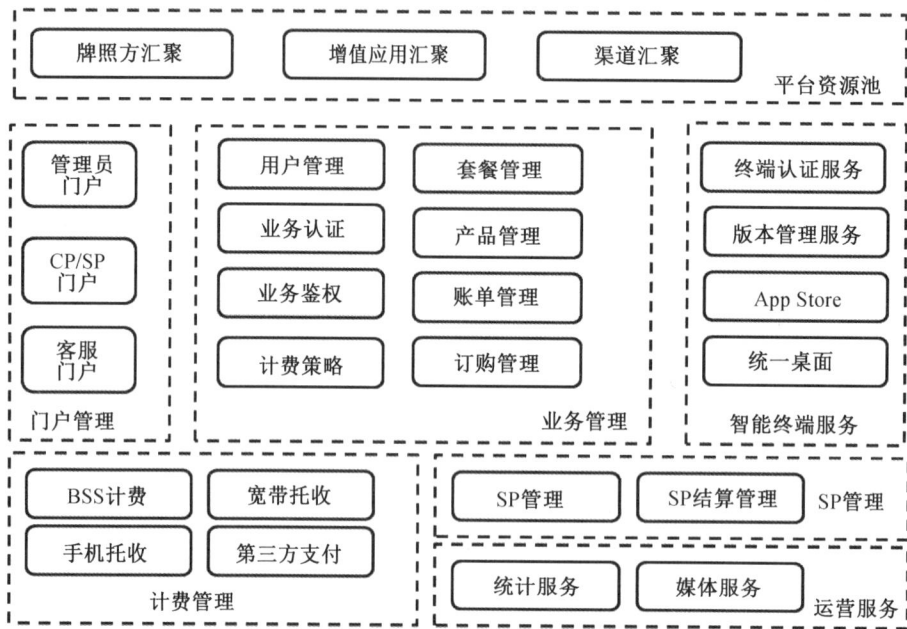

图 13-5　互联网电视开放式平台基本逻辑结构

互联网电视平台分为门户管理、业务管理、智能终端服务、计费管理、SP 管理、运营服务等6 个基本功能模块。

从世界范围来看,全球 OTT(即中国所称的互联网电视)有三种发展模式:第一种是欧洲的兼顾传统广播电视与 OTT 服务的 HBBTV 模式;第二种是完全以互联网架构为基础的美国开放式 OTT 模式;第三种则是中国所形成的强调内容监管的可管可控模式。

对中国 OTT 行业而言,内容的可管可控是必须正视的问题,内容的监管是必然的,不可能像国外 OTT 的发展一样各个环节都开放。

国家广播电视总局采取了牌照制的方式来实现对 OTT 的可管可控。由国家广播电视总局认可的集成牌照方负责提供内容播控,且互联网电视与牌照方客户端完全绑定,通过牌照方的集成播控平台对客户端实行控制和管理。

二、OTT 与 CDN

CDN 的全称是 Content Delivery Network,即内容分发网络。随着 OTT TV 的迅猛发展,CDN 显得格外重要。在平台上一方面是开放性,要有更多的内容和不同的应用进来,另一方面需要有更多的平台的支撑,这些对用户体验是至关重要的。

内容分发网络是一种新型网络内容服务体系,其基于 IP 网络而构建,基于内容访问与应用的效率要求、质量要求和内容秩序而提供内容的分发和服务。而从广义的角度,CDN 代表了一种基于网络而构建的高质量、高效率、具有鲜明网络秩序的网络应用服务模式。

简单地说,内容分发网络是一个经策略性部署的整体系统,包括分布式存储、负载均衡、网络请求的重定向和内容管理四个要件,而内容管理和全局的网络流量管理是 CDN 的核心。通过用户就近性和服务器负载的判断,CDN 确保内容以一种极为高效的方式为用户的请求提供服务。

使用 CDN,不用担心自己网站的访客,在任何时间、任何地点,任何网络运营商都能快速打开网站。各种服务器虚拟主机带宽等采购成本,包括后期运维成本都会大大减少。

OTT+CDN 是 OTT 视频处理技术与 CDN 结合的平台。视频内容经过 OTT 技术处理,再通过 CDN 节点分发给各种终端的访问用户,访问用户无须安装任何插件或 APP,即可访问视频内容。

CDN 网络分发系统组网如图 13-7 所示。

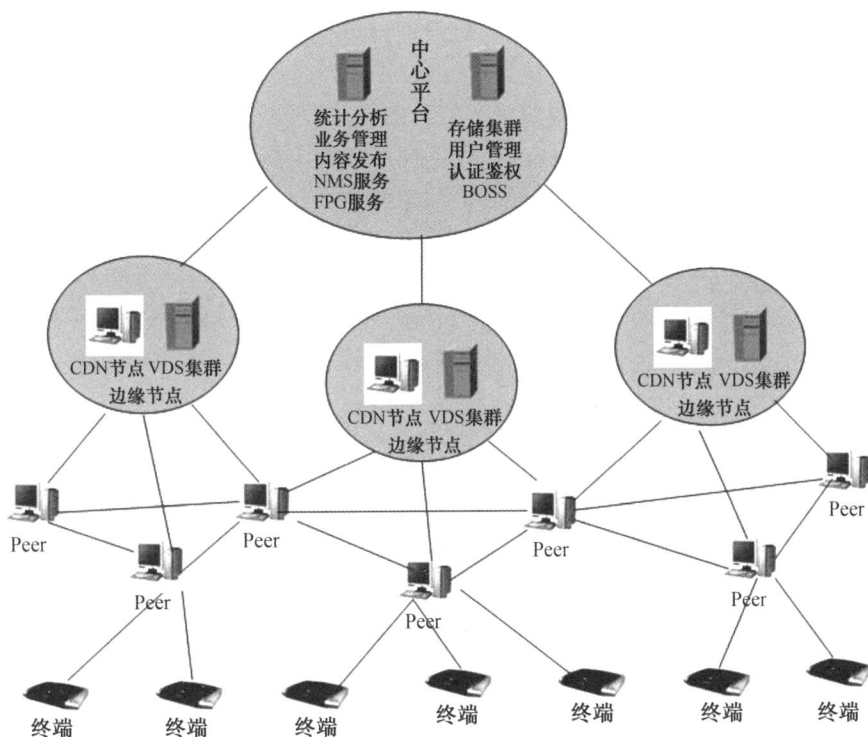

图 13-7　CDN 网络分发系统组网

而以多屏互动为目标的互联网电视平台建设,正是提高公司盈利能力,保持现有客户群体的一种方式。通过互联网电视平台建设将 DTV 业务与互联网接入进行有效的融合,是有线应对三网融合的出发点之一,是解决来自传统网络运营商与新兴虚拟运营商两个方面竞争压力的主要措施之一。

三、有线电视网络的发展

当前,传统电视受到互联网的冲击越来越大,电视的开机率越来越低。尤其是年轻人几乎已经不看电视了,纷纷转移到视频网站的怀抱。同时,企业也减少了对电视台的广告投入,纷纷转向视频网站以及互联网电视牌照商。某些视频网站的收入全面超越一些卫视的收入。

因此,有线电视急需加快推动互联网电视与 DVB 的融合建设,推动终端的普及,重新打造适合年轻观众观看的内容,例如互动节目等。

当前,各个企业特别是互联网企业,均通过智能网关、智能路由器、游戏盒子等多种途径不断占领客厅,同时,通信运营商将 IPTV 业务作为未来的潜力增值业务,正在不断加大投入,也在不断吸引宽带用户。每年,有线网络均有大量用户流失,严重的地方,流失率超过 10%。不论是电视台,还是有线网络运营商,广播电视业正面临前所未有的压力,这些压力迫使广播电视业不断转型,不断发展。

2013 年以来,各地广播电视有线网络均陆续与通信运营商进行合作,发挥各自优势,如大连天途有线与中国移动联合推出新型宽带产品——北方宽带,广东广播电视与广东移动开展宽带合作等,北方联合与辽宁电信开展宽带合作等。随着各类 OTT 业务的不断冲击和影响,不论是有线运营商还是电信运营商的收入都在出现不同程度的缩减。在此形势下,广播电视行业和电信行业越来越倾向于借助各自的优势资源,引入对方的业务,丰富自己的产品组合,这是行业发展的必然,也是三网融合的继续深入。

另外,有线网络运营商也必须紧跟最新技术的发展,不断拓展多维空间,借助互联网的发展,抓住智慧城市大力发展的机会,引入互联网视频和更多的互联网应用,内容上不断加强与媒体制作商的合作,开展多种经营,借助云计算与大数据技术,不断由传统的视频媒体服务商向综合信息与应用服务商转变。

因此,有线电视网络未来将在平台、内容、网络、终端、业务等方面不断发展进步。下面就这几方面的建设做简要阐述。

(一)基于 DVB+OTT 的云平台建设

DVB 标准提供了一套完整的适用于不同媒体的数字电视系统规范。DVB 数字广播传输系统利用了包括卫星、有线、地面微波、SMA TV、MNDSD 在内的所有通用电视广播传输媒体。同时 DVB 数字广播系统中的许多业务能根据需要,提供多种形式的交互服务。

OTT TV,是指基于开发互联网的视频服务,终端可以是电视机、电脑、机顶盒、平板电脑、智能手机等,意指在网络上提供视频服务,可以是互联网,也可以是有线电视网,强调服务和网络的无关性。同时,终端的多样化也体现出了用户的需求变化和发展,OTT TV 在提供视频内容的同时,也提供面向电视的互联网应用融合的服务。

广播电视网络的优势在于,其主要业务运营在视频有超过两亿的视频用户以及高入户率。同时,广播电视网络拥有电视直播频道的传输权,更是其较传统运营商的主要优势。广播电视业在这个时机开展 DVB+OTT 的建设,开展和互联网电视牌照商的合作,既可以借助互联网突破自身双向的瓶颈,同时还能够发展有线电视网络之外的客户,而且这些都在政策要求的可管可控之下。

DVB 与 OTT 深度融合,共同针对直播流进行互动层的开发,将直播内容与 OTT 内容深度关联起来,形成深层次的广告精准投放、付费点播、人机互通等业务,提升收益并建立新的盈利模式。

(二)借助 4K 终端的发展,充分发挥超高清视频优势

当前,4K 电视已经开始普及。4K 电视是屏幕的物理分辨率达到 3 840×2 160(QFHD),且能接收、解码、显示相应分辨率视频信号的电视。4K 电视的分辨率是全高清(FHD.1 920×1 080)的 4 倍,约是高清(HD.1 280×720)的 9 倍。在此分辨率下,观众将可以看清画面中的

每一个细节和特写。作为新一代电视产品,4K 电视一般采用新一代 4K 超高清技术和 4D 技术,推出后备受关注。

4K 电视机正在成为市场销售的主流,而且技术门槛越来越低。看 4K 超高清电视,需要 4K 电视机、4K 播放器、4K 片源同时具备才可以。虽然短时间内 4K 片源比较紧张,但是随着 4K 视频采集以及编辑设备的不断推出,H.265 编码技术的成熟,芯片的大规模生产,4K 超高清已经越来越多地走进人们的生活。

有线网络作为视频传送的主力军,保持持续的视频优势是必需的。当前,已经有部分有线运营商推出 4K 超高清点播服务,大连天途有线更是在全国率先推出了超高清直播频道,可以预见,在不远的将来,4K 超高清也会像高清电视一样普及。有线网络天然的大带宽传输网络,使得发展超高清视频成为有线网络面对竞争,拉大与对手差距的又一利器。

(三)借助有线网络优势,开展智慧城市建设

2012 年开始,国家公布了首批智慧城市试点名单,到 2022 年,上海、深圳等已经初步建成了智慧城市的框架和多元应用。其中,有线电视网络发挥了相当作用。5G、信息化建设,数字家庭,无线覆盖,智能楼宇与安防,智能交通,智能医疗,云计算技术,物联网,车联网等均为智慧城市建设的重要组成部分,并得到一定程度的普及应用。未来,智慧城市建设将不断深入社会生活的每个角落。

当前,电视仍然是传播比较广泛的媒体类型,观众每天都会接触电视,广播电视作为政府的宣传门户,在政治文化宣传中起着非常重要的作用,因此有线网络在内容、安全、实时方面具有很大的优势,一直成为广大民众多年来信息依赖的对象。利用广播电视网络传播信息,引导正确的舆论,对社会政治、经济、文化发展起到了重要的促进作用。

有线电视运营商拥有大规模的有线同轴资源、光纤网络与用户资源,智慧城市系统的建设应该以有线信息化网络为依据,通过数字电视网络和家庭智能机顶盒以及智能移动终端,借助物联网技术、云计算等技术,在文化服务、信息服务、公共服务、智能家居、视/音频监控、社区医疗、物业管理、家政护理、老人关爱等领域,为用户提供智能化、信息化、快捷化的智能空间,构建新的智慧城市形态。

(四)大力发展新型数据网络

1.SDN 与软件定义网络

SDN 是由美国斯坦福大学某研究组提出的一种新型网络创新架构,其核心技术 Open Flow 通过将网络设备控制面与数据面分离开来,实现了网络流量的灵活控制,为核心网络及应用的创新提供了良好的平台。

由于传统的网络设备(交换机、路由器)的固件是由设备制造商锁定和控制,所以 SDN 希望将网络控制与物理网络拓扑分离,从而摆脱硬件对网络架构的限制。这样企业便可以像升级、安装软件一样对网络架构进行修改,满足企业对整个网络架构进行调整、扩容或升级的要求,而底层的交换机、路由器等硬件则无须替换,节省大量的成本的同时,网络架构迭代周期将大大缩短。

SDN 是全局性、颠覆性的创新技术,可以催生新的网络架构、方法和产业生态,同时,SDN 还是当前网络架构变革的重要抓手,对运营商而言,SDN 对于缩小量收剪刀差,降低建网成

本,实现业务的灵活部署有重要示范意义。

2. IPV6

IPV6 被称作下一代互联网协议,它是由 IETF 设计的用来替代现行的 IPV4 协议的一种新的 IP 协议。现在的互联网大多数应用的是 IPV4 协议,但 IPV4 协议已经使用了 20 多年,面临着地址匮乏等一系列问题,而 IPV6 则能从根本上解决这些问题。由于 IPV4 已经耗尽,IPV6 渐渐进入过渡阶段。

与 IPV4 相比,IPV6 具有较多优势。如 IPV6 具有更大的地址空间、更小的路由表、增强的组播支持以及对流的支持、更高的安全性以及扩展性等。

随着终端的不断增多,有线和无线互联网、物联网的快速发展,互联网的核心竞争优势能够保持,有线运营商可以更加集中综合信息以及应用服务,保持有线的竞争力。

(五)推进符合未来业务需求的智能网关

智能家庭网络是信息时代带给人们的又一个高科技产物。它借助现有的计算机网络技术,将家庭内各种家电和设备联网,通过网络为人们提供各种丰富、多样化、个性化、方便、舒适、安全和高效的服务。家庭网络化也是整个社会信息化的一个重要的部分。

(1)作为所有外部接入网连接到家庭内部,同时将家庭内部网络连接到外部的一种物理接口。

(2)使住宅用户可以获得各种家庭服务(包括现有的服务和未来可能出现的服务)的平台。

(3)家庭网关的应用不仅仅是高速互联网的接入,未来的宽带接入家庭后,将会带来更多的服务内容,例如混合视频和音频信息流的可视电话,以及其他交互形式的娱乐服务,如网络游戏等。家庭网关将执行智能化的路由算法,把这些信息流(数据)分配给各种电话、智能电器、数字电视和音响等设备。例如,高级的家庭网关可以使用呼叫者 ID 信息来发送电话呼叫给家庭内某个电话,儿童的电话只能送到他们的房间,或晚上 10 点以后的电话呼叫(不包括紧急电话)只能送到远离卧室的地方。

(六)实现数据的精确分析与业务精准推送

大数据分析是指对规模巨大的数据进行分析。大数据可以概括为 4 个"V",即数据量(Volume)大、速度(Velocity)快、类型(Variety)多、价值密度(Veracity)低。大数据作为时下最火热的 IT 行业的词汇,随之而来的数据仓库、数据安全、数据分析、数据挖掘等围绕大数据的商业价值的利用逐渐成为行业人士争相追捧的利润焦点。随着大数据时代的来临,大数据分析也应运而生。

2010 年以前,有线电视由电视行业垄断,但在当前环境下,电视业务正受到互联网、IPTV、移动互联网的较大冲击。在这种竞争力加剧的情况下,有线网络一方面需要守住电视客厅阵地,另一方面也需要紧跟时代发展,利用互联网思维,建设互联网电视平台,引入丰富的互联网应用,与有线传统优势结合起来,大力发展电视互联网。

OTT TV、互联网电视是未来发展的必然方向,而这种趋势之下,有线网络虽然不断进行双向网改,由单向传播变为双向互动、管道化传输变为平台化传输、稀缺性内容到丰裕化内容,但其在底层终将以数据的形式体现。当前有线电视仅仅依靠不断推出的新产品来吸引用户,但本质上，并未足够了解用户的真正需求。有线电视现有的产品数据，需要进行不断的采集、分析，最终实现业务的推送，才能构建适销对路的平台。

有线电视正在全面实现从"看电视"到"用电视"的转变，但其也有不足，如业务还不够丰富，产品还不够多元，另外，也没有找到支撑性的技术解决方案。而大数据技术的发展与成熟，无疑将成为解决这一问题的重要手段。

因此，大数据的发展，正是因为在数据的背后是用户的需求，是市场。追逐数据的本质是要给电视消费者们提供越来越好的服务，只有这样，有线运营才能够得以长远发展。

第十四章

资源制度：
广播电视体制改革的基本支点

中国广播电视性质的政治、经济、文化三重属性,决定了其体制改革的复杂性。总的来说,国家有关政治体制、经济体制和文化体制改革的方针、政策,从总体上规定了广播电视体制改革的方向。方向决定走向,走向体现方向。如何破解广播电视体制改革进程和走向中的思维难点、利益迷局和操作误区,从理论和实践上理清影响改革走向的相关问题,有必要从资源-主体、制度-体制的角度对广播电视体制改革走向做出新的思考。

第一节 资源-主体论：
广播电视体制改革走向的基本思维

资源的有限性是经济学的立论基础。由此,经济学展开了关于资源占有、分配、生产、消费等相关研究。无疑,广播电视作为一种资源,也存在资源的占有、分配、生产、消费等问题。弄清广播电视资源的属性,是分析广播电视体制改革走向的重要基础。

一、广播电视资源的基本属性

广播电视资源主要包括广播电视频率(道)等传输手段(包括增值业务)及其承载的信息。它至少具有以下三种属性。

1. 广播电视资源是国家核心资源

所谓国家核心资源,是指与国家政权性质、履行职能直接密切关联的资源。任何国家都要确保国家资源的安全。"而国家资源安全不仅仅是国家主权中自保权存在的一种状态,它更是国民集体要求保卫自身生存和发展及国家主权安全权利即自保权的合理延伸"。世界各国要么从法律上规定了广播电视对国家稳定、安全的重要作用，要么直接由国家投资掌控部分广播电视机构，这实际上都是在强调和确保广播电视资源作为国家核心资源的安全性和极端重要性。

2. 广播电视资源是社会公共资源

所谓社会公共资源，是指服务和满足社会公众需要、不具备一般消费特点的竞争性的资源。无论是政府、社会组织还是私人机构提供的广播电视产品，都具有一定的公共物品的性质，不会因为某人的收视而影响其他人的收视。特别是伴随着广播电视数字化等新技术的推广和广泛应用，广播电视资源作为社会公共资源不断增加，将会更好满足公众对多种服务的需求。

3. 广播电视资源是经济产业资源

经济产业资源能通过资源要素的配置产生新的产品，满足市场要求，同时产生新的利润。在西方发达国家，广播电视资源作为经济产业资源已经有了成熟的市场配置、经营和管理机制，成为资本主义市场中重要的产业极。在我国，随着经济体制和文化体制改革的深入，已经明确"广播电视是以提供内容产品和服务为主的综合性产业"，预示着广播电视资源作为经济产业资源，进而作为一种市场资源，必将迎来大开发、大发展的新热潮。

二、资源属性决定主体性质和归属

资源决定主体，资源的不同属性决定了其不同的主体性质和归属。由此，广播电视主体可以分为以下三种：

（1）国家主体，掌控作为国家核心资源的广播电视资源，其性质为阶级、党派属性，其功能是为履行和实现国家职能服务，成为政治制度和政权体制的基础部分。

（2）社会主体，拥有和使用作为社会公共资源的广播电视资源，为社会公益服务，保证社会成员平等享有使用和接受服务的权利，满足公众的一般公共需求。

（3）经济主体，运营作为经济产业资源的广播电视资源，为市场服务，按市场配置，追求市场利益的最大化，通过创意、创造广播电视商品、服务及相关商业活动等行为满足市场需求。

实际上，上述三种主体存在于一个政治经济社会环境中，简而言之，存在于一个市场环境中。正是由于人们对广播电视资源属性认识的不断深入，在发达国家，才有了比较明显的三种主体的共存。在商业广播电视公司作为主导的美国，既有政府投资控制的美国之音（VOA），也有公共基金支持的公共广播电视机构（PBS）。在欧洲，自20世纪80年代后，公共广播电视一统天下的情景不复存在，商业电视迅速崛起，形成了公共电视和商业电视竞争发展的新格局。因此，从理论分析和实践操作中可以发现，主体间的关系至少有三个特点：一是基本价值观和传播目标的一致性。各种主体都是依据并传播社会公认的基本价值观，为了公众性或对象性进行有效传播。二是功能上的兼容性。各种主体在实现其主功能的同时，都可能部分地实现其他主体的本体功能。如在市场经济条件下，经济主体可以兼具社会主体，甚至国家主体的部分传播功能。三是市场上的竞争性。因为同在一个市场经济条件下，不同主体在理论上都是市场中的主体，因而具有在收视率、占有率等传播市场中的竞争性，存在优胜劣汰的可能性。在经济主体的竞争中，随着广播电视节目及其衍生品等商品的丰富，可以通过市场经济体制的不断成熟,实现广播电视经济主体的竞合。同时,越是市场竞争,越需要广播电视国家主体和社会主体的存在和发展。当然,广播电视国家主体和社会主体可能部分或全部地通过市场运营实现其功能。

三、广播电视业内在的两个矛盾

从资源-主体论的角度,观察中国广播电视业现状,至少存在两大矛盾。

1. 资源的垄断性与分散性的矛盾

表面上看,广播电视的国家、社会和经济资源全部由国家掌控。实际上,这些资源又具体掌控在国家的不同部门、不同地区的政府部门手中,实际上是由不同的权力主体和利益主体掌控。这种情况导致了总体上的资源浪费,包括国家资源的流失、社会资源的萎缩、经济资源的被限制束缚和滥用,结果是各种资源都难以有效地利用和开发。

2. 主体的合一性和利益的多元性的矛盾

中国现有的广播电视台是国家主体,兼具社会主体特征,在市场经济条件下,又同时成为经济主体。主体的合一性在本质上不符合市场经济的规律,在实践中,表面上是通过经济主体身份的市场赢利为国家主体的功能服务,实际上是以国家和社会主体之名,行经济主体的利润之实,自然演变为垄断行业。这事实上也影响着主体的传播效果,导致广播电视传媒的信誉度和公信力出现问题,既影响广播电视作为国家和社会主体的信誉,也影响其作为经济主体的市场价值。

四、广播电视体制改革走向的两个基本面

从资源-主体论的角度,设计广播电视体制改革的走向,有两个大的基本面。

1. 划分资源,重新配置

把现有的广播电视各种资源划分为国家核心资源、社会公共资源和经济产业资源,对不同资源实行不同的政策,确定不同的发展方向。主要的原则是掌控国家核心资源,做强社会公共资源,发展经济产业资源。

2. 分清主体,各尽其职

首先明确现有广播电视台的国家主体地位,主要是新闻及其相关的宣传类频道、频率。其次把现有广播电视台的非国家核心资源部分分离出去,鼓励社会资本参与,进行相对独立的经济主体运营。这样,才能确保国家主体和公益主体的性质、功能,形成经济主体间的市场竞争,从总体上实现广播电视功能,发展广播电视事业,壮大广播电视产业。最重要的是要通过不同的政策和机制确保国家主体,鼓励社会主体,发展经济主体,既要分家,又要成家。分家,就是通过分清主体,确保国家主体和公益主体,把市场主体部分推向市场;成家,第一个是通过分合,形成新的公益和经济主体,第二个是广泛吸纳社会资本,鼓励经济主体的竞争。在具体实践中,国家可以通过财政、税收等政策保证广播电视国家主体和社会、公益主体的发展,通过市场经济体制的完善,配置广播电视经济产业资源,鼓励广播电视经济产业主体的发展。

第二节　制度－体制论：
广播电视体制改革走向的基本操作方式

制度决定体制，体制影响制度。国家制度和广播电视体制之间也存在类似的关系。

一、国家制度与广播电视体制的基本关系

所谓国家制度，是指宪法规定的国家根本政治经济文化制度。由于广播电视资源、主体的特殊性质，广播电视体制与国家制度之间有着更为直接的特殊关联。

（1）广播电视体制是国家制度的一部分，主要体现在国家的意识形态制度和文化制度中。因此，国家制度的性质决定广播电视体制的性质，国家制度的变革、改革和调整从根本上决定广播电视体制的变革、改革和调整，这从本质上要求广播电视体制改革方向要与国家制度及其发展趋势保持一致性，与国家制度下的具体体制改革保持同步性。

（2）广播电视体制作为传播体制的一部分，直接为国家制度服务。这要求广播电视体制改革要始终围绕维护和保证国家制度、国家安全和国家发展的方向展开和推进。

（3）体制变动的基本动因。从制度－体制的层面分析，体制改革一般有两个动因：一是体制与制度不符；二是制度调整要求原来适应的体制进行相应改革。广播电视体制改革兼具上述两大动因。同时，体制改革在操作中的方向和走向也有两个原则：一是坚持和延续体制与制度相适应的部分；二是改革体制与制度不适应的部分，使之适应制度的要求。

二、制度与体制的适应与调整

按照制度－体制论分析广播电视体制改革及其走向，首先要清醒地认识到现行广播电视体制有与制度一致的方面，这是必须坚持完善的。

（1）必须坚持完善现行广播电视体制有与制度一致的方面。主要包括：第一，国家制度与广播电视体制性质的一致性。它主要体现在国家性质和政党制度与广播电视体制的一致性。中国共产党的领导是中国国家制度的基本特征，从根本上决定了必须坚持党对广播电视运行和发展的领导，要求广播电视体制及其改革的核心是坚持和完善党的领导。第二，单一制的国家结构形式与条块结合、分级管理的广播电视体制的对应性。从中央到地方的以行政级别划分的广播电视政府管理部门和传播机构根本上是由单一制的国家结构形式及其行政体制派生的，实际上也起到维护国家统一、促进国家和区域进步发展的作用。第三，以公有制为主体的经济制度与以国家主体为主干的广播电视体制具有主体上的一致性。在现实中，以国有主体为特点的广播电视事业、产业是国有经济的重要组成部分。第四，以保证传播先进文化为己任的广播电视体制与以为人民服务，为社会主义服务为宗旨的社会主义文化制度具有功能和目标的一致性。第五，国家制度中对公民权利、义务的保障和要求与广播电视体制对广播电视传递信息、舆论监督、开展教育等功能具有一致性。

（2）存在广播电视体制中与国家制度调适及其趋势的不平衡、不同步现象。在广播电视体制与国家制度根本一致的同时，随着国家政治、经济、文化体制改革的推进，广播电视体制中

与国家制度调适及其趋势的不平衡、不同步现象日益突出,表现出了日益显著的不适应性。总体上有两个不适应:第一,主体的越位与缺乏。所谓越位,表现为我国的广播电视机构既是宣传单位,又是经营单位和政府行政主管部门。主体不清导致行为失范,即使是广播电视播出机构,也由于既是国家主体,又是社会主体,还是经济主体,既想保证国家需要,又想垄断市场资源,什么都想要,结果是频道越来越多,节目越来越多,群众喜欢的频道和节目却没有同比增长,归根结底是由于主体越位导致了主体的缺乏。一则现存的越位式主体不可能完全按宣传规律或市场规律运行。二则这种越位式主体由于可以并善于越位也不会容忍产生新的主体。主体是体制的基础,主体失灵从根本上导致了体制困境。第二,管理的越位与缺失。就广播电视政府管理机构而言,不仅履行政府职能,而且直接管理广播电视播出机构,进而直接参与广播电视经营,使政府管理机构直接或间接地成为市场赢利机构,离开公正的天平,坐到利益的座椅,导致整个广播电视秩序既不公正,也缺少效率。其实,按市场经济规律办事,广电集团的推进应该是管办分开,即政府改变管理越位的管理方式,退出直接参与式的管理和经营。就广播电视播出机构而言,既要保持事业单位地位和体制,又要沾市场之利,行市场主体之实,表面上看保持事业性质,又有了市场利润,实质上既影响了广播电视播出机构的公益性,又制约了广播电视台的市场发展。从理论上分析,广播电视体制改革必须实现事业、产业的分离,实现主体的回归。但事实上,分之理甚明,分之事难行,根本上是长期的管理越位形成的思维定式和路径依赖。越位造成的是种了别人的田,必然荒了自己的地,结果是三个滞后,即广播电视立法严重滞后,广播电视公益服务严重滞后,广播电视资本运营严重滞后,这些都从根本上影响了广播电视体制改革和广播电视事业、产业的健康发展。

三、制度体制调适的两大基本点

按照制度-体制论,冷静分析广播电视体制改革走向,要把握好两大基本点。

(1)调整和改革广播电视体制中适应国家制度部分的实现形式。一是加强和改进党对广播电视工作的领导体制,重点是管好导向,直接管理好掌控核心资源的国家主体。通过管人、管资产等多种形式实现党对广播电视公益主体和经济主体的领导,保证广播电视运行走上法治轨道。二是探索广播电视条块结合、分级管理的新形式,确保作为国家主体的各级广播电视机构的"条强、块壮",依法发展。同时,打破作为社会主体和经济主体的广播电视机构的条块分割,使之按传播规律和市场规律运行,可以实行市场上的建网、立台、并购、收购等,形成不同于行政区域和级别,按照资本纽带或法律协议联结的新的广播电视网、台。三是探索公有制在广播电视领域的多种实现形式,可以是国家掌控、直接经管,也可以是国家控股、参股、合作、许可、监管等形式。对于作为经济主体的广播电视机构,则可以实行频道、频率的分配、竞拍、许可、监管等多种市场配置形式,鼓励国内各种资本平等进入,公平竞争。四是完善立法,总结广播电视体制适应国家制度的原则、模式和运行机制,使之上升为法律,使整个广播电视发展有法可依,有制可循,依法管理,依法运营,依法发展。

(2)改革广播电视体制中不适应国家制度及其调整方向的体制基础和运行方式。一是变管办不分为管办分离,改革广播电视行政管理体制。主要是把广播电视政府管理机构从播出经营机构中分离出来,履行政府职能,形成国家立法、政府执法、传媒守法的体制环境。这是推进广播电视体制改革前进的第一步,没有这种起步,要么改革难以深入,要么埋下改革隐患。从这个意义上说,现存的行政主导的广电集团并没有真正达到改革的目的。值得注意的是,管办分开并不意味着国家和政府少管或不办广播电视,而是依法管理,依法开办。政府可以依法通过多种符合不同主体规律的形式,掌控或参与开办管理各种主体资格的广播电视机构。二是变一个主体为多个主体,改革广播电视运行管理体制。主要是把现存的国家、社会、经济三种主体合一的广播电视主体分离成为具有平等法律地位的不同主体,主体清楚,职能就清楚,体制也随之明晰。具体可以把不同的主体纳入不同的管理框架之中。就国家主体而言,其仍然可以与相应的行政体制相对应,实行条块管理、分级管理,探索多种管理方式。就社会主体而言,其可以与相应的行政体制对应,也可以不与行政体制对应,由政府、国有资本和社会基金支持,为全国、区域、领域的公益服务。就经济主体而言,其则按市场规律运行,使之与市场经济体制并轨,总体上形成既有共性(法治),又有个性(不同主体的不同管理方式)的广播电视体制。三是变封闭为开放,形成开放的广播电视管理体制。多年来,广播电视体制改革之所以忽快忽慢,总体缓慢,根本上是由于只在体制内的"分合"上打转转,而没有认真深入考虑过发展体制外主体的可行性和必要性。事实上,现有广播电视体制外的人才、创意、资本大潮涌动,只是由于广播电视体制的相对封闭性、排他性,才导致了体制内发展不快,体制外不能发展的局面。从国家战略和长远发展的角度看,封闭的体制影响了广播电视全局,影响了广播电视事业和产业的发展。建立开放的广播电视体制,就是建立全国、全社会和市场上统一的广播电视法治环境,对原有的广播电视机构,实行管办分开、政企分开、事业产业分开,形成不同的国家、社会和经济主体。更重要的是要积极探讨如何吸引体制外的人才、资本和各种资源参与新的广播电视社会主体和经济主体的建设,形成多种主体并存的广播电视竞争的大格局,从根本上激活广播电视事业和产业发展。我们有理由相信,这必然带来中国广播电视大发展的热潮,形成千帆竞发的全新格局,最大限度地调动各种资源参与广播电视发展,最大限度地满足人民群众日益增长的文化需求,能够产生和形成与国际大型广电机构抗衡的真正意义的广电集团,为中国的政治、经济和文化的进步与发展做出全新的贡献。

当然,无论从资源–主体的角度,还是制度–体制的角度,判断广播电视体制改革的走向,都离不开法治的前提、保证和进步。因此,广播电视体制改革的过程也是广播电视法治进步的过程,也只有这样,广播电视体制改革才能健康、有序地推进,广播电视事业和产业才能成为促进国家统一、安全、发展,传播和建设社会主义先进文化的更加积极的力量。

第十五章

媒介融合:

创造电视改革新模态

对电视媒体来说,加快推进媒介融合,一方面,是多种新媒体主动向电视端的融合,新媒体要融合电视的优势;另一方面,更重要的是,电视要积极主动地推进自身的媒介融合,在与新媒体的融合中,生成全新媒体。无论从哪个方面来说,媒介融合者都对电视改革提出了全新的课题和任务。电视台要在媒介融合中重新布局,建成新型主流媒体和新型媒体集团,最关键的是站在新的历史起点,全面深化改革,主要破解在观念、体制和人才三大方面的改革课题,实现在新时代中改革的全新突破。

第一节 解放思想,守正创新,
实现思维方式新突破

一部电视发展史,本身就是观念突破史。技术创新自不必说,改革开放以来的电视体制、机制、节目经营等的创新突破也一直风生水起,观念的不断突破起到先锋引领、除旧布新、推动跨越的强大作用。今天,全球和中国媒体版图与结构都发生了重大变革。ATAG 和 BAT 等的出现与迅猛发展,重新定义了现实和未来的媒体格局与媒体样态。传统的有关电视的理念也必须有所突破。总的来说,就是要从传统的电视思维向互联网思维转变。

所谓电视思维,是指围绕传统电视的作用、地位、传播方式形成的一些思维习惯。在互联网时代,电视已经发生了诸多革命性的变革,有关电视的认识也必须有所突破。而互联网思维作为时代思维的主要标志,无疑为电视思维的突破引领了方向,即用互联网思维重新思考、重新定义新的媒介融合中的电视观念。

一、 从电视思维向互联网思维转变

这是一个宏大的思维体系的转变。我们能够感受到的是方向和重点，更多细微的观念还需要在实践中不断地完善与检验。其中的重点包括下述几个方面。

1. 由认为电视是天然主流媒体向竞争型主流媒体转变

在电视为王的时代，电视一直作为主流媒体发挥着重要作用，这既有技术优势的因素，又是体制要求的结果。但是，在互联网时代，媒体竞争呈现出了全新的态势，没有什么媒体是天然的主流媒体，所有媒体都要在竞争中取得并加强主流的地位。

2. 由垄断型媒体向分享型媒体转变

传统电视台自制、自播，垄断了从前期采访到后期播出的全流程。而互联网型媒体的优势正在于从前期到后期的全过程分享。

3. 由大众媒体向大众与社交融合型媒体转变

大众媒体的时代正在成为过去，大众与社交融合型媒体正在形成，社交媒体极度兴盛，要求传统媒体在思维方式上向社交媒体学习，向大众与社交型转变。

4. 由单一型广播电视媒体向复合型、融合型、衍生型、平台型媒体转变

所谓单一，是指在广播电视渠道中自制、自播广播电视节目，这已经严重过时。媒体产品、思维、渠道、品牌等所有媒体资源都要走向复合、融合、平台、衍生，这一点正在大部分台的有线电视平台上实现，更需要在广播电视媒体参与且主导的互联网平台上实现。

5. 由资源独占型媒体向社会众筹型媒体转变

所谓众筹型媒体，一方面是最大人群的参与，另一方面也需要最多人群的投资、创意、建设。特别是在大数据时代，资源独占是不可能的，要通过众筹机制解决新型媒体集团的节目链、产业链、创意链、发行链等模块与项目的重组搭建。

6. 由播出发布思维向链接社交思维转变

播出发布思维是一对多，而链接社交思维则是通过一对一来实现一对多，重点是链接转发能力的建设。

7. 由线性管理思维向非线性管理思维转变

线性管理本质上是机关事业型的垂直管理，内在的要求是层层负责，层层服从，有利于规范行为与产品，却不利于创新。非线性管理的本质是创新管理，围绕创新能力展开管理，要求实行人才中心制、项目制、公司制等。

8. 由收视率、占有率思维向点击率、转发率、评论率乃至大数据思维转变

未来，媒体竞争的主战场在互联网和移动互联网，单纯地提高收视率、占有率的意义不大，要结合互联网上的评估方法，用大数据分析，精准分析判断节目产品的影响力。

上述种种所谓理念的转变，实际上依托于对于一个基本事实的全新认识，即传统电视一定要走向、走进互联网及其时代，用互联网中的种种观念重新界定、发展电视行业。

二、从行政事业思维向产业、企业思维转变

这也源于这样一个基本事实，在坚持正确舆论导向的前提下，电视和电视台正在从行政事

业体系中逐渐剥离成为社会文化经济体系中的全新主体。这要求诸多理念上的突破,主要包括下述几个方面。

1. 从行政管理思维向资本管理思维转变

媒体作为市场主体,特别是在媒介融合的新时代,其主要行为是通过产品的影响力,实现投资效益的最大化。媒体管理的重点之一是投资行为管理。

2. 从权力管理向知识管理转变

权力管理是最传统的管理方式,也是现行媒体内部管理的主要办法。知识管理的重点是新知识的生成、学习、分享,目的是促进创新。

3. 从层级制管理向扁平化管理转变

这是管理模式的重大转变。扁平化管理要求减少层级,简化服从,减少指令,强化目标,有效激励,依法管理,最大限度地减少管理成本、鼓励创新。

4. 从政府公共行为模式向产业企业行为模式转变

产业企业行为模式的核心就是围绕产品、创新、效益展开一切工作,也用这样的结果衡量判断组织行为的成败。

5. 从行政组织框架向项目组织框架转变

这是现代创新型组织的基本做法,以核心项目为重点,投入全部有效资源,其他一切行为围绕核心项目,并以项目形式存在。这样的组织架构灵活高效、富于创新。

6. 从节目思维向项目思维转变

树立节目是产品、项目是基础的理念,一切节目都在项目之中。改革现存的节目组只是单纯采编人员的节目组的状况,通过重组、投入、配套、外包等多种形式,组建阶段性的项目组织,为创新服务。

7. 从强调遵守意识到鼓励创新思维转变

遵守是组织的基础,但过于强调遵守,处理不好遵守与创新的关系,就会影响组织活力。媒体属于创新型组织,要积极鼓励创新、鼓励突破,在全台营造创新氛围,建设组织的创新型文化。

通过上述种种观念转变,媒体可以融合锻造成为全新的市场主体。

三、从传播本位思维向用户本位思维转变

用户体验与主导是互联网思维的基石之一。由此要求媒体建构全新的用户本位思维。

1. 由传播者思维向媒体综合服务者思维转变

传播者思维的本质是我说你听,我播你看。在互联网时代,媒体功能已经在事实上向信息、娱乐、商事等综合服务方面转变,这要求媒体思维围绕用户需要,尊重用户选择,全方位地提供力所能及、应有所及的各种服务。也只有在这种服务中,媒介融合的正确之路才有可能被找到。

2. 由提供传播内容向提供服务转变

在传统媒体时代,提供内容成为媒体服务的终点,而在互联网时代,提供内容只是媒体提

供服务的开始和基础。内容只是服务的最原始、最基本的素材,要以内容为起始点,向媒体对象提供全面的产业链服务。

3. 由大众传播向大众与点、群、圈传播转变

传统电视是大众媒体,而互联网时代,媒介融合中的电视已经不是传统的大众传播的电视,而是大众传播与借助互联网平台的新人际传播交互的新时代的新电视。这要求电视台不仅要做好大众传播,还要做好与多种平台和多种媒体联合、融合、整合的立体传播。

4. 由以传播为主向综合运营转变

传播是媒体的基本职能与职责,而为了更好地传播,更好地把握传播媒体的发展融合趋势,媒体必须向综合运营转变,由内容提供商,向内容提供商与渠道参与商、品牌运营商和媒体投资商的综合运营转变。

5. 由传者主导向用户需求主导转变

互联网思维的本质是用户主导,包括用户主导内容、形式、方式、价格、渠道、组织结构与形态等,用户用自由选择的方式决定媒体的生存、消亡与发展。因此,媒体必须深入研究用户需求,提供有需求的服务。

6. 由受众观念向用户观念转变

受众是传播环节的一员,而用户则是具有决定作用的媒体报备对象与环境。媒体要牢固树立用户观念,就要摒弃受众观念,变受众为主体,变主体为用户,树立并实施用户主导的服务理念。

7. 由观众概念向会员与粉丝概念转变

观众是电视机前的接受者,而会员与粉丝则是主动选择、审美或利益重合的相关者。比较而言,观众的随机性更大,而会员与粉丝的忠诚度更高。在媒介融合中,媒体成功与否的重要标志之一就是是否能够把传统的观众有效地转化成会员与粉丝。

8. 由泛播向定制转变

所谓泛播,是大众传播面向不特定对象的传播行为,具有对象上的模糊性。新型媒体的主要特点之一就是建立在大数据基础上的精准性、对象性,也决定了传播的有效性。同时,定制也能够带来具体实在的经营效果。

上述种种,只是部分观念的简单列举。观念转变的核心是重新定义传统的传者与受者,传者由主导型的内容提供者转变为服务型的需求满足者,受者由被动型的内容接受者转变为主导型的创造分享者,这两者的全新互动与升级、满足与创新将重新定义、架构新型媒体集团。

四、从资源思维向资本思维转变

资源与资本,一字之差,却反映着组织的自身定位与行为方式、发展模式。媒体是资源与资本密集与富集型组织,传统的电视媒体通过独占资源生存与发展。在市场经济和互联网时代,一方面资源以资本的方式出现,另一方面互联网资源的无限性天然地破除了垄断的可能性。这要求在媒介融合中建立新的资本思维。

1. 由一般的投入思维向投资思维转变

电视台是传统的事业单位,投入思维根深蒂固。传统媒体要向现代新型媒体转型,必须向

企业化、公司制转变,而企业和公司行为的核心就是投资。投资则必须有精确的投入产出比、成本效益比等的计算与程序。只有在投资中,媒介融合才能在市场中不断壮大。没有市场效益的投入再多,也难以形成有市场影响的新型主流媒体。

2. 由媒体投资向投资媒体转变

媒体投资是在媒体领域内的行为;而投资媒体则是把媒体及其相关产业作为投资对象,在更大、更广、更高的领域展开投资行为,并在投资中推进媒体介融合。

3. 由重资源、重资产的思维向重资本、轻资产的思维转变

传统媒体产业是高投入、重资产行业,卫星、演播室等都需要大量资金投入。而互联网为媒体发展提供了全新路径与机会,日益精细的专业分工为媒介融合与发展提供了几乎所有的服务。传统的媒体垄断资源也日益社会化。这些都要求新型媒体借助社会服务,向重资本、轻资产的思维转变,特别是在新媒体层出不穷的今天,许多重资产的媒体刚一投入就已过时,特别值得警惕。

4. 由通过独占资源获取资本向通过资本获得有效资源转变

传统电视台因为拥有资源,能够比较容易地获取低成本资本。但是在现实中,一方面,这种可能性越来越小,另一方面,通过资源获取资本的数额也不会越来越多。同时,基于市场规则,有效运用资本获取资源的空间越来越大,这在互联网企业中已经被一再证实。事实证明,传统的通过垄断资源获取资本的方式恰恰制约了传统媒体的发展。

5. 由资源型媒体向资本型媒体转变

当通过资源获取资本的比重下降到一定程度时,而通过资本获取资源的比重上升到一定程度时,媒体就实现了向资本型媒体的转变,媒体才有实力与能力不断地在市场中融合、升级。

强调资本型思维实质是针对传统电视依托垄断资源的观念,强调面向媒介融合带来的新观念与新能力。

五、从硬件思维向软件思维转变

所谓硬件,是指电视发展必备的设备、装备与设施。它往往成为电视台实力、能力与发展的标志。在以创新为核心的互联网时代,在注重必要硬件的同时,有必要也注重软件方面的发展,即从硬件思维向软件思维转变。其中的要点包括下述几个方面。

1. 重设备,更重模式

设备是基础,但不是全部。媒介融合的重点也是对新型媒体模式的发现。在适应性、发展型的模式中,设备能发挥全部乃至超额的作用,但是,在不成熟的模式中,设备不但发挥不了应有作用,而且会成为发展的累赘。设备一定要为模式服务。

2. 重技术,更重管理

管理是软实力,是硬指标。传统媒体的严重问题是管理的重大缺失。管理的边界模糊导致了诸多问题,特别是创新严重不足。在不少电视台,技术设备已经是世界一流,可制作创新的空间巨大,实际上,创新能力和水平仍然不能与技术设备水平匹配,问题就出在管理。要探索全新的适应互联网时代的管理思想、模式、方法,最大限度地激发媒体的创新能力。

3. 重引进装备，更重研发应用

电视台往往重视设备的使用，而在开发应用上投入不够。互联网时代的设备主要是用来开发的，平台为创新提供了无限可能，关键是把引进的先进设备使用好，发挥出最大的作用。

4. 重设施，更重设计

设计体现了电视台的建台理念、节目思想等知识产权方面的能力，这是电视台的核心竞争力。建设一切公共、节目设施，要设计先行，重视设计的实施。

5. 重影响，更重思想

媒体是具有影响力的组织，而这种影响的质量则体现为思想的深度、厚度和广度。而媒体的真正力量则在于其所传达的思想力量。

软件思维要求摆脱传统的硬件思维，改变过去设备、装备、设施先行，自买自建的习惯思维，转变为创意先行、模式先行，用全新的理念重新组织整合硬件。这是互联网思维的重要内容，本质上是创新高于一切理念。传统的硬件思维使不少电视媒体背负沉重债务，而在互联网思维中的媒介融合解决方案中，市场化、大数据、云平台与社会化等则基本解决了硬件问题，关键是要用软件思维，在媒介融合的多种布局中，建构创意先行、创新主导的新型媒体及集团，其核心资产由以传统的设备、装备、设施为主升级为以知识产权和创新能力为主。

第二节　科学设计，深化改革，实现机制体制新突破

改革开放以来，广播电视体制改革的探索从未停止，也取得了诸多成果。但是，其最显著的特点是在广播电视体制内部研究改革，如集团化、两台合并、台网分离与台网合一、制播分离等。脚步或快或慢，动作或大或轻，都为广播电视事业和产业的发展打开了或大或小的新通道，建立了新平台。当我们困于广播电视体制机制改革的下一步突破与走向时，中央提出的媒介融合、打造新型主流媒体和新型传媒集团的时代课题，不禁使我们猛醒顿悟。这提醒我们，只有在媒介融合的重新布局中才能真正实现广播电视体制、机制的新突破，并用体制、机制的新突破实现并推进新型媒体集团的建构与发展。

一、三性并举，理清体制基点，科学设计广播电视宏观体制

就功能而言，电视具有政治、经济、文化、社会等多种属性，因此，在发挥功能的运营过程中，必然发挥多种作用。构建新型媒体集团，要在新时代视角下重新审视电视的性质，并依此研究完善新的机制、体制。

1. 确保喉舌性质

电视具有政治功能和意识形态属性，是党和人民的喉舌，是党领导的舆论阵地，这当然是新型媒体集团的核心本质。这要求在领导体制、管理体制、资源分配体制、力量配备体制等方面加以保证。

2.兼具社会属性

电视具有社会属性,可以为社会的信息传递、社交关系、文化传播、知识学习等提供节目、平台、渠道和服务等,在原有体制下,电视台的收入主要依靠电视广告收入和政府拨款。在继续坚持这种体制的基础上,电视台的收入可以由民间公益机构和组织提供,或由新的税费征收办法加以解决。前者可借鉴美国公共电视的若干做法,后者可借鉴英国 BBC、日本 NHK 的做法等,确保公共、公益性质的节目资金充裕、品质上乘。2014 年 7 月开始,上海广播电视台旗下的艺术人文频道率先成为公益性频道,资金来源于上海台人文艺术发展基金。

3.放大产业属性

电视具有多种产业性质,特别是在互联网时代,应最大限度地激发电视的产业能量,以其自身具有的产业能量与各种新媒体、新机会实现融合创新,这是最强大、最内生的融合力量。由此,宏观层面上的资源分配体制、鼓励创新体制、产业政策、法治完善等方面均应有所突破和创新,确保从经济产业角度快速发展,概言之,即围绕电视新型媒体发展,形成一整套市场支持体制、机制。

上述三性可以体现在一个新型媒体集团中,实际上也可以分属不同的定位清晰的新型媒体集团,让公益与公共的更加专业,让经济与市场的更有竞争力。当然,这是一个改革探索的过程。

二、重新定位,实现转型升级,构筑新型媒体集团

上文已经提出,在由传统电视台向新型媒体集团的转变过程中,电视台升级并具有内容、渠道、品牌和媒体投资四商合一的业务模型,这个模型本身即是对新型媒体集团的业务定位,还需要对新型媒体集团本身重新定位,以更加清晰融合之路。在关于体制、机制的性质的定位上,新型媒体集团至少具有三型定位的体制、机制。

1.互联网型

技术的迁移与迭代不断带来体制、机制上的全面创新,这意味着互联网型企业的内外体制、机制均应为新型媒体集团所用,这将从根本上扫除新型媒体集团的建构发展过程中的一切障碍。

2.创新型

创新型的体制、机制要求在体制、机制的建构上具有试验性、探索性、前瞻性和前卫性。这将带来有关资源、人才、股权、期权、版权、产品、创意等一系列的激流与奔腾。

3.服务型

创新型的体制、机制是媒体与受众关系的重新界定,要求媒体进入用户主导、共同创造的全新时代,对内外的诸多体制、机制,如资源配置、考核、评判、战略方向、行为方式等都提出了全新的要求。

三、管理突破,形成持续创新架构

科学的管理及其创新是推动产业和企业发展的关键。

1.宏观上依法管理

要健全完善有关电视及其相关新型媒体、文化产业发展的法律法规,初步形成公共、公益

与产业,线上、线下分类管理,分类支持,分类指导的法治框架。

2.中观上能打破藩篱

形成新的电视媒体要素跨地区、跨行业、跨领域融合发展的政策环境,有利于形成大的和比较大的新型媒体集团,其基本的依据是互联网本身是无疆界的,现存的地域、行业的一些限制只能限制体制内媒体自身,而给了体制外企业疯长的时机。

3.微观上创新管理模式

微观上新型媒体集团的全新管理模式与方式,可以探索按业务版块组合的分公司、子公司制,按项目集结的项目经理人制,按投资和智力、版权等投入介入的股份制、合伙制,以产品迭代为目标的快速反应创新机制等,实施扁平化的知识管理,从管理模式与方式上发掘创新型媒体集团的新特质。

第三节 尊崇智慧，提升价值，实现创造人才新突破

人才是一切工作的根本,对媒体行业尤其如此。互联网时代为人才的脱颖而出提供了新平台,打开了新通道。大V辈出,草根崛起,人才的界定、标准、价值都需要重新审视、界定。实现媒介融合,建立新型媒体集团,要在推进观念、体制突破的同时,形成吸引、培养、造就、成就新型的媒体人和各种类型的人才的平台。

一、 按互联网标准和市场标准，重新定位人才

1.按互联网标准定位人才

要改变人才考核办法,把网络排名、粉丝数量、社交媒体影响力等互联网指标引入对编辑、记者、主持人、管理者等的考核体系。

2.按市场标准认可人才

培养市场认可、具有各种市场影响力的人才骨干。从本质上看,媒体是造就名人的产业,名人一定有其市场价值。要变原来的隐性价值为显性价值,激发名人效应,造就媒体品牌。也就是要用经济的方式体现人才的市场价值。

二、按价值成长，重新吸引、评估、使用人才

对具有价值成长潜力和能力的互联网型媒体人才,提供工资、奖励、股权、期权、版权等多种参与机制,既让他们成长,更让他们受益。人才的价值也决定着媒体的价值,当媒体价值难以承载人才价值时,人才必然奔向更高、更大的成长平台。

三、 打开视野，拓展平台，多种形式广泛共享人才

用众筹、发红包、分享等多种形式,与用户共生长、共成长,使最广泛无穷的人才与智力资源源源不断地输入媒体并转化为媒体力量,这是互联网时代人才观念的校正,"不求所有,但

求所用"有了最现实的可能。网上网下、台内台外、精英草根,皆为事业所用,与项目共成长。有人才的支撑,才能真正成为媒介融合中的新型媒体集团。

　　加快媒介整合,建设新型主流媒体和新型媒体集团,任务艰巨而紧迫,责任严肃而重大,电视人应当以时不我待的精神和脚踏实地的作风,快而又快,新而日新,在清晰的思路引领下,积极进取,大力推进,用对新型媒体集团的全新探索,抵达舆论引导的新境界,实现引导能力的新突破,增强主流文化的新传播,加快话语能力的新提升,为实现中华民族伟大复兴的中国梦做出新贡献。

第十六章

辽宁媒体融合中
传媒产业转型发展研究

媒体融合作为技术革命推动下的传媒模态、业态和生态的全新建构,必然涉及传媒产业的转型发展问题。从区域和媒体自身两个维度探讨辽宁媒体融合中传媒产业的转型与升级,对于区域传媒产业发展和媒体自身发展都有重要意义。

第一节 辽宁媒体融合中传媒产业现状

2014 年以来,辽宁省按照《关于推动传统媒体和新兴媒体融合发展的指导意见》《关于加快推进媒体深度融合发展的意见》,大力推进省级平台、市级媒体和县级融媒体中心的区域三级融合发展布局,不断深化媒体融合改革,积极探索媒体融合中产业的转型发展。

一、省级媒体融合稳步推进,传媒产业格局正在调整

辽宁省级媒体融合,通过建设省级技术平台为区域内媒体提供技术、内容等充分支撑,打造区域性生态级媒体平台,拉动区域媒体共同实现媒体融合,并以此推动传媒产业转型发展。

1. 辽宁报刊传媒集团(辽宁日报社)

辽宁报刊传媒集团(辽宁日报社)于 2018 年 7 月挂牌成立,由原辽宁日报报业集团、原辽宁党刊集团等 17 家事业单位组成,含 8 报 15 刊、4 家网站以及 20 余家新媒体,成立以来加快推进媒体融合发展,逐步构建起以《辽宁日报》《共产党员》领衔,北国网、北国客户端、《辽沈晚报》《半岛晨报》、腾讯大辽网等为品牌,"纸媒+网站+客户端+官微+自媒体+代运营+N"全覆

盖的融媒体传播矩阵。根据财政决算报告,2019 年和 2020 年,辽宁报刊传媒集团(辽宁日报社)收入总计分别为 0.9 亿元、1.2 亿元。

2.辽宁广播电视集团(台)

辽宁广播电视集团(台)于 2018 年 7 月由辽宁广播电视台、辽宁东北网络台、辽宁省对外文化交流中心等 7 家事业单位整合组建。成立第二年,建成辽宁县级融媒体中心省级技术平台,省属 41 个县融媒体中心完成入驻;北斗融媒客户端正式上线。根据财政决算报告,辽宁广播电视集团(台)2020 年度收入 8.6 亿元,受机构改革非税收入减少等因素影响,比上年减少3.5 亿元。其中主营业务广告收入占集团总收入的 95% 以上,其他补充版块收入基本围绕主营业务展开。以 IPTV 业务收视费为主的新媒体,近年来因业务、人员划归调整,在积极探索发展之路。

辽宁出版集团和中国广播电视集团辽宁分公司(原辽宁北方联合网络股份有限公司),也在媒体融合改革中加快产业调整与发展。

上述四家媒体单位构成了辽宁省级传媒产业的主干。本研究重点关注以传统广播电视媒体为主的媒体融合改革中传媒产业的转型发展,同时兼顾报业等其他传媒的发展。

二、城市媒体融合深入推进,传媒产业转型正在探索形成新路径

辽宁城市媒体融合呈现出两种模式:一是以大连为代表的广播电视台与报业整合成立集团,产业板块实行企业化管理,采用类似模式的还有锦州、盘锦等地的广播电视台;二是以沈阳为代表的广播电视台与报业机构分立,分别向新媒体融合,采用这种模式的还有抚顺、朝阳等地的广播电视台。这两种模式都形成了各自的发展思路与基本路径。

1.大连新闻传媒集团传媒产业概况

大连新闻传媒集团于 2018 年 8 月挂牌成立,由原大连广播电视台、原大连报业集团等 11家事业单位整合组建。

在产业发展中,一是调整思路,在媒体深度融合中明确围绕主业、紧贴市场,探索建立"新闻+政务服务商务"的运营模式。二是以数字化为引领,结合全媒体业态以及"报、刊、声、屏、书、网、端、微"海量媒体史料资源,推进大连城市数字资料馆,助力城市文化大脑建设。三是规划建设中国传媒岛,打造媒体融合新生态。借助城市更新政策,通过采取基础设施更新、技术设施更新、产业结构更新的整体谋划,建构全媒体全生态产业园区。四是积极探索体制机制创新,成立市场化运营企业化运作的青少、体育、康养中心,成立 13 个各类工作室。根据财政决算报告,大连新闻传媒集团 2020 年度收入为 5 亿元,受新型冠状病毒肺炎疫情影响,比上年减少 0.58 亿元。

2.沈阳广播电视台媒体融合中的产业概况

一是通过调整广告经营策略,"全台运营、运营全台",广告收入整体下滑趋势偏缓,采取全频代理模式的广播广告营收呈现较稳态势。同时,开拓政务板块,特别是在开拓政务新媒体运营和服务方面取得成效。二是全面布局"文化+科技"。建设升级沈阳广播电视传媒文化博物馆,充分融入"文化+""广播电视+"思维,同时具有全媒体平台、媒体智能科技实验室、文化传承、文创开发以及孵化基地等多种功能,形成吸纳和搭载公司、工作室、创业团队的全媒体创客空间,激发全员创新创业热情,为各领域全媒体人才成长提供孵化场所。三是大力推动产业

升级。积极打造五里河视听产业园、中国沈阳影视产业服务基地等数字文化产业矩阵,推动广播电视与大数据、云计算、物联网等新一代信息技术集成创新、协同发展。根据财政决算报告,2020年,沈阳广播电视台收入总计 2.8 亿元。

第二节 辽宁媒体融合中传媒产业转型发展的主要特点和存在的问题

一、辽宁媒体融合中传媒产业转型发展的主要特点

从区域发展和媒体行业两个维度观察,辽宁媒体融合中传媒产业有着自身的发展路径和特点。

1. 顶层设计思路明确,多种模式同步探索

2014年以来,辽宁省实现了省级媒体、市级媒体和县级融媒体中心的区域三级融合发展布局。在2018年全省事业单位改革中,初步实现了媒体的事业单位整合,并在此基础上,不断深化媒体融合改革,积极探索媒体融合中产业的转型发展。2019年2月13日,辽宁省委理论学习中心组召开媒体融合专题学习会议,强调要突出工作重点,加快构建融为一体、合而为一的全媒体传播格局,使主流媒体具有强大传播力、引导力、影响力、公信力,让正能量更强劲、主旋律更高昂。一是要坚持正确的政治方向、舆论导向、价值取向,始终坚持以团结稳定鼓劲、正面宣传为主方针,把正确导向要求贯穿到媒体融合发展各环节、全过程,牢牢掌握舆论场主动权、主导权,确保文化安全和意识形态安全。二是要坚持一体化发展方向,把推进媒体融合与媒体内部改革紧密结合起来,一同规划,一同部署,一同推进,充分发挥传统媒体和新兴媒体的各自优势,遵循新闻传播规律和新媒体发展规律,努力打造新型主流媒体,推动媒体集约化、差异化、高效率发展。三是要坚持移动优先策略,大力推动移动媒体建设,着力打造移动新闻精品,加快推动移动技术革新,全面提高舆论引导能力,推动主流媒体占据传播制高点。四是要坚持"内容为王",以思想领先、精品主导,围绕加快推进辽宁全面振兴、全方位振兴,扩大优质内容产能,发挥内容引领优势,创新内容传播手段,推出更多媒体融合精品力作。五是要加强人才队伍建设,完善人才培养激励机制,加强学习培训,加快培养后备力量,着力造就一支政治强、业务精、纪律严、作风正的高素质全媒体人才队伍。六是要加强组织领导,严格落实责任,各级党委要把媒体融合发展摆在突出的重要位置,主要负责同志要主动担起第一责任,亲自部署、亲自研究、亲自推动,为加快推进媒体深度融合发展提供有力保障。这些要求从总体上明确了全省媒体融合的政治要求、改革目标、技术路径、体制与机制、人才支撑等。

在总体思路和顶层设计的规范指引下,全省各级媒体展开了丰富的媒体融合以及传媒产业的转型探索。辽宁报刊传媒集团(辽宁日报社)推出以辽宁日报新闻客户端、学习强国辽宁学习平台为代表的网络媒体集群(《北国》新闻客户端、北国网、中华先锋网、半岛晨报网),形成了全省最强大的新闻舆论宣传矩阵和辽宁新的文化高地。辽宁广播电视台确立"一云多屏全链"战略布局,建设"北斗云"融媒体播控平台。通过整合北斗新闻、北斗直播和辽宁号,打造北斗融媒客户端,成为辽宁广播电视媒体融合旗舰。大连新闻传媒集团以互联网思维优化

资源配置,以先进技术引领驱动融合发展,与中国电子、腾讯、浪潮等国资央企和非国资头部企业签订战略合作协议,探索跨行业、跨地域产业合作推动媒体与城市发展深度融合。沈阳广播电视台"十四五"规划以"建设新型主流媒体"为中心愿景,设定了"一个目标,两大任务",其中"两大任务"即媒体转型和产业升级,具体措施包括做实广播电视传媒集团,实现多元化营收结构,升级传统业态模式,全力开辟新型业态,扩大投融资规模,事业产业融合发展,建设融媒平台上的新产业体系,推动全产业链可持续发展等。

2. 产业布局方向明确,收入结构逐步改善

按照媒体融合的顶层设计,传媒媒体要在移动优先策略的引领下,逐步实现传统媒体与新兴媒体合而为一。全省各主要媒体在加快实现融合改革的进程中,均不同程度地实现了新兴媒体在影响力和营收力上的双发力、双推进,在改革中明确了媒体产业布局的新媒体化方向,新媒体收入也在整体收入的占比中不断增长。

新媒体政务收入从无到有,并且增长较快。2019年1月,中宣部和国家广播电视总局联合发布《县级融媒体中心建设规范》,为传统媒体产业布局指出媒体服务、党建服务、政务服务、公共服务、增值服务等六大方向。2020年,《关于加快推进媒体深度融合发展的意见》进一步提出"新闻+政务、服务、商务",即在做好新闻主责主业的基础上,要求传统媒体在政务、服务、商务领域发力,逐渐摆脱对广告和发行的路径依赖。辽宁广播电视台拓展媒体融合新赛道,在省财政4 000万元资金的扶持下,于2019年9月15日建成辽宁县级融媒体中心省级技术平台,同年9月30日辽宁省41个县融媒体中心有偿入驻,实现千万级收入来源拓展。沈阳广播电视台加强政务服务,扩大对各委办局、区县等政府服务覆盖面,拓展多业务场景合作,如活动、信息服务、公号运维等,媒体加政务服务营收达上千万元。

积极布局新传播技术领域。辽宁广播电视台积极布局4K/8K超高清视频和互联网传播技术,旗下的辽宁北斗云融媒科技有限公司已建立相对成熟的产品与服务体系,包含融媒体解决方案、直播平台、北斗外采客户端、数据可视化、多商户商城、舆情大数据、IPV6协议转换、软件开发等,是传统媒体网站技术团队转型面向市场的成功案例。2020年9月16日,辽宁广播电视集团(台)与快手科技签署协议,在宣传区域经济社会发展成就、媒体MCN建设、大小屏融合创新等方面展开战略合作;2021年6月,国家广播电视总局广科院和辽宁广播电视集团(台)签约成立"5G超高清媒体融合创新实验室",辽宁广播电视集团(台)旗下辽视新媒体发展有限公司与科大讯飞、华为等签订联合共创5G超高清媒体融合创新实验室战略合作协议,通过在互联网电视融媒体平台技术和应用等方面的融合创新,促进融媒体新技术、新产品、新模式的孵化落地和产业化发展等。沈阳广播电视台搭建的沈阳全媒体会客厅,集成人工智能、云计算等高新科技,采用4K超高清、5G实时信号传输,拥有发布、演播、访谈、观光、全媒体云上城市会客厅功能,是"广播+电视+移动端"的先进内容制作平台和新基建创新应用平台以及被广播电视科技赋能的城市文化地标。沈阳台以"一场一店一厅一馆一空间"为主体的全媒体转型物理空间实体,"媒资大数据回溯系统""AR/VR制播应用系统"国家重点项目以及量级的工作室、运营项目等,成功入选辽宁省文化和科技融合示范基地。大连新闻集团积极布局大数据、5G等产业,以大连云为平台,努力建构智慧城市云平台。这些新技术上的积极布局,为传媒产业的现实突破和未来发力奠定了基础。

3. 媒体改革不断深化,动力活力不断释放

结合2018年全省事业单位改革,省市相关部门对省直媒体和市属媒体均出台了有针对性

的改革文件,对不同媒体的职能、改革任务都做了规范。这从根本上奠定了新一轮媒体改革的基础,极大地释放了媒体改革的动力和活力。

事业体制进一步夯实。全省媒体均明确为事业单位性质,确定了事业编制职数,初步理顺了财政管理体制。

对媒体改革提出了目标任务。沈阳广播电视台通过"十四五"规划明确了发展目标和改革措施。大连媒体改革的总体目标确定为建设区域强势新型传媒集团,进入全国地方媒体第一方阵,勇当辽宁媒体融合的领头羊和东北媒体融合的排头兵。具体目标:一是媒体影响力目标,以融媒体中心为标志,打造现象级的新媒体;二是产业发展目标,以中国传媒岛为标志,实现产业结构的优化和经营收入的增长。

积极探索企业化管理改革和所属企业改革。大连市委常委会通过的改革方案明确,将大连新闻传媒集团(以下简称传媒集团)所有的经营性资产和经营性业务剥离整合,组建大连传媒控股有限公司(以下简称控股公司),大连市人民政府作为控股公司的实际出资人,授权传媒集团履行出资人职责,管理控股公司。控股公司实施多元化战略,稳定传统业务,拓展新兴业务,不断壮大实力,为传媒事业的可持续发展提供支撑。传媒集团与控股公司在资产、人员、业务等方面划分清晰,实现事企分离。传媒集团以制度创新推动企业化管理,先后制定《企业化管理实施方案》《工作室管理暂行办法》等一系列制度。沈阳广播电视台以制度创新催生发展动能,颁布《促进全员创业激励全媒体运营的若干意见》《全媒体节目(项目)创优奖励办法》,特别以"项目制"为牵引,汇聚人才、资金、技术、管理等生产要素,打破条块分割、部门界限等资源壁垒。

4. 区域范围整体发力,未来成长基础夯实

在各级人民政府高度重视传统主流媒体融合转型,积极推动媒体融合及相关产业发展的同时,其他国有和民营企业也在依托新传播技术,积极谋划布局新兴媒体产业,辽宁区域呈现出整体发力的特征。

移动、联通、电信等运营商积极布局 5G 等基础设施建设,沈阳、大连等多家媒体运用 5G 技术实现了电视传播,为传统媒体的转型升级提供了日益丰富的技术条件。中国广播电视辽宁网络股份有限公司也在积极推动网络升级,实现智慧广播电视、智慧城市的基础架构和应用场景。辽宁出版集团与大连金普新区合作,在辽宁自贸区大连片区设立北方国家版权交易中心,是国家版权局批准的东北唯一、全国第四家国家级版权交易中心。大连新闻传媒集团以构造新传媒产业生态为核心的传媒岛一期工程于 2022 年动工。在辽宁省广播电视局的支持下,民营企业大连良运集团在大连投资建设的重点文化产业项目——辽宁广播电视 5G 网络视听产业园于 2021 年启动,该项目以广播电视 5G 设施、人工智能场景应用为基础,大数据为中枢、网络视听、高新视频、软硬件研发为特色,聚产、汇智、服务、营城四大功能融为一体。

这些跨界、跨地区合作整体发力,将为辽宁文化传媒产业特别是新兴产业打开新窗口,创造新机遇,为全省传媒产业未来的成长夯实基础。

5. 政府扶持力度加大,发展氛围日益优化

各级人民政府从出台各类政策、设立产业和项目扶持资金、投入专项资金等多个角度加大对媒体融合和传媒文化产业的支持力度。近年来,辽宁省财政每年预算安排文化产业发展专项资金 1 亿元。辽宁省委宣传部和省财政厅建立了文化产业发展专项资金项目库,提前组织

项目申报、评审,将获批项目支持资金纳入下一年财政预算安排。大连市出台《关于壮大文化产业的若干意见》,从 2016 年起,大连市财政每年安排 5 000 万元文化产业专项资金,扶持文化产业发展,已经支持了上百家各类文化传媒产业主体。大连市财政每年均有专项资金支持大连新闻传媒集团的发展,市人事、编制等部门针对传媒集团解决历史遗留问题给予了积极支持。

二、辽宁媒体融合中传媒产业转型发展中存在的问题

1. 历史负担沉重,掣肘发展动能

这主要表现为历史债务负担沉重,人事旧账复杂。辽宁广播电视台累积历史债务 30 多亿元。大连新闻传媒集团于 2018 年成立的同时,承接了原大连广播电视台和原大连报业集团的各种历史债务近 7 亿元。辽宁省内主流媒体均不同程度存在类似问题。这些历史负担严重影响了媒体的正常发展和融合转型。

2. 总体实力较弱,缺少龙头骨干

辽宁省报、省台,以及沈阳、大连两个副省级城市传统媒体是辽宁传统传媒行业的骨干,均有一定的资产规模。但与传媒业发达的媒体与地区比较,辽宁省媒体总体规模、产品结构、营收总数、投资力度、融资能力等均有一定差距。

3. 改革起步不晚,进展突破乏力

辽宁省媒体融合改革基本与全国的媒体融合改革同步,其间,省、市两级人民政府也出台多项扶持政策,从组织保障、政策扶持、资金支持等全方位、多角度推动了媒体的融合与发展。但在具体执行过程中,受体制、机制的束缚,以及技术、资金、人才实力不足等多重因素影响,尽管先后涌现了北国网、北斗融媒、云盛京、大连云等新媒体融合端口,但总体影响力有限,与新媒引领、产业突围的既定目标还有一定距离,改革仍然在路上。

4. 移动优先薄弱,平台缺乏支撑

移动优先是媒体融合的重要策略,也是产业发展的重要依托。近几年,在资本的支持下,新兴互联网平台在移动端创新使用大数据、云计算等新一代信息技术,在社交端口、电商端口、游戏端口等全线发力,把受众的注意力从传统媒体吸引到了移动端,互联网,特别是移动互联网已经成为舆论与产业的主阵地。而传统媒体受体制、机制及观念和实力的限制,面临"缺资金、缺技术、缺人才"的三缺窘境,主动对接社会资本和信息技术企业力度不够,尽管在"两微一端一抖"开设了众多账号,但缺乏自己的新媒体平台,即便有自己的平台,也缺乏必要的技术资金和机制支撑。用户活跃度、用户全生命周期价值等核心指标远低于完全是互联网基因的创新型平台公司。以辽宁广播电视集团(台)为例,全集团(台)运作 49 个微信公众号,过百万粉丝的只有 3 个,占总数的 6.1%,其余的基本是 50 万以下的,不足 1 万粉丝的占 30%。部分两微账号活跃度不高,有些甚至处于停更状态。沈阳、大连媒体早已确立了移动优先战略,但移动端远未成长为媒体的主流舆论阵地和经营平台。

5. 体制、机制僵化,人才资源匮乏

传统媒体主体是事业单位,部分地区实行企业化管理。媒体的政治、文化、经济等多种属性,媒体产品的产品、商品的多种属性都要求媒体面向舆论阵地、面向市场等。这要求媒体管

理与运营体制既要确保导向正确,又要灵活面对市场。这是传统媒体改革的最大难题之一,即激励机制的架构与落实。这导致了传统媒体经营与人才吸引双重困难等一系列问题的产生。互联网公司标配的产品经理、运营经理和项目经理,即高水平的内容生产、技术维护及创收运营等综合性人才,在传统媒体严重短缺。人才短板严重束缚了媒体的发展,归根到底是体制、机制的问题。

第三节 部分媒体融合地区和企业 产业转型发展情况

湖南省和天津市的媒体改革与发展在单一媒体和区域整合融合两个维度对辽宁媒体融合及产业转型有借鉴作用。

一、湖南广播电视:创新引领、产业融合、资本运作

从 2014 年媒体融合元年芒果 TV 高举独播大旗,到快乐购重大资产重组、芒果超媒整装再出发,湖南在媒体融合、产业转型方面敢为天下先,不断创新。

2017 年,依托湖南广播电视,长沙马栏山视频文创产业园挂牌成立,以数字视频创意为龙头,以数字视频金融服务、版权服务、软件研发为支撑。2018—2020 年,该产业园引进的企业主体从 171 家增长到 794 家,园区企业营业收入从 332 亿元增长到 432 亿元,累计为当地创造税收 55 亿元,成为中国最具吸引力的视频产业集聚区。

2018 年,湖南广播电视整合旗下快乐阳光、芒果互娱、天娱传媒、芒果影视、芒果娱乐等核心 IP 资源,打包注入快乐购,芒果超媒形成完整产业链。2018 年当年营业收入达 96.61 亿元,2019 年为 125.01 亿元,2020 年为 140.06 亿元。

湖南广播电视高速发展的背后,离不开湖南省委、省人民政府的大力支持。2020 年 12 月,湖南省人民政府办公厅印发《促进"智慧广播电视"发展实施方案》,明确将智慧广播电视建设纳入公共财政支出预算及新型基础设施建设范畴,将智慧广播电视深度融入智慧社会、智慧城市、智慧乡村建设。

2021 年 8 月,湖南省人民政府出台《进一步支持马栏山视频文创产业园发展若干政策》,从鼓励企业技术创新、降低企业运营成本、加大人才支持力度、加大财政支持力度等 8 个方面"打包"支持,给予专属定制的权限、补贴、激励等,切实促进园区快速发展。

二、津云新媒体:技术为王,移动优先,区域覆盖

2015 年 9 月,天津北方网新媒体集团股份有限公司在新三板挂牌,成为天津首家上市的国有文化企业。2018 年 4 月,天津市委审议通过《天津海河传媒中心组建方案》,依托北方网新媒体集团,整合天津日报社(天津日报报业集团)、今晚报社(今晚传媒集团)等单位新媒体资源,组建天津津云新媒体集团股份有限公司。2018 年 11 月,根据天津市机构改革实施方案,整合天津日报社(天津日报报业集团)、今晚报社(今晚传媒集团)、天津广播电视台,组建天津海河传媒中心。

作为天津市媒体融合重要一环的津云新媒体集团,2017 年在其组建的第一个财务年度即实现营业收入 5.89 亿元,2018 年实现营业收入 7.8 亿元,2019 年营业收入有所下降,为 6.12 亿元,受疫情影响,2020 年为 6.06 亿元。在津云新媒体集团的营业收入中,面向天津全域并跨地域输出的技术服务和基于技术的信息整合管理服务收入比较亮眼,2017 年技术和信息整合管理服务创收达到 2 亿元,2018 年为 2.51 亿元,2019 年达到 3.2 亿元,2020 年更是达到 3.57 亿元。

津云融媒体技术平台等核心技术产品已获 60 余项技术专利和著作权,已覆盖整个天津市,津云融媒体集团承接了天津全部 16 个区的融媒体中心建设运营,同时也为其他城市提供了全媒体的解决方案。全国有 70 多个城市使用津云融媒体技术平台。

第四节　对媒体融合中传媒产业转型发展的政策建议

中央关于加快媒体深度融合发展的总体要求,全新数字技术的持续更新迭代,传媒市场的深刻变化以及新生代受众的多样需求,都对传媒产业的转型升级提出了新的时代要求,这也是传媒产业弯道超车的历史机遇。辽宁省要加快媒体融合中传媒产业快速发展,必须进一步营造更加优化的政策环境,必须进一步深化改革,激发媒体主体的内生动力与活力,形成内外齐发、里外共进的新发展局面。

一、多措并举,尽快消化媒体历史负担

传统媒体历史负担沉重,靠自身力量难以化解,需要政策、金融等多措并举。

各地的媒体融合改革发展应争取作为书记"一把手"工程,秉持政府为公益性媒体和事业单位提供保障的原则,党媒党养,由省(市)编办核定机构、人数,由市财政核定经费,按年度拨给事业媒体;历史遗留欠账、改革过程中的成本、新体制发展所需,由省(市)财政核定额度,以资本注入方式分期向产业控股集团公司注资。明确媒体单位的事业属性及类别:若为公益一类属性,保持原拨款额度不变;若为公益二类属性,保障公益二类所有政府支持以及所有保障,公司或集团化产业化运营管理。

1. 抓住政策机遇,盘活用活存量

2020 年,《关于构建更加完善的要素市场化配置体制机制的意见》提出土地、劳动力、资本、技术、数据五个要素领域的改革方向和具体举措。其中,土地和数据是很多传统媒体的存量资源,可通过申办土地证、产权证,创办媒体数据共享交换平台等办法,把存量资源用好用活。

2. 借鉴国企改革经验,化解债务

采用债转股、债务剥离、资产注入或合并等国企减负的通用做法和成功经验,帮助传统媒体化解债务,轻装上阵。

3. 合理使用金融杠杆,做强增量

主流媒体主动加入省市级别引导基金,并与金融机构"联姻",打造投资运营平台,向资源稀缺、领域前沿的企业参资入股。这既为金融资本找到新的投资渠道,也为传统媒体提供发展动力。

4. 企业关停并转留,及时止损

传统媒体自身应全面梳理所属各类企业和经营业务,重组合并一批、注销破产一批、重启盘活一批。及时止损,减少新债务。

二、培育龙头,重点支持"两强两地"融合转型

集中优势力量培育龙头企业,通过龙头企业带动行业发展,是推动行业和区域发展的重要抓手。建议围绕"两强两地"重点打造龙头。

(1)两强,即两家省级主流媒体辽宁报刊传媒集团(辽宁日报社)和辽宁广播电视集团(台)。

(2)两地,即沈阳和大连两个副省级城市。

(3)通过政策支持、资金保障、资源注入、市场化运作等措施,发挥沈阳、大连两个省内龙头城市的协同作用,推动省级媒体和副省级城市主流媒体高质量发展,争取在3~5年内培育出1~2家"双百"(资产100亿元+、综合收入100亿元+)企业,3~5家传媒板块上市企业。

通过这些龙头的示范带动作用,推动全辽宁省文化传媒产业加速发展,争取到2025年全省文化产业GDP在总GDP中的占比达到6%。

三、事企分开,互补图强

打破原有体制、机制壁垒,在机构、财务、业务、资产、人员、考核等方面推动事企分开,保证事业法人和企业法人机构、财务、业务、人员的独立性和资产的完整性,是加快传媒产业转型发展的前提。

1. 实现机构、财务、业务分开

全面推行现代企业制度,按集团总部、传媒单位、控股公司重组机构,划分业务范围。重大事项决策权和监督管理权在集团党委,采编权、发稿权、播放权在各媒体单位,广告和产业经营权在控股公司,避免采编与经营相互交叉。

2. 实现资产分开,保证资产完整性

将公益性资产留在集团总部和传媒事业单位,将下属企业股权管理、资本运营、纸张采购、广告经营等经营性业务、经营性资产划归控股公司。

3. 实现人员和考核分开

事业身份人员向采编播管岗位集中,其他人员向企业流动,统一理顺合同关系。宣传岗位考核社会效益、社会价值,经营岗位进行社会效益、经济效益"双效同考"。产业板块去行政化管理,集团总部和控股公司以"管资本"为主,子企业全面推行经理层成员任期制和契约化管理,明确经营业绩目标,签订经营业绩责任书,探索职业经理人制度。

四、鼓励产业拓展，出台扶持政策

（1）省、市人民政府出面，统一组织，分类指导，推动全省主流媒体与中宣部、发改委、科技部等积极对接，争取国家级项目、财政、资金、技术、产业等的支持，推动国家文化产业、传媒产业布局有效落地。

（2）出台产业扶持政策，推动主流媒体参与产业园区、智慧城市等地方建设，发挥主流媒体的传播力、影响力和公信力，助推地方经济发展。

（3）出台金融支持政策，鼓励主流媒体提高站位，抓住转移支付、"城市更新"、产业基金等国家级金融机会，助力产业转型升级。

五、加快移动优先，对接城市大脑建设

建设数字中国已列入我国"十四五"规划和 2035 远景目标，"城市大脑"成为政策、资金、人才、技术汇集的新赛道，也给传统媒体产业转型带来新机遇。

（1）对接城市大脑建设是国家顶层战略的要求。2020 年 9 月，中共中央办公厅、国务院办公厅印发了《关于加快推进媒体深度融合发展的意见》，要求"推动主力军全面挺进主战场"。城市大脑汇集了一个城市的人口、法人资源，是媒体主力军必须挺进、大有可为的主战场。

（2）传统媒体具备对接城市大脑的基础能力。传统媒体具有触达用户的优势，服务对象和智慧城市用户高度一致；具有链接政府的优势，媒体的触角能延伸到各级人民政府部门，帮助城市大脑打破行业壁垒，推进业务协同；具有媒资数据的优势，"媒体资源数据库"能为智慧城市提供必要的数据支撑。

（3）对接城市大脑给传统的媒体产业发展创造了新的机遇。过去传统媒体以提供新闻服务为主，对接城市大脑后，可以在云端、App、小程序、公众号等移动端发力，为政府、企事业单位和公众提供"一网通办、一网统管、一网协同"的增值服务，形成移动端"新闻+政务服务商务"新产业。

六、实施新媒体人才战略，打造媒体融合转型发展的新的生力军

媒体融合发展关键在人才，实施新媒体人才战略，在选人、育人、用人方面大胆创新，打造媒体融合转型发展的新的主力军。

1. 创新人事和分配制度

落实中央和省级、市级有关事业单位改革政策，建立符合行业特点的薪酬分配制度和人才管理制度。在媒体中推行全员岗位聘用，分类绩效考核。坚持业绩导向，薪酬向一线岗位倾斜，拉开二次分配差距，激发内生活力。

2. 优化人才发展环境，拓宽人才选拔路径

对内营造公平竞争环境，通过合作项目、工作室等实战，在内部选拔人才。同时为高端人才、急需紧缺人才引进提供省级、市级的特殊支持，开辟绿色通道，对特殊人才给予特殊待遇。

3. 健全人才培养体系

探索与高校、科研院所、一线企业等外部机构建立联合培养机制，全方位开展新媒体人才培训，支持员工转型和技能提升。鼓励专业岗位人员与管理岗位人员双向交流，打造"一专多

能"的复合型人才。探索建立媒体融合发展人才专家库、青年创新人才库,发挥高端人才引领作用。

后○记

视觉泛滥：

一种提醒或预警

雷蒙德·卡佛的短篇小说《当我们谈论爱情时我们在谈论什么》中,主人公梅尔说,"所有我们谈论的爱情,只不过是种记忆罢了,甚至有可能连记忆都不是"。而此时此刻,梅尔正处于人们常说的"爱情"之中。

当我整理完这本书,想最后说点什么的时候,却联想到了这篇小说。经历了 20 世纪 90 年代的辉煌和 21 世纪前二十年移动互联网的冲击,诸多电视人无法不心生迷茫,看似高深或激昂的讨论,却如梅尔家厨房里的记忆闲谈。在有关电视思考的十字路口,我们是否也问一问自己,"当我们谈论电视时我们在谈论什么?"。此时此刻,我们也处于电视视频的包围之中。

由电影诱发,电视建构的视觉社会因为电视自身的颠覆而正在重新建构。电视作为曾经的"视觉之王"被互联网和移动互联网激起的视觉洪流冲击、吞噬、消解、改造、替换,新的视觉浪潮风起云涌,波涛连绵。由此,视觉泛滥成为当今社会与文化重构的全新表象与深刻内涵。

对个体而言,视觉是视觉系统的外围感觉器官接受外界刺激,经大脑有关中枢部分编码加工和分析后获得的主观感受。而在人类集体那里,视觉则是外界整体刺激的社会性、文化性、阶段性的映像感受。这种集体性的人类视觉既是反映,也是创造,更是感受。视觉泛滥正在无可挽回地改变着我们的时代、社会和文化,也在提醒着我们关注未来。

一般来说,人类视觉可以分为四个大类:第一个是自然视觉,即自然界在我们的视觉系统形成的感受与反应。可惜的是,纯粹的自然视觉在我们的视线内几乎已不存在。即使是艳阳高照的午后或是晴朗的夜空,也被或重或轻的空气污染所遮掩,变成了所谓"人化的自然"。第二个是人工视觉,我们的目力所及,几乎全是如此,艺术品、乡村、城市、建筑,所有"自然的人化"或是纯粹的人工,构成了我们社会视觉的主体。第三个是想象视觉,向往、冥想、梦境等。在电影电视产生之前,上述三大视觉,被语言文字、绘画雕塑、建筑、城市、乡村等载体进行记录和传播。直到电视的出现,第四种视觉,即虚拟视觉出现了,所谓虚拟视觉,是指能够记录、传播、创造任意映像的视觉及其呈现。如果说在影视产生初期,尚在记录复制上述三大视觉的话,随着技术的进步,电视开始了虚拟视觉之路,如全新的字幕、动画、早期的三维制作等。
而今天,我们所说的虚拟视觉已经开始脱离电视、抛弃电视、超越电视,AR、VR 技术迅速普及,
智慧城市日日升级,随意想象、创造、传播、投映视觉已经成为个体的日常行为,这种前所未有,
如宇宙大爆炸般的视觉泛滥冲击的何止是电视,何止是以电视为象征和标志的社会与文化?

凯文·凯利在《必然》一书中,用了整整一章分析了"屏读"(Screening)对人们生活和思考
的冲击。书中提到,超过 50 亿张数字屏幕在我们的生活中闪烁,厂商们还会每年生产 38 亿个
屏幕。"到 2015 年,万维网上的页面数量超过 60 万亿个,而这个数字还在以每天几十亿个的
速度增长""普通民众每天能发布 8 000 万条博客消息,全世界的年轻人每天能用手机写下 5
亿条段落",而此刻的世界,屏幕不再关闭,我们的视线永不离开,"屏幕成为我们身份的一部
分"。最后,凯文·凯利细致描述了人们未来一天的生活,屏幕简直操控了人的一天,以至于
人的一生。其中当然有美好、便利、高效,但是,这也是视觉泛滥的一天,是人成为屏幕与视觉
俘虏的一天。

视觉泛滥带给我们的是方便、安全、智慧,还是消解、疏离、焦虑? 是人的主体性进步,还是
新的异化的开始?

诚然,有研究表明,人类信息的 80% 来自视觉,主动性的视觉创造与创新几乎是人类的本
能。问题是,余下的 20% 的信息也视频、视觉化了。视觉泛滥特别是虚拟视觉的泛滥本出自
人的本能,又会激发人的新的本能,而且,所谓泛滥,大多是欲望的狂欢,更多的是边缘的泛起
与中心的消解,这又是所谓后现代社会的基本特征。如此,是否可以说,视觉泛滥正在颠覆我
们的环境或我们自身,甚至正在定义我们的未来和我们新的本质?

难道这不应该引起我们的高度警觉吗?

回到电视。视觉泛滥正在消解电视:电视内容成为海量视频的沧海一粟,电视渠道日益瓦
解,电视终端只是屏幕的一种,电视本身已是多屏中的一屏。电视作为曾经的视频主体,其主
导作用已经弱化。过不了多久,那些有关电视的记忆就将进入史学家的视野。我们的后代可
能疑惑,那个年代,为什么几乎每家每户的客厅里都有那个笨重的盒子或者固定屏幕呢?

视觉泛滥也将消解当代的家居模式,电视还可能是客厅的中心吗? 当家庭及其成员的屏
幕无所不在时,客厅的设计还有意义吗? 那我们未来的房屋和家居又会是什么样子呢?

甚至生命,甚至伦理,都因为视觉泛滥而震荡不已。虚拟视觉可以把我们想象的任何人投
射到我们面前,包括远在异乡的亲朋好友、分居两地的恋人,乃至阴阳两隔的长辈亲友。当逝
去的亲人全息成像呈现在我们面前,与我们交谈甚至拥抱时,会是怎样的情形呢?

如此看来,我们该警觉还是向往呢?

无论如何,视觉泛滥的时代大幕已经开启了。

还是回到电视。这曾经的阵地毕竟还在环视周边广阔的世界,这阵地上的战士还要继续
保持着战斗的姿态,让曾经的荣光继续闪耀,这是责任,也是使命。从这个意义上说,电视不会
消逝,我们当继续以坚定的意志,饱满的激情,去投入,去奉献,为电视增添新的光彩。

更重要的是,新技术与媒体创新的改革更要注入电视的基因,今天的电视,不是在改革中
重生,就是在视觉泛滥中逐渐沉没,这当然是所有电视人要努力破解的难题。

在许多时候,在许多领域,当我们畅想未来时,未来已经来了。

幸亏,这究竟是一个"人"的社会、"人"的星球,那些纷扰我们的人类创造物不应该也不可
能如黑客和病毒般肆虐,那所有的视觉发现、所有的映像呈现应当是在人类精神家园点起的星

星之火,电视及其所承载的价值与精神当然是其中重要的一员。无论电视的形态、形式如何被新技术改变,它曾经和正在呈现与表达的求真、向善、尚美的视觉映像与精神实质将继续丰盈与弘扬。这正是电视的希望与未来。

此时,那首家喻户晓的李白的《静夜思》会给人新的启示:

"床前明月光,疑是地上霜。举头望明月,低头思故乡。"

真的"光"和疑的"霜"提醒着我们,头上明月永恒地悬照,我们像千百年来所有的人一样,如地球在宇宙中独行,无论世界如何纷扰,无论我们羁旅何方,故乡是我们最纯粹的精神家园。

勿忘故乡,勿忘初心,也是视觉泛滥中的一种提醒或预警。

谨为后记。